"国际汉语教育研究"丛书

郑通涛 主编

可供性理论视角下
尼泊尔初中汉语课堂教学模式研究

（尼泊尔）任吉特（RAJIV RANJIT） 著

厦门大学出版社
XIAMEN UNIVERSITY PRESS
国家一级出版社
全国百佳图书出版单位

图书在版编目(CIP)数据

可供性理论视角下尼泊尔初中汉语课堂教学模式研究/(尼泊尔)任吉特著(RAJIV RANJIT).—厦门:厦门大学出版社,2019.9
("国际汉语教育研究"丛书)
ISBN 978-7-5615-7285-6

Ⅰ.①可… Ⅱ.①任… Ⅲ.①汉语-对外汉语教学-教学研究 Ⅳ.①H195.3

中国版本图书馆 CIP 数据核字(2018)第 300290 号

出 版 人	郑文礼
责任编辑	刘 璐
封面设计	张雨秋
技术编辑	朱 楷

出版发行 **厦门大学出版社**
社　　址 厦门市软件园二期望海路 39 号
邮政编码 361008
总　　机 0592-2181111　0592-2181406(传真)
营销中心 0592-2184458　0592-2181365
网　　址 http://www.xmupress.com
邮　　箱 xmup@xmupress.com
印　　刷 虎彩印艺股份有限公司

开本　720 mm×1 000 mm　1/16
印张　17.25
字数　301 千字
版次　2019 年 9 月第 1 版
印次　2019 年 9 月第 1 次印刷
定价　76.00 元

本书如有印装质量问题请直接寄承印厂调换

厦门大学出版社
微信二维码

厦门大学出版社
微博二维码

"国际汉语教育研究"丛书总序

郑通涛

国际汉语教育是面向国际汉语学习者的以汉语文化教学为载体的教育实践过程,是汉语和中华文化走向世界的重要平台。

作为一门多学科交叉融合的新兴学科,国际汉语教育虽起步较晚,但跨越国界的汉语教育实践活动却源远流长,历史上汉字文化圈的形成、中国语言文化典籍的外传、西方汉学的兴起发展以及海外华侨华人的华文教育等便是最好的明证,也为当今国际汉语教育和中华文化传播的实践与学术研究提供了丰富的历史借鉴。

作为文化载体的语言,是人类文明与民族文化的结晶。国外开展语言国际推广教育的历史悠久、影响深远。早在15世纪,"语言作为立国的工具"的重要性就得到了国际上的普遍认可。18世纪中叶,西方各国政府都把语言推广看作"教化属地内有色人种最重要的方式",也是除政治、军事和经济以外的第四个层面的外交活动。

在当今强调文化影响力等"软实力"的时代,语言的国际教育不仅是国际政治、经济、文化交流的有效工具,也是获取民族和国家利益的重要手段。语言的国际化程度已日益成为国家综合实力的重要体现,向国外推广本国语言更是成为增强国家软实力、提升国际地位的重要战略手段。因而,语言的国际教育就不只是语言的教学和推广,更重要的是以本国语言为载体,传播自己的文化和价值观念,使本国文化在世界多元文化格局中占据重要地位,借以提高本国的国际地位。

综观国外的语言推广发展状况,可以发现这样两点共识:一是各国普遍将本民族语言教育的国际化纳入其强国战略的一个组成部分;二是将语言教育和文化推广相结合是发达国家向外传播自己的语言时所采取的一个基本政策。英国文化委员会、法语联盟、德国歌德学院、西班牙塞万提斯学院等借助语言国际教育在各国人文外交中逐步声名鹊起,在全球范围内建立了语言教学、教育文化交流、国际服务等分支机构,以促进文化、教育、国际关系的拓展和交流。

自新中国成立特别是改革开放以来，国际汉语教育承前启后，日渐由零散走向系统，展现出全新的局面。随着中国经济的高速发展和国际地位的大幅提升，国际汉语教育也被赋予新的历史内涵，成为中国语言文化传播和展现中国文化软实力的重要路径，得到国际社会越来越广泛的关注。

国际汉语教育作为一门学科，它以国际汉语学习者为中心，研究国际汉语学习者汉语学习的理论和实践，国际汉语教师的专业发展途径与特点，国别化汉语教育的课程、教材、教法，国际汉语教育所涉及的各种教育测评问题，不同国家的语言国际教育之对比，以及国际汉语教育发展的历史脉络，等等。较之传统的对外汉语教学，国际汉语教育所研究的对象和规律拓展到教学方法之外的教育学诸多分支领域，研究问题的转变带来了研究内容、研究方法的重大转变，学科内涵得到进一步丰富。

国际汉语教育学科既要分析与总结国际汉语教育的实践和现象，也要研究跨语言文化背景下的国际汉语教育的理论和规律，探索汉语国际传播的机制、路径、策略和手段，因此，语言学、教育学、心理学、管理学、经济学、历史学、文化学、政治学、社会学、国际关系学、计算机科学等都进入了国际汉语教育学科的研究视野。

第一，国际汉语教育以汉语教学为载体，因此必须在汉语语言学理论基础上研究作为外语或二语的汉语本体的特点、结构和功能，它一方面可直接为国际汉语教育服务，另一方面又可加深我们对汉语自身特点的认识，促进汉语本体研究的深入发展，因而汉语语言学和汉外语言对比成为学科重要的基础理论之一。

第二，国际汉语教育本质上是一种教育实践活动，因此就必须遵循教育教学的基本规律和原则，并针对国际汉语教育的实际需求，确立教育教学的具体原则和方法，使国际汉语教育既体现出教育的目的和教育的阶段性，又体现出本学科的性质和特点，这些都与教育学及其各分支学科密切相关。

第三，国际汉语教育是汉语作为第二语言的教育，涉及国际汉语学习者的生理、情感、认知因素及学习迁移、学习策略、交际策略等，也涉及国际汉语教师的心理素质、职业道德修养和职业发展规划等，这些都与心理学及其各分支学科有密切关系。

第四，国际汉语教育对象学习汉语的过程，实质上是跨越自己的母语文化学习另一种语言文化的过程。国际汉语教育要培养学习者的交际能力，实际上是培养其跨文化的交际能力。交际能力中所包括的社会语言能力、话语能力和策略能力，均与文化有关，因而国际汉语教育需要以文化学和跨文化交际学理论为指导。

第五，国际汉语教育本质上也是语言文化的国际推广和传播过程，传播学研究人类社会信息系统及其运行规律，研究传播行为和传播过程发生、发展的规律以及传播与人和社会的关系，因而国际汉语教育需要以传播学理论作为指导，以提高汉语文化教育传播的针对性和实效性。

第六，国际汉语教育作为中外人文交流的重要载体，需要以国际关系学及公共外交理论作为指导，研究如何通过汉语文化国际教育机制和体制及区域化、国别化策略，提升汉语与中华文化的国际影响力，不断丰富中外人文交流的内涵，在潜移默化中影响其他国家的民众并形成国际舆论，在国际上树立中国良好的形象，进而实现国家的战略利益。

国外在语言国际教育领域中的成果与经验，对我国国际汉语教育的学科建设发展具有诸多启发和借鉴意义。事实上，我国学界已经或正在把国外语言国际教育的理论和经验引入国际汉语教育的实践与科研之中，在借鉴国外语言国际教育相关理论和经验的同时，努力探索符合汉语与中国自身特点的国际汉语教育之路。

汉语教学是汉语国际教育的载体和支撑。汉语作为外语教学的主要难点是什么？如何降低汉语学习的门槛，帮助外国人更快更好地掌握汉语，这是我们在汉语国际教育过程中不得不面对的问题。作为汉语教学的母语国，我们不能仅仅依赖于对外来模式的借鉴，而必须具有国际领先和模式输出意识，必须首先建立自己的有说服力的品牌。在汉语教学国际化进程中，掌握制定规则、输出规则的主动权，这是决定我们能够引领国际汉语教育潮流的重要之举。

为此必须进一步促进汉语国际教育学科理论的深化和教学实践的创新，在借鉴、吸收世界第二语言教学经验和成果的同时，应着重从汉语内在的特征和自身规律出发，建构汉语作为第二语言教学基础理论。一是进行针对外国学习者的汉语本体研究，侧重点是教学中的难点以及汉语同学习者的母语或第一语言的差异，并结合学习者的认知心理和语言习得以及跨文化交际等对汉语进行多角度综合研究；二是进行汉语作为第二语言的学习理论与教学理论的研究，包括习得理论、教学模式、教学方法等的研究；三是进行针对教学实践和解决遇到的瓶颈问题的研究，包括教学案例、课堂教学设计、教学管理、测试评估、语料库建设、教材编写、师资培训、现代教育技术等的研究与推广。

"国际汉语教育研究"丛书收录了当今国际汉语教育领域最新的研究成果,并分门别类做了编排。我们衷心希望本套丛书的出版能为汉语国际教育事业添砖加瓦,也能为推动两岸国际汉语教育和中华文化传播协同创新及深化两岸关系和平发展做出一点应有的贡献。

目　录

第一章　绪　论
第一节　研究缘起⋯⋯⋯⋯⋯⋯⋯⋯⋯⋯⋯⋯⋯⋯⋯⋯⋯⋯⋯1
第二节　文献综述⋯⋯⋯⋯⋯⋯⋯⋯⋯⋯⋯⋯⋯⋯⋯⋯⋯⋯10
第三节　研究的问题及意义⋯⋯⋯⋯⋯⋯⋯⋯⋯⋯⋯⋯⋯⋯41
第四节　研究方法与设计研究方法⋯⋯⋯⋯⋯⋯⋯⋯⋯⋯⋯42

第二章　可供性理论与汉语课堂教学要素的影响
第一节　可供性的定义⋯⋯⋯⋯⋯⋯⋯⋯⋯⋯⋯⋯⋯⋯⋯⋯51
第二节　可供性的特征⋯⋯⋯⋯⋯⋯⋯⋯⋯⋯⋯⋯⋯⋯⋯⋯55
第三节　语言教学影响因素之间的互动关系⋯⋯⋯⋯⋯⋯⋯72
第四节　学习者对汉语课堂教学的感知研究⋯⋯⋯⋯⋯⋯⋯104
第五节　本章小结⋯⋯⋯⋯⋯⋯⋯⋯⋯⋯⋯⋯⋯⋯⋯⋯⋯110

第三章　尼泊尔初中汉语课堂教学模式组成因素间的关系
第一节　学习者、环境与语言之间的关系⋯⋯⋯⋯⋯⋯⋯⋯111
第二节　学习者、教师与教室环境之间的关系⋯⋯⋯⋯⋯⋯124
第三节　学习者、教材与语言之间的关系⋯⋯⋯⋯⋯⋯⋯⋯127
第四节　学习者的原有语言知识与汉语之间的关系⋯⋯⋯⋯137
第五节　学习者对汉语课堂的感知⋯⋯⋯⋯⋯⋯⋯⋯⋯⋯⋯152
第六节　本章小结⋯⋯⋯⋯⋯⋯⋯⋯⋯⋯⋯⋯⋯⋯⋯⋯⋯164

第四章　尼泊尔初中汉语教学模式研究
    第一节　汉语课堂教学模式的设计……………………………166
    第二节　以学习者为中心的汉语教学模式………………………176
    第三节　汉语积极情感提升模式…………………………………182
    第四节　支持性自主汉语教学模式………………………………187
    第五节　本章小结…………………………………………………194

第五章　汉语教学模式的实证研究
    第一节　支持性自主汉语学习模式影响因素的设置……………196
    第二节　实验结果…………………………………………………206
    第三节　本章小结…………………………………………………220

第六章　结　论
    第一节　研究主要发现……………………………………………221
    第二节　创新与不足之处…………………………………………224

参考文献……………………………………………………………228

附　录………………………………………………………………252
    附录1：尼泊尔中小学汉语学习者的语言使用调查问卷………252
    附录2：尼泊尔中小学汉语学习者对汉语课堂感知调查问卷…254
    附录3：尼泊尔中小学汉语学习者的学习风格调查问卷………257
    附录4：汉语教师访谈内容………………………………………263
    附录5：尼泊尔初中汉语学习者的访谈内容……………………264
    附录6：尼泊尔初中汉语课堂教学任务表………………………267

第一章 绪 论

第一节 研究缘起

一、尼泊尔多语背景与汉语学习状况

尼泊尔属于南亚地区,是一个在地形、文化和种族上相对多样的内陆小国。这里自然风景宜人,北方是喜马拉雅山脉(由包括世界最高珠峰 Mt. Everest 在内的 8 座 8000 米以上的山峰和无数高山组成),南方是 Terai 平原。尼泊尔也被称为众神国度,80% 的人口信奉印度教,12% 信奉佛教,其他信奉伊斯兰教、基督教、萨满教等。尼泊尔是多民族、多语言的国家,有 101 种国家认可的种族和 92 种其他语言。[①] 其中 48.61% 的尼泊尔人母语是尼泊尔语、12.30% 是 Maithili 语、7.53% 是 Bhojpuri 语、5.86% 是 Tharu 语、5.19% 是 Tamang 语、3.63% 是 Newar 语、3.39% 是 Magar 语等。[②] 尼泊尔人的母语属于印欧语系(89.1%)、汉藏语系(18.4%)、南亚语系(0.2%)和达罗毗荼语系(0.1%)。[③]

2015 年公布的尼泊尔新宪法(2072 B.S.)承认所有民族语平等且尼泊尔本土语言(包括印地语、汉语、藏语、英文)都是尼泊尔国语,但只有尼泊尔语和天城文(Devnagari)是官方语言和文字。宪法还规定成为联邦共和国之后每个联邦都可以选择或者增加另外一种官方语言。尼泊尔教育部(MOES)

[①] Yadava Y P. & Turin M. Indigenous Languages of Nepal: a Critical Analysis of Linguistic situation and Contemporary Issues [C]// Yadava and Bajracharya (eds). Indigenous Languages of Nepal: Situation, Policy Planning and Coordination, Kathmandu: NFDIN, 2007.

[②] Yadava Y P. Linguistic Diversity in Perspectives on Language Policy [C]// A paper presented at an international seminar on "Constitutionalism and Diversity in Nepal" Organized by Centre for Nepal and Asian Studies, TU in collaboration with MIDEA Project and ESP-Nepal. 22-24 August 2007, Kathmandu, Nepal, 2007.

[③] Yadava Y P. Language: In Population monograph vol 2[M]. Kathmandu: Central Bureau of Statistics and UNFPA, 2003:137-172.

的数据显示，随着尼泊尔小学、初中和高中的数量分别增加到 25927 所、7289 所和 4350 所，尼泊尔文盲比例由 1951 年的 98% 降低到 2002 年的 46%。[①]1951 年之前尼泊尔的拉纳独裁制度（Rana Autocratic Ruling）禁止人们去学校接受教育，甚至没有为老百姓设立的学校。当时只为贵族开办了 2 所学校：Durbar High School 和 Tri-Chandra Collage。1951 年革命之后，政府才逐步开始为全民教育开办学校。尼泊尔的学校分为国立与私立两种。由于私立学校的授课语言是英语，很多人选择把自己的孩子送到私立学校，私立学校的教学质量和毕业率也比国立学校高。

在尼泊尔的多语环境下，学习者直接或者间接地接触不同语言，通过正规或非正规的方式学习外语。英语课程从 1951 年开始开设，但当时只有贵族有权利学习，普通人后来才开始接受正规英语教育。[②] 根据 Jha（1989）发表的文章，在尼泊尔学习英语的目的是"为了与讲英语的人交流彼此的想法和观点，同时，通过英语获得对方的知识、观点、技能和技术"[③]。但是，当时尼泊尔的英语教学还不规范，所以 Feldman（1989:11）在《尼泊尔的语言情况》中提出"尼泊尔的学生学习十年的英语，还是不会进行超过十分钟的英语口语表达"（Bista, 2011）。与那时相比，现在的英语教学就普遍和规范得多。Shrestha（2008）指出目前在尼泊尔，每个父母都愿意把自己的子女送到英语学校上课，从而形成了尼泊尔中小学和大学中的英语狂热（English Mania）。

根据 Shrestha（1983, 2008）所说，在尼泊尔社会中，英语不属于第二语言，不是尼泊尔的官方语言、国际语言，更不是为了交流和民族或团体认同语言，[④] 然而，它是尼泊尔教育的授课语言，尽管还没有在政府机构随时使用的权力。[⑤]

2007 年以来，由于就业机会的关系，韩语在尼泊尔青年中很受欢迎。2007 年 7 月 31 日，尼泊尔和韩国政府签订合同之后，很多年轻人为了去韩国工作而学韩语。这几年考 EPS TOPIK 的年轻人越来越多。除了韩语以外，

---

① MOES, National Curriculum Framework For School Education (Pre-primary-12) in Nepal. Curriculum Development Center[M]. Sanothimi, Bhaktapur, 2005:5.

② Bista K. Teaching English as a Foreign/Second Language in Nepal: Past and Present[J/OL]. English for Specific Purposes World, http://www.esp-world.info/Articles_32/DOC/Bista.pdf.

③ Jha A K. The Teaching of Contemporary English in Nepal [J]. The Window, 1989, 2 (1):70-72.

④ Shrestha R. English as a second language/English as a foreign language distinction: Its pedagogy and the Nepalese context[J]. Contributions to Nepalese Studies, 1983, 11(1):45-59.

⑤ Shrestha P ELT, ESP & EAP in Nepal: Whose interests are served?[M]// Krzanowski, Mark ed. EAP and ESP in Developing Countries: State of Play vs Actual Needs and Wants. Canterbury: IATEFL (ESP SIG), 2008:191-210.

尼泊尔年轻人为了留学和工作，开始学习日语、俄语、法语、德语等外语。

语言是人类生存的基本要素。人类的语言能力是从单语、双语发展到多语（或同时掌握几种语言）的，语言能力发展的原因涉及社会、经济、政治、宗教、教育和个人需求等方方面面。尼泊尔人的语言能力也从母语、官方语言逐步进阶到国际语言，逐渐形成民族语为母语、尼泊尔语为官方语言、英语为授课语言、印地语（北印度的语言）为娱乐媒体语言以及汉语等其他国家的语言为外语的局面。① 汉语是联合国六种工作语言之一，并且是世界上使用人口最多的语言。中国经济强大，中华文化博大精深，汉语逐渐传播到全世界，形成"汉语热"。孔子学院的建立为了解中国和实现汉语梦提供了很多机会。过国娇（2010）提到巴黎街头的一则广告"学汉语吧，那意味着你未来几十年内的机会和财富"，美国大学理事会主席卡珀顿表示"今天，到了人们讲汉语的时候了"，世界范围内都兴起了汉语热。② 尼泊尔也受到汉语热潮的影响。

尼泊尔是中国的邻国，但因地理位置、文化、宗教、语言的不同，两国人民在沟通上存在障碍。2005年以前，尼泊尔会说汉语的人寥寥可数，当时只能通过西方媒体才能了解中国。孔子学院、孔子课堂与汉语教学点的建立为尼泊尔的成年人与小学生提供了接触汉语的机会，也促进了中尼文化交流。2016年12月10日至12日，在昆明举行的"第十一届全球孔子学院大会"中指出，"一带一路"沿线国家中已有51个国家建立了134所孔子学院和127个中小学孔子课堂。2017年，北京举办"一带一路"倡议大会，尼泊尔成为51个签订协议的国家之一。尼泊尔汉语教学将对"一带一路"背景下中尼关系的加强做出贡献，并推动尼泊尔经济、建设和技术等方面的发展。

任吉特等（2017）指出，在南亚国家，尼泊尔学生去中国留学的数量也日益增长。这些来华留学生有利于满足将来"一带一路"倡议产生的人才需求。见表1.1。

表1.1　2014—2015年来华留学生数据

学　　历	来华留学生		中国政府奖学金	
	2014	2015	2014	2015
本科生	1940	2181	179	201
硕士研究生	1086	1180	636	685

---

① Ranjit R. Situation of Chinese Language Input in Primary & Secondary School of Nepal [J]. Quarterly Journal of Chinese Studies, 2016, 4(3):14-31.

② 过国娇."汉语热"背景下海外中小学汉语师资的现状与对策分析[J].外国中小学教育，2010（1）:61-64.

续表

学 历	来华留学生		中国政府奖学金	
	2014	2015	2014	2015
博士研究生	163	212	97	130
专科生	1	4	0	0
学历生	3190	3577	912	1016
非学历生	384	485	6	3
合　计	3574	4062	918	1019

资料来源：《2014来华留学生简明统计》（教育部国际合作与交流司，2015）；《2015来华留学生简明统计》（教育部国际合作与交流司，2016）。

孔子学院在2015年建立南亚国家汉语师资班项目，包括汉语国际教育专业本科和硕士项目奖学金，并要求申请者与中国汉办签订协议，承诺在获得学位后返回本国，从事汉语教学方面的工作至少5年。目前已经有100多名学生通过该项目来华攻读本科和硕士学位。此外，加德满都大学在2011年正式针对本科生开设汉语选修课。从2016年开始，加德满都大学与河北经贸大学合作，在加德满都大学开展了汉语国际教育本科项目。尼泊尔在本土汉语专业人才数量上的增加，对提高尼泊尔汉语教学质量将有很大的帮助。

二、尼泊尔中小学汉语教学研究

尼泊尔特里布文大学国际外语学院最早开始汉语教学，"汉语热"进一步推动了汉语教学在大中小学的发展。中小学汉语教学始于2005年，当时只有17所中小学校开设汉语课程，到2013年，学校数量增加到72所（赵勋，张玲艳，2013；张玲艳，2014）。为了推广汉语教学和推动中华文化的传播，中国国家汉办从2005年开始正式把志愿者教师派遣到尼泊尔各个学校。2005年至2013年，志愿者教师的数量从25位增加到81位（王俊英：2014—2015年志愿者教师的数量为130位），同时中小学汉语学习者的数量也从8010名增加到21724名。2009年，有64名中小学生参加了YCT考试（新中学生汉语考试），之后参加该考试的学生数量逐年上升，到2015年已达到1700余人（赵勋，2013；窦子健，2015）。

尼泊尔的各个学校没有严格按照小学、中学、高中划分，每个学校一般都设有小学、中学甚至高中。因此，汉语教师志愿者在任教过程中也没有受限于中学或者小学，而是服从学校的统一安排。尼泊尔中小学的汉语教学一般是同时进行的。朱志平(2005)和陈丽、田冲(2013)把尼泊尔中小学按表1.2分类。

表1.2 尼泊尔中小学的年级制度

教育系统	阶段	年级	年龄	学制名称
中小学	育儿园	零级	3岁	Nursery
			4~5岁	Kindergarten(LKG/UKG)
	小学	1~5年级	6~11岁	Primary Level
	初级中学	6~8年级	12~14岁	Lower Secondary Level
	中学	9~10年级	15~16岁	Secondary Level
	高级中学	11~12年级	17~18岁	Higher Secondary Level

张玲艳(2014)指出,目前在尼泊尔大约有2.3万名中小学生在学习汉语,且中小学汉语教学以3到7年级为主。从李加方(2015)梳理的2013年整个尼泊尔学习汉语的中小学生数量可知,尼泊尔中小学汉语教学集中在3年级到7年级(见图1.1)。而之所以没有在8年级及以上安排汉语课是为了避免影响学习者进入高中的SEE(Secondary Education Examination)考试。

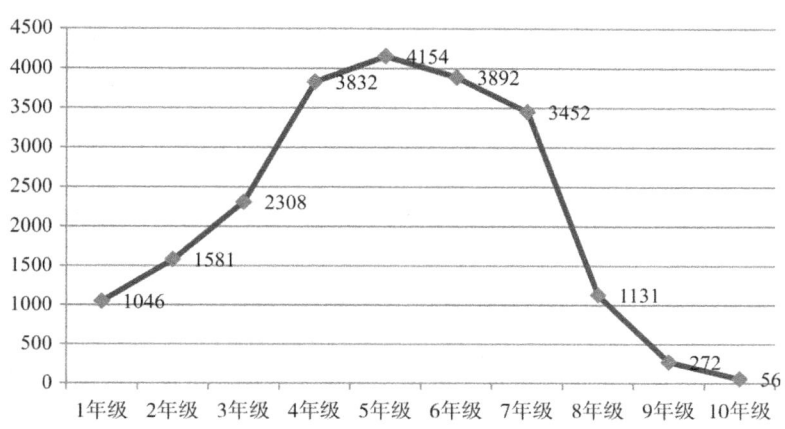

图1.1 尼泊尔中小学汉语学习者的分布(根据2013年的数据整理)

尼泊尔小学汉语课程的设立以兴趣班为主,教学焦点是文化教学、游戏式教学,比如唱中文歌和跳舞等。在12年的尼泊尔中小学汉语教学发展过程中,学校与学习者的数量均有明显增加,但汉语教学质量还有待提高。① 李

---

① 李加方.尼泊尔中小学汉语教学与传播研究——兼谈非汉文化圈地区汉语教学与传播问题[J].海外华文教育,2015,1(74):132-137.

加方（2015）提到尼泊尔中小学汉语教学中"量"变很大，但是"质"变很少。在传播中华文化方面，志愿者教师在课堂上经常会给学习者介绍中国的传统艺术，如剪纸、书法、中国结等，以及中国传统的节日，比如春节、端午节等。此外，加德满都大学孔子学院、志愿者之家与当地学校合作为汉语学习者举办的"大使杯汉语演讲比赛""中文歌曲比赛""中华才艺比赛""欢乐春节进校园""尼泊尔—中国冬令营"等活动，[①] 提高了学习者学习汉语的兴趣和热情。

尼泊尔中小学汉语教学中仍存在不少问题，阻碍着学生汉语水平的提升。这些问题主要包括缺乏汉语使用环境、当地文化与中国汉语教学文化的差异、教学设备与教师教学技巧的缺乏、教材不符合学习者的要求、学习者对学习汉语缺乏兴趣、学习者的原有语言知识对学习目的语的影响以及学习者接收的汉语输入不足等。

中小学汉语教学在尼泊尔的发展已有13年之久。在此期间中小学汉语教学虽然在不断发展，汉语教学点也持续增加，汉语教学的成效日益突出，但迄今为止，尼泊尔中小学汉语教学方面的文献很少，在现有的关于汉语教学现状的文献中，大部分文献都依赖于志愿者教师收集的原始数据。也就是说，尼泊尔中小学汉语教学方面的研究还存在着大片空白。大部分研究者都是从教师的视角探讨问题从而提出建议，而没有从学习者的角度考虑这些问题。

关于中小学汉语教学一共有33篇文献，包括23篇硕士学位论文（19篇关于中小学汉语教学，4篇关于成人汉语教学）和10篇学术文章。详见表1.3。

表 1.3 关于尼泊尔汉语教学的文献

研究者	研究题目	发表时间	种类
朱志平	《对尼泊尔中小学汉语教学的考察》	2005	学术文章
余 瑾 王 华	《尼泊尔学生汉语声调偏误分析》	2005	学术文章
赵 丹	《尼泊尔汉语教学情况调查报告——以加德满都三所学校汉语教学调查为例》	2011	硕士学位论文
刘 璇	《初级汉语综合课教学重点及策略——以尼泊尔Kanya女子学院为例》	2012	硕士学位论文

---

① 崔超.尼泊尔成人学习者汉语同义词习得偏误分析——以尼泊尔孔子课堂成人班学习者为例[D].河北大学,2013.

续表

研究者	研究题目	发表时间	种类
于永淼	《针对尼泊尔低年级学生汉语课的教学策略》	2012	硕士学位论文
沈娟	《尼泊尔中小学生汉语语音偏误分析及教学策略》	2012	硕士学位论文
赵勋	《尼泊尔中小学生汉语考试（YCT）发展现状分析》	2013	学术文章
李欢	《尼泊尔初中生语音偏误分析及教学方案探索——以尼泊尔中小学汉语语音教学为例》	2013	硕士学位论文
陈丽 田冲	《尼泊尔私立学校汉语课程设置——以加德满都谷地私立学校为例》	2013	学术文章
崔超	《尼泊尔成人学习者汉语同义词习得偏误分析——以尼泊尔孔子课堂成人班学习者为例》	2013	硕士学位论文
王静	《论对外汉语教学中的民俗文化教学——以尼泊尔汉语教学为例》	2013	硕士学位论文
张梦渔	《针对尼泊尔成人汉语学习者的语音教学策略——以加德满都大学孔子学院为例》	2013	硕士学位论文
赵勋 张玲艳	《尼泊尔中小学生汉语考试（YCT）的问题、对策和意义》	2013	学术文章
张玲艳	《尼泊尔汉语教学现状探析》	2014	学术文章
赵勋 张玲艳	《尼泊尔中小学汉语教学研究》	2014	学术文章
张倩	《尼泊尔幸杜巴乔克地区的汉语教学调研》	2014	硕士学位论文
李麒	《浅析尼泊尔 Saipal Academy 小学汉语课堂、课外教学及案例分析》	2014	硕士学位论文
屈哲	《尼泊尔中小学生汉字习得偏误及教学策略——以帕坦 Gyanodaya school 学校学生为例》	2014	硕士学位论文
孙晓飞	《尼泊尔加德满都地区中小学汉语教学情况调查报告》	2014	硕士学位论文
李海红	《尼泊尔中小学汉语教学研究——以加德满都地区为例》	2014	硕士学位论文
查明威	《表演教学法在尼泊尔汉语教学中的应用研究》	2014	硕士学位论文
李加方	《尼泊尔中小学汉语教学与传播研究——兼谈非汉文化圈地区汉语教学与传播问题》	2015	学术文章

续表

研究者	研究题目	发表时间	种类
陈方圆	《尼泊尔巴勒比斯地区汉语教学情况调查与分析》	2015	硕士学位论文
何晓娟	《尼泊尔汉语语音习得偏误分析及矫正研究》	2015	硕士学位论文
窦子建	《尼泊尔初级汉语教学实践报告》	2015	硕士学位论文
大 马	《尼泊尔学生初级阶段习得动词性"是"字句偏误分析》	2015	硕士学位论文
Ranjit（任吉特）	Situation of Chinese Language Input in Primary & Secondary School of Nepal	2016	学术文章
王俊英	《尼泊尔汉语教学现状调查及分析》	2016	硕士学位论文
张 宝	《汉尼语音对比基础上的初级汉语语音教学研究》	2016	硕士学位论文
苏诺君	《尼泊尔学生汉语学习中的韵母偏误分析及对策》	2016	硕士学位论文
尉 龙	《尼泊尔中小学生汉语补语的习得偏误分析》	2017	硕士学位论文
刘文文	《尼泊尔加德满都地区汉语课堂管理探讨》	2017	硕士学位论文
任吉特 石晓珞	《尼泊尔中小学汉语学习者的跨语言可供性研究——以"是"为例》	2018	学术文章

上述尼泊尔中小学汉语教学方面的研究文献提到的问题主要针对师资、教材、教学环境、课堂设备、学校规则、国家政治、学习者态度等，可以分为宏观教学问题和微观教学问题两个方面。宏观教学问题包括政策、宗教信仰和民族文化及多语社会环境与语言使用区域等方面；微观教学问题包括教室环境、教室设备、教材、语言输入、个人性格、语音、语法、写作（写字）、跨语言影响（CLI）、学校和家长的支持等方面。换句话说，上述研究者论述了在中小学汉语教学研究中遇到的困难与问题，并提出了解决问题的方式和意见。大部分论文和文章都提到的问题可以归纳为"教"（教：教师、教材和教法）方面的缺乏导致"学"方面的阻碍。

朱志平（2005）提出了汉语教学中面临的宏观问题，并强调尼泊尔民族文化习俗、教育体制在汉语教学中教师与教材设计方面的重要性。他提到："由于志愿者教师与学习者的语言和文化背景不同，进行汉语教学导致理解或者解释方面的困难和障碍。"实际上大部分志愿者教师在介绍研究背景时，也常常提到中尼文化、宗教和教育系统的不同影响学习者的汉语学习。另外，每年的教师变换对教师和学生造成的影响，是导致学习者汉语水平停滞的又一个原因。新任教师需要一段时间适应新环境、学习者和当地教学规定，学生也得需要时间习惯新教师及其教学法。李加方（2015）提到汉语教学中的宏观问题，包括政府关注不多、支持较少、后继发展乏力；华人华侨较少，华人社会影响力较小、汉语教学与传播缺乏氛围和动力；民间对汉语教学的认知处于"懵懂状态，热情不足，动力有限"的状态；基础薄弱、发展缓慢、长远发展不容乐观；等等。张玲艳（2014）和赵勋、张玲艳（2014）阐述了尼泊尔的汉语教学与中小学的发展以及遇到的师资、教材、教室、学生等方面的问题。任吉特（2016）强调在尼泊尔中小学汉语教学中，学习者因为在限定的课时中接受各个方面的学习信息，所以语言学习的输入有限。此外，学习者的语言学习活动少而文化活动多，甚至教师受尼语限制，感知不到学习者在教学中表现的尼语知识，且依赖英语也是汉语教学中存在的问题。

上述 33 篇关于尼泊尔汉语教学的文献都提到"教学"中面临的问题。研究问题大致围绕学习环境（物理环境和语言环境）、师资队伍、教材、语言特征、教学法、课堂管理、学习者等方面。

尼泊尔中小学汉语教学已有 13 年的历史，虽然学生数量一直增加，但是学习质量没有特别明显的变化（李加方，2015），前人很少考虑到尼泊尔的汉语学习者对汉语教学的看法、学习者对学习汉语有无兴趣、学习者的多语能力对汉语学习的支持情况、学习者在所处的复杂动态课堂教学环境中如何感知和理解汉语知识以及如何将汉语教学变成有趣的学科等因素对尼泊尔中小学汉语教学的影响。

在尼泊尔，中小学汉语教学的目标应该是以中小学生来填补尼泊尔和中国人民之间因语言与文化差异导致的缺口，从而推动中尼关系的繁荣，也使代表南亚的尼泊尔能在中国"一带一路"倡议中建立共赢合作。对尼泊尔人来说，多了一种语言就等于多了一个机会，这个机会将推动国家的发展。尼泊尔政府的目标应该是推动中小学汉语教学，并在"一带一路"项目背景下培养人力资源从而推动尼泊尔经济储备力量，同时接纳国外的企业到尼泊尔投资开发。总的来说，如何使汉语教学持续发展是最关键的问题。

第二节 文献综述

一、尼泊尔初中汉语教学研究情况

初级中学汉语教学情况可以通过研读中小学汉语教学研究和初中汉语教学文献来了解。截止到 2017 年 12 月 31 日,在中国硕士学位论文全文数据库(CNKI)中使用"中小学"和"汉语教学",以及"尼泊尔"和"中小学"为关键词进行搜索,获得有关中小学汉语教学研究的硕士论文 111 篇。以"初中"和"汉语教学"为关键词进行搜索,获得有关初中汉语教学研究的硕士论文 15 篇。详见表 1.4。

表 1.4 关于汉语教学的文献(2006—2017 年)

毕业年份	2017	2016	2015	2014	2013	2012	2011	2010	2009	2008	2007	2006
中小学硕士论文数量	10	19	13	23	27	9	6	2	1	—	—	1
百分比	9.0	17.1	11.7	20.7	24.3	8.1	5.4	1.8	0.9	—	—	0.9
初中硕士优秀论文数量	—	5	5	3	—	1	—	—	—	1	—	—
百分比	—	33.3	33.3	20	—	6.6	—	—	—	6.6	—	—

从 2006 年到 2017 年,CNKI 中对中小学汉语教学的研究共涉及 27 个国家。其中韩国 27 篇、泰国 22 篇、尼泊尔 19 篇、澳大利亚 6 篇、塞尔维亚 4 篇、德国 3 篇、新西兰 3 篇、印尼 2 篇、美国 2 篇、南澳州 2 篇,白俄罗斯、波兰、法国、菲律宾、吉尔吉斯斯坦、老挝、蒙古、缅甸、墨西哥、南非、西班牙、意大利等国家各 1 篇。

这 126 篇汉语教学论文论述了研究者在当志愿者老师教授汉语的过程中遇到的问题,并提出了解决问题的方案。梳理文献的过程中发现中学和小学汉语教学中频繁遇到的问题涉及以下几个方面:教材、教学设备、师资、学习者、文化教学、环境因素、课堂使用语、教学法、教学模式等。

上述汉语教学方面的问题恰恰与陈灵芝(2016)在越南汉语教学中所说的"四无三缺"状态相似。她提出的"四无三缺"为:无政策、无标准、无大纲、无体系,缺教师、缺教材、缺教学法。① 这些问题使各国汉语教学的发展处在"停滞"或"裹足不前"的状态。刘长江、吴鼎民(2008)认为教学中依然存在"五重五轻"现象:① 重视教师的教而轻视学生的学;② 重视知识的传授而轻视能力的培养;③ 重视对课堂的控制而轻视对课堂的开放;④ 重视统一化培养而轻视个性化培养;⑤ 重视学生的接受性学习而轻视学生的探究性学习。② 他们强调目前课堂教学的情况不利于学习者进行自主学习,未鼓励学习者发展语言能力,也未重视教师如何"教"以及控制课堂。研究者提出的建议不外乎培养本土汉语老师、编写适合学习者的学习材料、丰富课程设置、创造课堂上的目的语环境等,很多研究者忽略了学习者在语言学习上的重要性。

尼泊尔中小学汉语教学研究分为宏观和微观研究,但是汉语教学的发展还处于起步阶段,所以学者从宏观角度进行的研究比较多。由于尼泊尔中小学汉语教学的发展程度不高,汉语学习者的汉语水平无法突破零级,因此研究者对中学和小学的汉语学习过程进行了统一的研究。此外,在尼泊尔汉语教学中,中学和小学都建立在同一个校园,教师和教材也一样,而且学习者都是零基础的,所以研究者一般没有把中学和小学分开研究。尼泊尔中学汉语教学研究基本上代表6和7年级的学生(张玲艳,2014;李加方,2015),从表1.2可知,6~8年级属于初级中学(初中),因此尼泊尔中学汉语教学的对象一般都是初中汉语学习者。

就宏观研究而言,朱志平(2005)阐述了尼泊尔民族文化习俗、教育体制在汉语教学中对教师与教材设计方面的重要影响;李加方(2015)认为汉语教学中存在的问题包括"政府的关注不多、支持较少、后继发展乏力;华人华侨较少、华人社会影响力较小、汉语教学与传播缺乏氛围和动力;民间对汉语教学的认知处于懵懂状态、热情不足、动力有限;基础薄弱、发展缓慢、长远发展不容乐观等";张玲艳(2014)和赵勋、张玲艳(2014)阐述了师资、教材、教室、学生等方面的问题。

在微观研究方面,研究者进行了尼泊尔中小学汉语教学者汉语发音(窦子建,2015;李欢,2013;张梦渔,2013;何晓娟,2015)和汉字教学(屈哲,2014)的偏误研究。

尼泊尔初中汉语教学面临的主要问题为:

---

① 陈灵芝.汉语国际传播视角下的越南高校汉语教学发展研究[J].海外华文教育动态,2017(12):100-101.
② 刘长江.信息化语境下大学英语课堂生态的失衡与重构[D].上海外国语大学,2013.

（一）教材对尼泊尔初中汉语教学的影响

在尼泊尔汉语教学文献中，教材问题被频繁提到。虽然教材在汉语教学中很重要，但是各个国家的汉语教学的教材存在不少问题，如教材不足、资源匮乏、内容陈旧、缺乏国别化教材、内容不贴近学习者生活、课程设置不合理、教材编写没有考虑当地文化、课程类型单一等。

赵勋、张玲艳（2014）认为尼泊尔汉语课程没有纳入尼泊尔的国民教育系统，从而无法受到尼泊尔教育机构的重视。陈方圆（2015）、沈娟（2012）、赵丹（2011）指出汉语教材严重匮乏和不足，正在使用的教材不能反映学习者的日常生活和文化，并强调管理汉语志愿者教师的机构"尼泊尔志愿者之家"没有编写教材的权利等。任吉特（2016）认为汉语教学无法提供可理解性的汉语输入，汉语输入信息量不足，而且在课时不足的情况下接触多样多彩的语言与文化混合的输入，导致汉语发展受阻。王俊英（2016）指出汉语教学缺乏国别化汉语教材，各年级和不同课型的教辅资料又与学习者的汉语教学不配套。任吉特、石晓珞（2018）在进行学习者掌握使用汉语的"是"的研究中发现汉语教材忽视学习者本身所掌握语言对汉语教学的影响。

梁孔孔（2014）在格鲁吉亚的中小学汉语教学的教材研究中提出汉语教材不仅"水土不服"，而且缺乏针对性、实用性、科技性（由浅入深与从易到难）、趣味性、系统性。他认为，学习者学习积极性和主动性的激发是教材实用性发挥的重要作用。在尼泊尔汉语教学中，教材与学习者的生活毫无关系，内容不贴近他们日常生活，没有考虑文化差异的影响以及没有本土化等问题的存在使得目前编写的汉语教材"水土不服"。教材是使学习者理解教学知识的主要教学工具，因此需要以学习者为主，并包含学习者可理解的内容。如果包含的内容适合学习者的经验和能力，那么知识便内化得比较快。

申慕野（2017）认为欧洲有一部分中小学提倡"在玩中学"和"无教材也无课下作业"，但在这样的教学环境下，课堂教学很难取得成效，学习者的语言水平甚至停留在词句阶段。为了补足教材面临的问题，尼泊尔初中汉语学习者往往依赖于教师自身编写的教学内容。由于教材不完整，教师往往自己按照课堂和学生需求去编写与环境相适应的教材。

（二）师资对汉语教学的影响

教师在汉语教学中扮演着重要角色，但是尼泊尔初中汉语教学常面临教师质量和数量上不足的问题。师资问题是尼泊尔汉语教学最显著的问题之一。文献显示师资队伍方面的问题主要体现在数量和质量不足、教师专业背景不同（非专业）、缺乏本土汉语教师、培养不能满足教育教师的需求、师生语言不通、缺乏实际班级管理能力和课堂教学法、教师的流动性太大、频繁更换教师影响教学效果等。

沈娟（2012）在研究中发现50多名汉语教师志愿者中有90%的志愿者没有实际的汉语教学工作经验。她也指出："因为尼泊尔的生活条件比较艰苦，不少汉语教师志愿者来到尼泊尔后叫苦连天、抱怨不停，无心进行汉语教学工作，只是想待完一年就回去。"王俊英（2016）通过对66位汉语教师进行问卷调查，指出教师的来源和专业结构方面的问题、管理和评估方面缺乏有效的监督和全面的评估，缺乏本土汉语教师，汉语教师培训不能满足汉语教师的要求。他强调，汉语教师缺乏实际的课堂教学法和班级管理能力，而且汉语教学依赖于用英语教授汉语。

除了尼泊尔初中汉语教学以外，许多国家的中小学汉语教学也提到师资数量和质量问题，其中3篇硕士论文专门讨论了师资队伍问题。主要体现在：第一，在数量上，中国志愿者教师的分配、本土汉语教师的数量不足（王孟依，2014），师生数量不匹配、教师的流动性和频繁的更换速度等是目前的问题（李卓，2014；常汝佳，2017）。第二，在质量上，教师的师资力量欠缺、教学水平不高、教师经验不足、语言不通（张丽芳，2013；王芳，2013；李卓，2014；张宁，2016；韩佳彤，2016）；缺少钻研业务的动力、缺乏教学法知识、缺乏当地文化知识、教师年龄偏轻等是主要的问题。

于永淼（2012）提到外在环境影响教学，包括对教师策略以及学生感知能力的影响。外部环境因素（如周围的环境、停水停电等问题）和外在环境影响教师策略的制定或已制定策略的执行，而教师专业背景、地方口音等因素影响学生对环境所提供的汉语信息的感知。任吉特、石晓珞（2018）认为教师对学习者的原有语言知识的了解有助于提供适合学习者的汉语知识。

艾钰杰（2014）在韩国初中教学中指出教师的教学策略应该因地制宜，因材施教，所以他强调教师应该具备分析学生需求，进而制定不同策略的应变能力。夏薇夷（2016:11）建议为加强教学效果，教师应充分利用现代化教学设备而进行教学。刘璇（2012）在尼泊尔汉语教学中也强调，为了有效地进行汉语教学，发展学习者的汉语能力，多种教学法的灵活使用是教师必备的技巧。

（三）文化教学对汉语教学的影响

收集的论文中有6篇是关于文化教学的，其中提到了汉语教学中文化教学的重要性和进行文化教学的措施。

在文献中，一方面，研究者探讨了当地文化对汉语教学的影响，如朱志平

（2005）在尼泊尔汉语教学中，强调了志愿者教师与学习者的语言和文化背景不同导致汉语教学中解释或者理解方面的困难和障碍。王静（2013）和徐世俊（2013）各自研究了尼泊尔和泰国汉语学习者的文化差异对汉语教学的影响。根据他们的研究，汉语教学应该重视双方文化，而且应该强调共同的文化因素，因为不了解学习者的文化（如宗教、习俗、节日、生活习惯等），教师就很难进行汉语教学。

另一方面，一些研究者认为文化教学是汉语教学的一个重要部分。但是在课堂汉语教学中究竟"应该重视传播中华文化，还是重视汉语教学"是教师面临的问题。学生都喜欢文化体验活动，文化体验课会导致汉语教学时间减少，这导致汉语教学面临的另外一个问题是课时不够。高珊珊（2015）指出"兼并模式"和"融合模式"为两种中小学语言和文化教学的模式，但吴佳丽（2013）在新西兰汉语教学中认为语言点和文化知识要结合起来。

邓恩明（1983）也提到："外国人学汉语的目的虽然因人而异，但他们都希望了解中国文化、风俗习惯等，所以教材要体现中国特点，让学生在强烈的兴趣中学到语言技能。"学习者都喜欢中国文化体验课，也都积极地参与到文化活动中，学习者对文化教学的积极性有利于提升他们对汉语的兴趣。

（四）学习者的配合与汉语教学的影响

在汉语教学中，学习者对学习汉语的态度是很重要的影响因素。文献中常提到汉语学习者对汉语教学的态度不友好。其中，学习者对学习汉语的积极性不高，汉语水平参差不齐，兴趣不足，认为中文课枯燥乏味，不参与课堂互动等是经常遇到的问题。教师在汉语教学中面临学习者方面的问题还包括注册学生较多，后期流失严重（常汝佳，2017），学习者没有强烈的动机及企图、遗忘是学习的天敌（没有时间和精力进行课后复习巩固）、学习者对汉语有着畏难情绪（李卓，2014）等。唐琛（2014）在泰国初中汉语教学的趣味性策略研究中指出学生的心理因素影响学习者的汉语学习，研究过程中发现，由于缺乏汉语学习兴趣，90%的学生忘掉了学过的汉语知识。罗晓玲（2015）也在研究泰国初中汉语学习中发现学习者不听课的主要原因包括教学内容和形式枯燥乏味、缺乏实用价值、以考试为目的而学习等。同样，艾麟（2015）在研究澳大利亚维多利亚州初中汉语课堂趣味性教学研究中发现当地汉语学习者对汉语学习产生"知难而退"的现象。

崔超（2013）对尼泊尔汉语学习者的性别、年龄、文化程度、语言背景、性格特点及学习汉语的动机和态度进行了分别阐述。她发现年纪小的汉语习得者表现欲望较强，课堂接受能力较强，与教师互动频率高；年纪大的学习者了解到的汉语知识和文化相对较多,且受母语和英语的负迁移较严重。张倩(2014)在研究加德满都北部的7所学校时发现不同年级的学生学习态度不同,所以不同级的学生不适合用同一个教学法进行教学。

研究者也指出了情绪波动对汉语教学的影响,如比赛前后学生的情绪波动;以及重视拼音教学,反感汉语写作等。有教师认为,尼泊尔初中学习者在汉语教学中对文化活动的参与比汉语学习积极得多。

(五)教学环境对汉语教学的影响

很多国家的教学环境不如中国。大部分志愿者教师指出汉语课堂缺乏现代设备,很多发展中国家还是在黑板上使用粉笔教课,教室也简陋,许多地方除了椅子、桌子和黑板以外其他什么都没有。在这样的教学环境下进行汉语教学会比较艰苦。但是课堂的现代化同样也会给教师带来困扰,比如教师因为不了解当地语言,所以不懂如何使用现代设备。加德满都大部分汉语教学点都是私立学校,教学中都能提供现代设备如多媒体教室,不过不是每个教室都具备现代教学设备,教师只是偶尔能申请使用多媒体教室进行汉语教学。

课外环境如教育政策、资金来源、社会支持等也影响语言教学和教师的教学策略。李加方(2015)强调尼泊尔政治因素对尼泊尔汉语教学的影响,认为尼泊尔政府对汉语教学的态度模糊,支持较少,从而影响汉语教学发展。张倩(2014)认为,不同假期、文化活动、政治游行等影响了尼泊尔汉语教学的正常进行。

另外,语言环境也会影响汉语教学。苗晶雨(2014)在对泰国华校和非华校进行对比后,发现华校的语言环境有利于学习者学习汉语,校方也重视汉语教学,而非华校汉语教学质量一般不如华校。由于中方教师不懂学习者(泰国、韩国、格鲁吉亚等)的语言,且学习者的英语水平也有限,所以师生交流存在障碍。孙于影(2017)提到在德国的中学,汉语的受重视程度远不及其他语言,同样,在很多国家,汉语课堂只是以兴趣班的形式开展,而没有考虑教学质量。尼泊尔教学环境缺乏汉语使用的气氛。教学依赖于媒介语,课外环境很容易感知到尼泊尔语、民族语和印度语的信息,却很难感知到汉语的信息。

(六)语言特征影响汉语教学

多语习得过程中学习者会感受到跨语言影响(Cross-linguistic Influence CLI)。原有语言知识的正迁移会支持学习者掌握目的语,但是负迁移会阻碍目的语的学习。因为汉语学习者的母语背景不同或掌握了母语以外的其他语言,学习汉语时经常产生发音、语用等各方面的偏误。研究中发现8篇硕士论文专门研究中小学生的发音偏误。其中 5 篇针对尼泊尔学生的语音，2 篇针对澳大利亚和中国维吾尔族的学生。

在尼泊尔初中汉语教学中，汉语发音研究和汉字教学方面有不少微观研究。沈娟（2012）、李欢（2013）、张梦渔（2013）、何晓娟（2015）、窦子建（2015）、张宝（2016）指出学习者的母语和原有语言知识（Prior Language Knowledge）对掌握汉语的声母与韵母有影响，同时母语和原有语言知识也会影响声调。他们在研究中强调汉语教学中遇到的跨语言影响。

窦子建（2015）指出尼泊尔学习者分不清 h 和 k 音，发 s、sh、z、zh、c、ch 的时候无法发出翘舌音，只能发平舌音。李欢（2013）提到学习者发送气音（p、t、k、q、c、ch）的时候，受母语影响，会发成不送气音（b、f、d、g、j、z、zh）。张梦渔（2013）也发现中小学生混淆了声母 zh、ch、sh 和 z、c、s 及 j、q、x。何晓娟（2015）在研究中发现尼泊尔 YCT 一级、二级和三级的学生在汉语听辨中存在一些偏误行为（见表 1.5）。

表 1.5　YCT 一级、二级和三级学生的听辨偏误（何晓娟，2015）

发音	YCT 一级		YCT 二级		YCT 三级	
	偏误表现形式	偏误率（%）	偏误表现形式	偏误率（%）	偏误表现形式	偏误率（%）
b	p	63	p	88	p	38
p	f	100	b、f	100	b、f	63
h	p、k、w	38	—	—	—	—
d	t	100	t	75	t	50
z	c、ch、j、x	50	c、ch、j	63	c、ch、j	50
c	x、ch	75	ch	25	ch、z	25
sh	s、c、x、z	75	c、s、ch、x	54	s、ch、x	50
zh	z、c、x、j、ch	88	z、c、ch、sh	83	z、ch、j	46
ch	z、c、t、x、s	75	zh、c、q、z、sh	56	z、sh	44
j	c、z	13	ch、q	13	ch、q	38
q	x、z、ch、s	92	ch、c、j	54	ch、c、j、x	71
g	k、c、h	100	h、c、k	100	—	—
k	c	13	—	—	c	38
x	—	—	s、c、ch	75	s	25

屈哲（2014）提出，学习者以前接触的文字没有形、音和义（三合一）的概念，也没有严肃的书写规则，所以写汉字的时候学生常常出现写字方面的偏误。陈彩虹（2016）发现泰国中学生在汉字书写方面产生的偏误导致汉字学习效率不高，进而影响了汉语学习的进展。

收集的论文中有 3 篇针对的是语法研究。陈钊（2006）在韩国的汉语教学中进行了"了"的中介语研究；尉龙（2017）进行了尼泊尔初级汉语学习者的补语习得偏误分析；白鸽（2013）对韩国汉语学习者的数量词进行了研究。

（七）课堂使用语对汉语教学的影响

收集的硕士论文中有 2 篇是关于课堂使用语的研究。都娟（2010）重视美国课堂教学的示范性、选择性、动态性、教授方法多样性，所以为了让学习者感知到更多的信息，应该选择适当的课堂使用语。张若愚（2014）对中方和波方的汉语教师进行了对比，发现波方汉语教师有双语优势，因此学习者的课堂互动和与教师的交流都很频繁。不过中方教师具备专业的汉语教学技能和汉语本体知识储备，在语音、词汇、文化的教学上更有优势，研究者认为两国教师配合的教学模式可以给学生提供更好的教学。

尼泊尔初中汉语教学依赖于媒介语（英语）。因为学习者已经掌握了基本的英语知识，他们喜欢与教师使用英语交流。此外，汉语教师对尼语知识极有限，他们无法使用尼语知识解释汉语。

（八）教学法对汉语教学的影响

教师在不同环境中为了展开有效的教学，应该使用不同的教学法。但是研究发现很多国家的汉语教学都缺乏适当的教学法、教学充满随意性（丁正雷，2015）。同时，还存在汉语教学缺乏学习动力、教师缺乏教学法知识，而了解教学法的教师知识不成熟的问题。

收集的硕士论文中有 24 篇讨论了教学法。其中，7 篇论文研究的是游戏教学法；3 篇研究的是任务型教学法；研究多媒体教学法、情景教学法和全身反应教学法的各有 2 篇；表演教学法、汉字教学法、交际语言教学法、分段教学法、体验式教学法、体态语教学法和直观教学法研究各 1 篇，另外 2 篇是混合型教学法研究。

游戏式教学法能够提高汉语学习者对汉语的兴趣，也能起到鼓励他们参与活动的作用（余雷，2016）。任务型教学模式提高学习者参与教学活动率而得到有效结果。毛宇（2016）强调汉语教学应该按照学习者的特点设置，提供适当的游戏，如"你说我猜""复习 QUIZ 游戏""找朋友"等。在尼泊尔汉语教学中经常使用游戏法进行教学。余雷（2016）在论文中指出汉字练习的三个不同方法为汉字听写训练、课堂"游戏"法（"跑得快"游戏、"bingo"游戏）和多媒体手段辅助练习（如汉字教学网站、ipad、网络游戏等辅助练习，Kahoot 练习方法）。研究中发现尼泊尔初中也常使用游戏法进行词汇教学，如使用卡片、bingo 游戏等。尼泊尔志愿者之家为了配合尼泊尔汉语教师志愿者的教学，推出了适合尼泊尔中小学汉语的游戏合集。

同时，为了给学习者提供可理解、可接受和简单的多样性信息，全身反应教学法和表演教学法也被提了出来。在中学里，为了避免与学生有沟通障碍，教师越来越多地使用体态语教学法。黄佩端（2016）为解释学习者汉语发音，使用了体态语教学法，发现学生对汉语发音的反应很快。查明威（2014）指出尼泊尔汉语教学中表演教学法的可能性。表演教学法是以提供可理解性汉语输入以及减少媒介语（英语）的依赖性为目的而设计的。他在研究中发现，使用表演教学法时，小学生的学习效果要略优于初中学生，并且男生学习和记忆水平要略高于女生。

汉字教学法也是汉语教学中很关键的教学法，但是汉语教学比较重视拼音教学法，所以关于汉语教学法的研究比较少。而且对很多学生来说，写汉字有难度。屈哲（2014）在对尼泊尔学生学习汉字的研究中提到了学生对汉字的反感，因为他们无法掌握汉字的规则，所以常常出现写字方面的偏误。此外，研究者也提到交际语言教学法（孙于影，2017）和体验式教学法（陈剑，2009），以及直观教学法（吴倩倩，2017）。

（九）教学模式对汉语教学的影响

汉语教学应该具备与环境相符的教学模式。Joyce 等（2012）把教学模式理解为一种适合学习者学习的环境。尼泊尔中学和小学的汉语学习者每年都不断增加，但是目前尚没有提出和设计有针对性的教学模式。

收集的文献中 11 篇硕士论文是关于汉语教学模式的，其中 6 篇研究的是合作教学模式，其他是关于助教教学、口语教学、对比教学法教学模式和汉语教学模式的。美国华盛顿大学教授 J.T.Shaplin 曾提出合作教学（Team Teaching）模式。他指出："合作教学是一种教学组织形式，是在两个或两个以上的教师的配合下，共同承担同一个学生对象群需求的全部教学任务或主要部分。"研究者在论文中提出此教学模式有助于提高韩国初级学生的学习效果。

赵明（2011）认为此模式在韩国还不成熟，不过后来很多中小学都开始使用此教学模式。此模式是指由两个（或两个以上）教师共同承担同一个学生对象群需求的全部教学任务或主要部分(王樱诺,2013;张帅强,2014)。王樱诺(2013)提出了四种模式,分别是:"全员模式",即两位教师一起合作教课,可以是轮流主导,也可以是在一起上课;"支持模式",即一位是主要教师,另一位支持前者;"嘉宾模式",即一位教师的角色很重要,另一位教师的教学角色任务比较轻,有可能仅负责观察;"分享模式",即两者相互分享经验和资源。孙玉莹(2014)在协同模式下的初中汉语课堂教学设计方面提出了中方和本土教师之间轮流主导、一主一副和平行分配的合作。

黄子莹(2015)指出合作教学模式的三种类型为中国教师主导型、韩国教师主导型和二者主导型。张屹岱(2016)认为这三种教课方式各有利弊。王潇(2016)强调中韩教师协作的教学模式有助于互补不足。方圆(2016)提出,由于韩国的汉语教学不够成熟,教学方法混乱,并且教师个人素质不高、工作态度不认真,所以合作模式不太完善。张丹(2017)认为此模式可以突出各自的教学优势,有效地避免弥补自身的不足,从而提升教学效果。张若愚(2014)在波兰中小学汉语教学研究中也提出中方和波方教师合作上课的模式。

黄丹(2015)在论文上强调法国汉语教学助教工作的案例分析。李慧一(2013)强调中学汉语教学模式该遵循"精讲多练""在学中练,在练中学""注意激发学生的兴趣""重视应用,强化听说""重视情感教学的作用"。段延艳(2015)在泰国汉语教学模式研究中提到汉语教学中师资力量、教学风格和教学手段的作用。左悦(2013)在课堂活动管理方面对新西兰怀拉拉帕地区中小学的"话题式教学模式"和"以学生为主体式教学模式"进行了对比研究。前者指在课堂上围绕"话题"展开教学活动,后者即自由讨论,对某一问题进行拓展并发表个人想法。

高珊珊(2015)在汉语教学中提出进行文化教学的两种固定模式:一种是在语言课堂的基础上另加文化知识课成为"兼并模式",另一种是在语言课程中加入一些文化因素而成为"融合模式"。

高雪静(2012)为加强新疆地区学生的汉语听说和读写能力,提出"互动式教学模式""图文归纳式教学模式""游戏模式",并强调创造适当的课堂环境的教学方法。互动式模式为了让学习者积极参与,设计了问答和讨论。图文归纳式教学模式,即学习者对选取的画和照片进行词汇分类和内容描述,最后写出来。游戏式教学模式设计为分小组、确定游戏扮演者、安排场景、组织观众、表演、讨论和评价、重新表演、分享经验和总结。康建华(2014)探讨了三种教学模式,分别是以教师为中心的讲授法;以学生为中心的发现法、讨论法、个别化教学法；以及运用现代技术的课堂教学的多媒体教学法。他也强调应该改革"死记硬背"的教学模式而让学生快乐地学习汉语。彭玉萍（2017）强调激发学习者参与课堂学习活动的环境，并对教学技巧进行讲解，以调动学习者学习的热情。

韩燕、王祖嫘（2016）在对美国中小学的沉浸式汉语教学和非沉浸式汉语教学中师生产生的话语分析进行对比时，发现沉浸式汉语教学中学习者能按照客体的理解做出反应。不过在沉浸教学中，教师为了便于学生理解，使用图片、手势和表情的频次比较多。此模式提供多模态的信息，充分利用了学生的听觉、视觉、触摸感官和空间位置。

综上所述，尼泊尔初中汉语教学经历了10多年研究探索，仍然没有建立起有针对性的汉语教学模式，目前的教学没有重视存在的环境和学习者存在的特征。此外，汉语教学与学习者拥有的多语能力之间的矛盾、教师对当地文化和学习者缺乏理解、教学因素不配合或者不提供教学支持等导致汉语教学遇到阻碍。汉语教学并没有考虑如何使用环境特征提高教学质量。迄今为止，尼泊尔汉语教学中并没有尼泊尔存在的环境如何给学习者更多学习汉语的可供性（Affordance），以使学习者很容易地感知到学习信息，进而掌握汉语能力的研究。

二、语言教学模式的概念

（一）"语言教学"概念

在学术领域中"教学"概念不断变化。王飞（2014）指出"教学"有两种截然不同的语义：一是专指"教"，二是指"教与学"。[①] 在语言教学领域中"教学"指的是"教"和"学"融合的过程，不过仍然重视"教师的教"，所以语言教学研究大部分都是集中在"教"，而很少研究者以"学"作为研究中心。教学中"教"代表"教师的责任"，"学"代表"学生的任务"。换句话说，教学就是师生之间的互动，其目标是让学生"学会"没有掌握的知识。教学中传统概念的"教"是"自上而下"——知识从教师向学生流动的过程，而"学"是"自下而上"——学生从教师接受知识的过程。根据Pritchard（2009:2）"学习"是通过研究、教学、教导或经验获得知识或相关技能而形成或控制行为的过程。[②] 马燕华（2014）提出"教"是在"学"的基础上发生的，所以没有学，

---

① 王飞. 跨文化视野下的教学论与课程论 [M]. 济南：山东人民出版社，2014:4.
② Pritchard A. Ways of Learning. Learning Theories and Learning Styles in the Classroom[M]. New York: Routlegde, 2009.

就没有教。Ahmed(2013)在"教师为中心"和"学习者为中心"的对比分析中发现教学重点从"教"转向"学"和从"教师"到"学习者"是有效教学过程的核心。

Mueller(1958)认为教学过程是模糊的,并认为学习者对教师教学的接受程度无法正确预测。[①] 同时,Wenger(1998)认为教学是很复杂的现象,常常令人误解,因为没有教导的情况下学习者也能够学习不少知识,而学习者受教导后反而可能无法感到任何学习效果。所以学习不一定是教师教学意图的结果,而可能是学习环境的反应。[②] Shuell(1986)把"学习"理解为积极的、高层次的加工过程,原有知识在这个过程中扮演着重要角色。

安玉香等(2014:3)针对汉语教学的目标而提出:"语言教学的最根本的任务就是教好学习者语言,而不是教哲学、文学、史学或别的什么学科。因为语言是交际的工具,语言教学就是要让学习者掌握这个交际工具,培养他们运用语言进行交际的能力。"[③] 但是语言教学中杨小华(2007),刘长江、吴鼎民(2008)认为"学"与"教"相比,还是没有受到应有的重视。[④] 对外汉语教学中普遍重视"教",而很少有研究者考虑到学习者的学习过程,也不在乎学习者的学习需求和环境因素对语言教学的支持和帮助,及其推测不适合学习者的教学法、教材等。汉语教育研究过程中常见到的问题是"如何教?""教什么?""用什么教材好?""用什么方法教?"等。不过对学习中常遇到的问题如"学生怎么学?""学生用什么学习方式?""学生的学习过程如何?"等方面的研究相对来说比较少。

吴文(2012)针对中国外语教学提出:"为了要合理、科学地解释语言学习现象,必须全面考察语言、学习者、教师和环境等因素之间的关系及其对英语学习的影响,才能找出英语教学的优化路径,从而改变中国现有的英语教学的尴尬境地。"[⑤] 安玉香等(2014:21-22)强调研究语言教学至少要着眼于"学和教的内容"、"学习者怎么学"和"执教者怎么教",以及彼此的相互关系全面张开研究,才能全面揭示语言教学的客观规律。

---

① Mueller T. Perception in Foreign Language Learning[J]. The Modern Language Journal, 1958, 42(4): 167-177.

② Allix N M. Book Review: Communities of Practice: Learning, Meaning and Identity[J/OL]. https://www.researchgate.net/publication/275493423_Book_Review_Communities_of_Practice_Learning_Meaning_and_Identity.

③ 安玉香,刘文惠,胥秋菊. 对外汉语教学的多角度研究[M]. 北京:中国书籍出版社,2014.

④ 刘长江,吴鼎民. 实施研究性学习 创新英语教学观念[J]. 疯狂英语(教师版),2008(1):46-49.

⑤ 吴文. 英语教学生态模式研究[D]. 西南大学,2012: 7.

Kimble（1961），Kolb（1984）强调了学习是通过经验和实践的转变创造知识的过程。同时提出："学习者从已有的经验能获得有价值的知识，而且在某种方式上改变今后经验的质量。"学习者获得的知识或学习可以理解为他们个体独特的经历。Niyogi（2007）把语言学习界定为在学习期间所接触的语言实例的基础上，最终发展的语法规则系统。所以她提出语言学习的算法为 A:D → g，在此，A 表示语言学习、D 表示接触的语言，g 表示语法。根据她的说法，人类在自然环境的交际中听到所使用的句子的经验才学到语言知识，而不是因为有人给他们语言知识方面的指导。[①]

尼泊尔初中汉语教学一直依赖于教师的"教"，而频繁换教师影响到学习者的汉语学习。尼泊尔初中教学缺乏规范的教学模式，因此教师的变化导致整个教学的变化。

（二）语言教学与语言学习的概念演化

1. 从语言输入到语言输出

首先，Selinker 在其早期的研究中强调语言接触在语言教学中的重要性。他把语言接触定义为"语言输入"，且认为语言输入是掌握第二语的关键因素之一，而 Corder（1967）把语言输入定义为学习者接触到的目的语的所有信息。Ellis（1985）认为语言输入就是一种催化剂，用来触发（Trigger）学习者内在的普遍语法系统，使习得得以发生。[②]

Krashen（1985），Long（1996），Gass（1997）也提出，语言习得是由学习者接受的语言输入决定的，所以语言输入对语言习得有着重要的作用（Gass，1997:161）。Van Pattern（2000:295）强调，语言输入是第二语言习得的核心，没有输入就无法习得。Piske & Young-Scholten（2009:1）也支持语言输入的重要性并将其解释为，"如果有输入，早晚会产生习得"。

其次，Krashen（1980，1982）提出语言输入假说（Input Hypothesis），且把语言输入作为语言习得的重点。他支持 Selinker 所提出的语言输入的概念且强调可理解性的语言输入是语言习得必不可少的因素。他认为，学习者获得可理解性语言输入后才能产生语言习得。他也强调，在获得语言输入时学习者应获得高于自己水平的可理解性语言输入，表示为"i+1"，其中"i"代表学习者当时的语言水平。所以语言习得是学习者通过获得高于自己水平的

[①] Niyogi P. The Computational Nature of Language Learning and Evolution[M]. New Delhi: Prentice-hall of India, Private Limited. 2007:10-12.

[②] Gass S M. Input, Interaction, and the Second Language Learner [M]. Mahwah, NJ: Erlbaum, 1997.

语言输入，增加自己对语言的知识和词汇等。①Krashen（1980，1982）指出因学习者接触到的语言输入具有简单化、普遍性、调整速度（教师话语）等特点，学习者很容易接受输入信息而习得。Ellis（1994）强调无论是母语还是第二语言的自然习得或者教学习得，学习者必须接收可理解的输入。② 对多语者，De Houwer（1995：222）认为，学习者如果从早期开始不断地接受一种以上的语言，他们可以同时习得多种语言（转引自 Philp，Oliver & Mackey，2008：4）。③

再次，Long（1983）在语言学习过程中提出语言互动假说（Interaction Hypothesis）。他认为，在语言学习过程中，为了理解意义，师—生或者生—生之间进行互动，他们之间的互动导致了意义上的协商。④ 他也同时提出了预修正输入（Pre-Modified Input）、调整性输入（Modified Input），之后又细化为详细阐述的输入（Elaborated Input）、强化输入（Enhanced Input）、互动式调整的语言输入（Interactionally Modified Input）（Pica，Young & Doughty，1987；Loschky，1989；Kitazawa，1990；Ellis etal.，1994；Gass & Varonis，1994；Gass etal.，1998；Boraghani，2002；Foster & Ohta，2005；Baleghizaeh & Borzabadi，2007；转引自任吉特，2016:16）。⑤

Gallien，Hotho and Stainer（2000）把语言输入分为三种：① 正确的语言输入（Authentic Input），即母语者之间的语言交流；② 说话速度受调整或控制的语言输入（Speed-modified or controlled Input）；③ 语言受调整的语言输入（Linguistically Modified Input）。语言受调整的语言输入再分为：预修正的语言输入（Pre-Modified Input）、互动式调整输入（Interactionally Modified Input）和意义协商（Long，1983；Pica，Young & Doughty，1987；Li，2011）。⑥ 同样，预修正的语言输入包括语言的简单化（Linguistic Simplification），详细阐述语言输入和强化语言输入（Sharwood Smith，1993；Park，

---

① Krashen S D. Principles and practice in Second language Acquisition[M]. Oxford: Pergamon Press, 1982.

② Ellis R. The study of second language acquisition[M]. Oxford: Oxford University Press, 1994.

③ Philp J & Oliver R & Mackey A. Second Language Acquisition and Younger Learner. Child's Play? [M]. John Benjamins Publishing Company, 2008.

④ Long M H. Input and Second Language Acquisition Theory. Input in Second Language Acquisition[M].Rowley, MA: Newbury House, 1985: 377-393.

⑤ Ranjit R. Situation of Chinese Language Input in Primary & Secondary School of Nepal [J]. Quarterly Journal of Chinese Studies, 2016, 4(3):14-31.

⑥ Gallien C & Hotho S & Stainer H. The Impact of Input Modifications on Listening Comprehension: A Study of Learner Perceptions[J]. JALT Journal, 2000, 22(2): 271-294.

2002；Vanpatten，2009）。Long（1983）；Pica，Young & Doughty（1987）；Foster & Ohta（2005）认为互动式调整的语言输入是通过意义协调理解接触到语言信息中的意义。此意义协调包含理解检查（Comprehensive Check）、确认检查（Confirmation Check）和澄清要求（Clarification Request）。①

　　Krashen（1985）和 Long（1996）认为有意义的语言输入对发展第二语言是很重要的。Ellis（1991:32）认为调整输入能使学习者注意到语言的特征。Verspoor，Lowie and De Bot（2007:62）提出语言输入会引导学习者掌握第二语言，而语言输入中断将导致学习者无法习得，甚至导致其曾经掌握的语言知识退化。②

　　此外，Swain（1985）继强调语言输出对语言习得（学习）的重要性之后也开始从另一方面思考语言教学。她提出了语言输出假说，强调学习者在语言学习中不仅要注意到语言输入也需要强调语言输出，因为语言教学中如果没有语言输出，语言输入就体现不出效果。Vanpattern & Cadierno（1993:46）提出语言习得过程可以理解为三个阶段。第一阶段，学习者接触有意义的、可理解性的语言输入，即语言吸纳（Intake）。第二阶段，吸纳的语言进入到语言发展系统，这是学习者为了习得语言而创造或者改造的语言系统。第三阶段即语言输出。见图1.2。

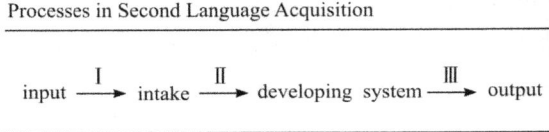

图1.2　第二语言习得过程（Vanpattern & Cadierno, 1993:46）

　　Harris（1992:42）把学习者接受的语言输入理解为学习者接触到的所有的语言的信息，"Uptake"是学习者感知到或者接收到语言输入的一部分。对感知到的信息中的一部分进行进一步的加工处理即为"吸纳"（Intake）。"吸纳"是学习者参与和对信息进行加工内化的过程（Richards and Gallaway，1994:264；Van den Bogaerde，2000）。③

　　Schmidt（1990，1995）提出的注意假设中，注意（Attention）等同于有意

---

①　Foster P & Ohta A S. Negotiation for meaning and peer assistance in second language classrooms[J]. Applied Linguistics, 2005（26）：402-430.

②　Verspoor M & Lowie W & De Bot K. Input and Second Language Development from a Dynamic Perspective[A]// T. Piske & Young Scholten (Ed.). Input Matters in SLA. Multilinugal Matters, 2009: 62-80.

③　Van den Bogaerde, B. The role of Language input in Acquisition, Input and interaction in deaf families[D]. Phd. Thesis. Amsterdam Center for Language and Communication (ACLC), 2000.

注意(Noticing),而有意注意是将输入转化为摄入(吸纳)的必要而充分的条件,即学习者只要有意地注意到某一特定语言形式,就能确保摄入该形式。[①]Skehan(1998)提出以注意为中心的第二语言习得语言处理模型使有意注意在"输入"、"中央加工"(Central Processing)及"输出"三个环节发挥着调节作用(Mediating role)。[②] 见图1.3。

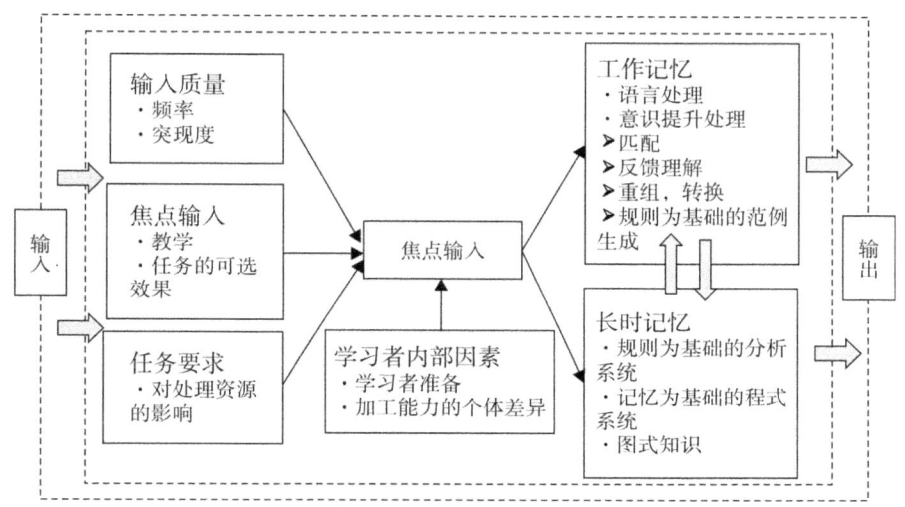

图1.3 以注意为中心的语言习得信息处理模型
(Skehan,1998:57; 转引自刘丹丹,2012:35)

如图1.3所示,影响有意注意的因素包含:① 输入质量(Input Quality);② 焦点输入(Focused Input);③ 任务要求对处理资源的影响(Task Demands on Processing Resources);④ 学习者内部因素(Internal Factors)。Robinson(1995:285)强调注意对记忆和行动的控制作用是第二语言处理研究中很有潜力的部分。他把有意注意(Noticing)定义为一个将察觉(Detection)、意识(Awareness)和复述(Repetition)结合起来的过程(转引自刘丹丹,2012:35)。

2. 语言环境中积极参与(Engagement)产生语言习得

Gibson & Pick(2000)提出习得不是"丰富输入"而是"区分信息",即从"世界上各种各样的信息中区分出与习得者自身类型、需求和能力相关的大量的环境提供的特定信息"。他们的这一理论和一系列的实证研究同样可

---

① Schmidt R. Conciousness & Foreign Language Learning: A Tutorial on the Role of Attention and Awareness in Learning[C]// Schmidt(Ed.). Attention and Awareness in Foreign Language Learning, Honolulu: University of Hawaii Press, 1995:129-158.

② Skehan P. A Cognitive Approach to Language learning[M]. Oxford : Oxford University Press,1998.

以应用到第二语言习得研究之中。

　　Van Lier（2000）揭示，语言不是直接转达即可习得，而是在学习者参与有意义的活动的过程中学会的。所以 Van Lier（2007）提出"学习者学习语言的主要因素不是语言输入，而是语言输入过程中学习者对自己从环境感知到的信息的理解"。Skinner & Belmont（1993）将学生的学习参与或学习投入（Learning Engagement）解释为，"学生在学习活动中表现出持续性的参与行为，并伴随着积极的情感体验"。[①]Fredricks et al.（2004）认为"学生的学习参与度包括行为参与（Behavioral Engagement）、情感参与（Emotional Engagement）和认知参与（Cognitive Engagement）"。[②]Svalberg（2009:244）对语言参与度或投入（Engagement）的定义是："一种包含认知、情感以及社会状态的学习过程，其中学习者是主体，而语言是客体或交流的媒介。"她也提出："一幅画体现出的意义是由于个人积极与自己的知识进行构建，不仅是通过心理活动，而且是通过积极地参与社会活动。"（Svalberg，2009:246）[③] Van Lier 赞同参与度对语言学习的重要性，因为参与度表示个体与环境之间的互动。他又进一步表示语言学习中学习可供性是必不可少的。

　　Harshbarger（2007）把语言教学中的学习看作是混沌和复杂系统而提出语言学习的动态模式。在此，学习者的参与、意识、意义、组织、记忆、应用和合并之间的相互作用产生学习上的动态性和复杂性。他认为在语言学习的线性模式中，"参与度"提高学习者对于学习的需求、动机和兴趣，而意识到学习中的异同。有意识就会获得"意义"，然后去"组成"有意义的信息，再去发展"记忆"。"记忆"中的信息再去应用与合并。但是，由于每个因素都具备大量的变量而这一变量的互动和变化又影响于因素的复杂性，因此整个学习系统就变得复杂动态。[④] 见图1.4。

[①] Skinner E A & Belmont M J. Motivation in the classroom: Reciprocal effects of teacher behavior and student engagement across the school year[J]. Journal of Educational Psychology, 1993(85): 571-581.

[②] Fredricks J A & Blumenfield P C & Paris A H. School Engagement: Potential of the concept, state of the evidence[J]. Review of Educational Research, 2004,74(2):67-71.

[③] Svalberg A M. Engagement with language:Interrogating a Construct[J]. Language Awareness, 2009,18(3):242-258.

[④] Harshbarger B Chaos. Complexity and Language learning[J]. ICU Language Research Bulletin, 2007(22):17-31.

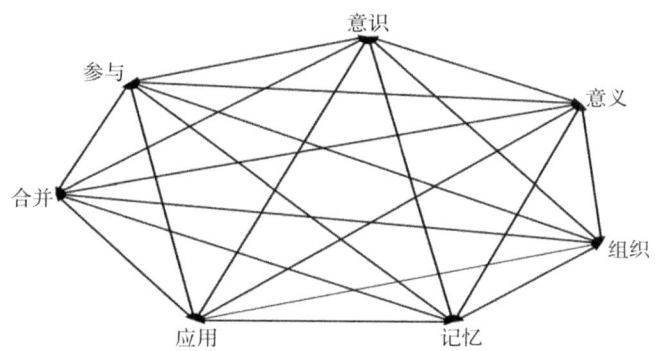

图1.4 语言学习的动态模式（Harshbarger，2007：27）

3. 语言教学为复杂动态系统

Larsen-Freeman（1997）强调二语习得是动态的过程，而这个过程是复杂的。Verspoor，Lowie and De Bot（2007：63）指出："因为语言教学本身是个复杂动态的过程，所以对相同的语言输入不同学习者会以不同方式处理，同一个学生对同样的输入在不同时间段也以不同的方式进行处理。"Pica（2005）提到："二语学习者的文化背景、个性与身份等独特的因素会不断地影响他们的习得过程。"[①] 郑通涛（2011）也指出："第二语言学习者接触社会环境的机会多寡，直接影响其语言的输入、内化和输出过程，并最终影响其第二语言的学习效果。"徐虹、郑通涛（2016）提出汉语作为二语学习者在学习过程中接触到多元通道的语言信息渠道。[②]

吴文（2011）认为："语言是一个多主体的、复杂的、动态的、适应的系统突显出的特征的总和，而语言学习是特征突显的过程。"后来，Verspoor，Lowie and De Bot（2007）认为语言教学中涉及的不同子系统的因素之间的交互作用对二语习得（学习）的结果产生深远的影响（胡兴莉，郑通涛，2016；郑通涛，2014；戴运财，王同顺，2012）。Burns & Knox（2011）把课堂环境理解为复杂动态系统："由于物理环境、教师、学生、教材之间不断地相互互动，所以课堂环境是复杂动态的。"

戴运财、王同顺（2012）在语言教学的复杂动态视角下提出了二语习得动态教学模式，认为二语教学系统的环境、语言和学习者子系统的因素之间相互作用而产生语言习得的结果。见图1.5。

---

① Pica T. Second Language Acquisition Research and Applied Linguistics [J/OL]. http://repository.upenn.edu/gse_pubs/34/.

② 徐虹，郑通涛. 课外语言学习动态模式研究 [M]. 广州：世界图书出版广东有限公司，2016.

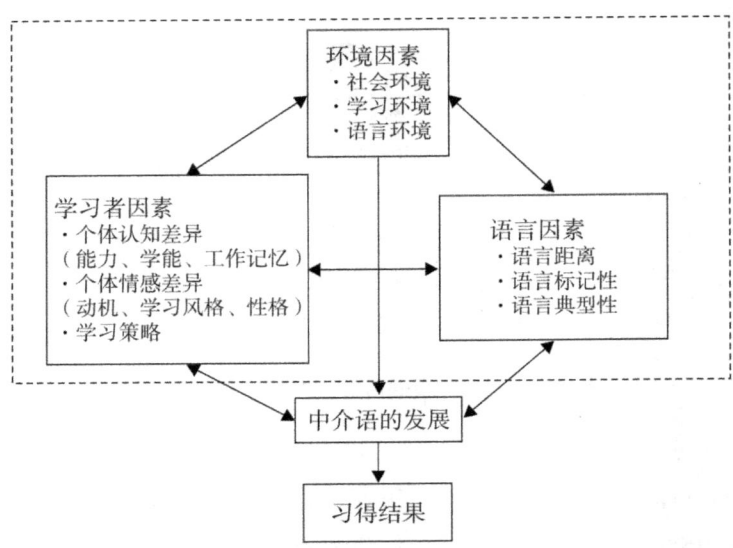

图 1.5 二语习得的动态模式（戴运财，王同顺，2012）

他们把影响学习者的环境因素分为社会环境、学习环境和语言环境，学习者的学习因素分为个体知识差异（智力、学能、工作记忆）、个体情感差异（动机、学习风格和性格）和学习策略，语言因素分为语言距离、语言标记性、语言典型性。这些语言教学的子系统具备的因素之间的互动导致学习者的中介语的发展并习得语言。[①]

4. 语言学习与可供性

Gibson（1979）首先在 *The Ecological Approach to Visual Perception* 提出 Affordance（可供性）的概念，即"环境的可供性指的是环境中提供给动物的，无论是有利的还是有害的信息"（Gibson，1979:127）。在 Gibson 的可供性理论视角下，Van Lier（1997）以为语言并不是为了吸纳（摄入）和最终输出而引导学习者的输入，而是潜在的可供性，即由学习者有目的的互动和参与以及活动所激发的感知、认知和情感参与导致的结果。[②]

Van Lier（2000）把语言输入作为学习者在语言环境中感知到的语言信息，并将重点从语言的输入转移到注重语言的可供性，因为根据"输入"的观点，语言仅仅被看作固定的语码，"学习"也只是被当作记忆的过程，从而无

---

① 戴运财，王同顺. 基于动态系统理论的二语习得模式研究——环境、学习者与语言的互动 [J]. 山东外语教学，2012（5）：36-42.

② Van Lier L. Approaches to Observation in Classroom Research. Observation From an Ecological Perspective[J]. TESOL Quarterly, 1997,31(4):783-787.

视学习者对语言可供性的生态理解。① 他强调语言学习不是由语言输入产生的,而是在由积极参与中感知到的可供性,并进一步促使行动与互动的产生。他解释道:"语言是人类因有所需要,从而学会和使用与他们生活息息相关的东西。他也认为人类的语言知识与丛林中的动物所掌握的环境的知识是相似的。因而,人类学习语言的方式同动物探究森林或者植物探究土壤的方式一样。"②

Van Lier 揭示出可供性的概念,即通过移动的视觉来取代固定的视觉,并且学习者积极与周围环境建立的关系。换句话说,语言学习不是静态和一线性的概念而是在与环境互动中产生的复杂动态过程。他认为学习者可以直接感知和处理他所接触的语言,而不需要通过预先存在的图式和表征的心理机制。③Halliday(1978)认为,意义并非内涵于潜在行动,而是行动者在感觉和理解的基础上与环境的互动中突显出来的。所以图 1.6 可理解为,"意义"的前提是行动,知觉和解释是互相强化的连续循环过程(Van Lier,2004:92)。见图 1.6。

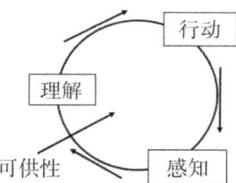

图 1.6　可供性与感知、理解和行动之间的关系(Van Lier,2004:92)

二语习得中专家对习得和学习过程存有不同意见,但二者都意识到只有语言的可供性才能内化和协调个人注意力去感知语言环境所提供的交际可供性(Segalowitz,2001:15-16)。④ 尤其是,语言教学中环境的影响无法避免。尧玮(2014)表示:"语言不只具有语言学特征,还具有社会特征;语言习得也不应是单纯教学环境下语言提供量的感知和行为反应,还需考虑习得者与

---

① Van Lier L.From Input to Affordance: Social Interactive Learning from an Ecological Perspective [C]// J P Lantolf (Ed.). Sociocultural theory and second language learning. Oxford, England: Oxford University Press, 2000:245-259.

② 杜佳. 基于符担性理论的二语习得研究 [J]. 南京社会学科,2011(3):133-137.

③ Khatib M & Alemi M & Daftarifard P. On the Relationship between Input and Interaction: Psycholinguistic, Cognitive, and Ecological Perspectives in SLA. Brain[J]. Broad Research in Artificial Intelligence and Neuroscience, 2010,1(4):59-68.

④ Segalowitz N. On the evolving connections between psychology and linguistics [J]. Annual Review of Applied Linguistics, 2001(21):3-22.

社会环境的互动。"Van Lier（2000:253）也强调："语言学习中早期语言输入的定义忽视了生态环境因素而解释为大脑中表示语言对象的过程；相反，语言是我们生活中学会和使用的东西。"语言应用方面，Segalowitz（2001:15）认为语言就像任何物理环境一样具备可供性，并构成一套特定的结构，但如果说话者知道如何使用它，这些结构就可变成信息。语言学习者在学习中的积极参与，有助于感知语言的可供性并将它用作语言行为（Van Lier，2000:252）。Ziglari（2008）强调教师了解学习者的需求之后在课堂上提出学习者适合的教材，以及提供适当多媒体技术的辅助。①

徐盛恒（2012）在语言研究的心智哲学视野中，对语言运用作如下假设："语言运用是基于心智的，而心智是基于身体的，语言所表达的基本内容是话语主体的感觉和感受，而这些感觉和感受出自于身体具有特殊的知觉能力和运动能力，语言表征的是心理表征。"②这表明语言表达式其实是联系着人的知觉和行动的，"人们正是根据心智里所反映的人类经验基本情景的概念结构才'编造'出某一特定的语言表达式"（李永秋，郭时海，2015）。

魏智慧（2014）指出，课堂中环境的可供性影响学生的学习和教师扮演的角色。徐虹、郑通涛（2016）强调课外环境提供的可供性影响目的语环境下学习汉语的学习者。胡兴莉、郑通涛（2016）强调交际过程中可供性的作用以及 Zeng & Zheng（2017）指出学习环境的可供性因素影响学习者的积极探究能力。

5. 多语习得与可供性

Cenoz & Genesee（1998）、De Angelis（2007）、Sridhar（2009）等强调，世界上大多数人民都在平常生活中至少运用到两种语言，所以外语教学中一般学习者都在学习三种或多种语言。Cenoz（2001，2003）、Herdina & Jessner（2002）、Jessner（2006）、Ringbom（2001、2005）、De Angelis（2007）等认为二语学习与多语学习在很多方面都有不同。他们深入和系统地研究多语学习过程，提出多语习得不仅是复杂和动态系统（Herdina & Jessner，2002；Jessner，2006；Larsen-Freeman & Cameron，2008），还要求学习者具备不同学习技能，因此研究者应该通过不同角度进行多语学习研究。

Segalowitz（2001）、Singleton & Aronin（2007）指出："学习者感知不

---

① Ziglari L. Affordance and Second Language Acquisition[J].European Journal of Scientific Research, 2008,23(3):373-379.

② 李永秋，郭时海. 动允性对英语中动结构的诠释[J]. 重庆理工大学学报（社会科学），2015，29（7）：123-127.

同可供性影响到个体的语言习得上的差异。"他们还提到在感知可供性方面多语者优于单语者。Danbolt（2011）提出，"掌握母语是为了学习自己的文化，不过掌握非母语是为了社交目的"（Otondo Interview，2010；Danbolt，2011）。

Wei 和 Milroy（2003）认为具有多语能力的人能使用一种以上的语言进行积极的（即用说和写的方式）或者消极的交流（即听和读的方式）。[1] 在第三语言学习过程中，Thomas（1988）和 Cenoz & Valencia（1994）发现，双语说话者比单语说话者掌握得更好。Bild & Swain（1989）、Jaspaert & Lemmens（1990）、Zobl（1993）、Klein（1995）、Sanz（2000）等学者也认为学习者的双语背景不会阻碍第三语言，反而会支持习得第三语言。[2]Cenoz（2008）认为多语背景的学习者根据任务的需求特性显示更大的转换策略的技巧；他们更可能修改无效的语言学习策略；也可以使用有效的隐式学习策略。在判断句子结构（Bialystok，2001）、掌握第三语言词汇（Keshavarz and Astaneh，2004）、理解第三语言词汇和阅读（Kassaian & Esmae'li，2011）、第三语言写作（Errasti，2003）、使用元语言意识与有效的学习第三语言（Hunt & Isaakidis，2004）等方面双语者比单语者掌握得好。[3] 学习者的第二语言能力有助于掌握第三语言的句法（Flynn 等，2004；Falk & Bardel，2011；Rothman，2011）。[4]

由于语言具有可供性（Segalowitz，2001），多语教学中语言之间也会产生影响（De Angelis，2007；Ringbom，2007；Jarvis & Pavlenko，2008；顾伟勤等，2011）。此外，语言教学中社会多语（Social Multilingualism）即语言领域（Fishman，1972）和个体多语（Individual Multilingualism）影响于个体的语言教学。Aronin & Singleton（2010，2012）、Aronin（2014）、Bordt（2016）认为多语能力的学习者可以接收到更多信息渠道并感知到更多的学习可供性。

因此，语言教学中学习者首先要感知内在和外在语言环境提供的正确信

---

[1] Wei L & Milroy L. Markets, Hierarchies and Networks in Language Maintenance and Language Shift [C]// J Dewaele & A Housen & L Wei (eds.) Bilingualism: Beyond Basic Principles. Multilingual Matters, 2003.

[2] Cenoz J. The Influence of Bilingualism on Third Language Acquisition: Focus on Multilingualism[J].Language Teaching, 2013, 46(1):71-86.

[3] Yeganeh M T & Malekzadeh P. The Effect of Bilingualism on the Development of English Reading Skill[J]. Procedia-Social and Behavioral Sciences, 2015(192): 803-810.

[4] Fessi I. Cross-linguistic influence in tense- aspect Spanish L3 acquisition: A study of Arabic Tunisian learners of L3 Spanish[J/OL]. https://www.nebrija.com/revista-linguistica/files/articulosPDF/articulo_56fb9ec59aecb.pdf.

息，并根据该信息，调整学习者的语言教学环境，使其能够更好地与社会环境相匹配。语言教学与学习者的社会环境是否匹配将影响学习者对教学环境的融入以及对语言学习和使用的可供性的感知。

（三）语言教学模式

Anthony（1963）提出语言教学模式的三个层次：教学理论、教学法和教学程序。① 首先，教学理论。描述教学的性质，包含三种语言教学的理论，分别为最传统的结构理论，认为语言是为表达意义而将语言元素结合起来的结构体系；功能理论，认为语言是传递信息的载体；互动理论，认为语言是人际关系和个人完成社会交流的工具。其次，教学法。教学法是理论和实践结合的过程，重视如何获得使用语言的能力。教学法是多样性的，主要考虑以下几个方面：教学目标、教学内容的选择和组成、所推崇的教学活动、学生的作用、教师的作用和教材的作用。最后，教学程序。教学法的执行过程是教学程序。课堂教学的步骤与进行教学活动都遵循教学程序而成为教学行为。此将集中于教学法要求的教授方式、练习方式和教学过程中取得反馈的方式。

李泉（2006）指出，一个完整的教学模式应该包含理论基础、教学目标、操作程序、实现条件（手段和策略）和评价。雷体南等（2016:122）指出："教学模式是教学理论与教学实践的中介和桥梁。一方面，教学模式是对教学实践（经验）的概括化、抽象化和简约化的描述，可以上升到理论层次。另一方面，尽管教学模式带有理论的概括性、抽象性和简约性，但它又不比一般理论那样抽象，而是一般理论的具体化、程序化，能以明确的目的和具体的方式、手段指导实践。"②

乔伊斯等（2014:5）强调教学模式就是学习模式，教学模式帮助学习者获取信息、形成思想、掌握技能、明确价值观、把握思维方式和表达方式以及教他们如何学习。

刘长江（2013）探讨语言教学中教师、学生与课堂环境存在的问题，甚至也使用传统的教学方式。英语作为外语，教学中他认为国内教师的课堂角色定位趋于传统，并没有针对信息化教学的特征及时做出调整。他强调以学生为中心，以参与式、讨论式、互动式为主要教学方式，并主张应用多媒体技术而增加学生能接收信息量。同时，学习观念也深刻地影响学生的学习态度、学习行为和学习方法，最终影响学习效果。不过，实际上学习外语主要依赖老师的课堂讲授，老师是课堂的权威，学生最主要的就是认真听课。传统教学中的"好学生"就是安安静静地、端端正正地坐在教室里，眼睛盯着黑板或

---

① 芮茵.扶助式对外汉语教学模式的理论与实践[D].厦门大学，2008.
② 雷体南，等.现代教育技术教程[M].第三版.武汉：华中科技大学出版社，2016.

者课本,认真听老师讲课,不敢乱动等。这种现象在语言教学中还是存在的,学生基本上带着沉默而上课。他还指出教学环境对学习活动有很大的影响。他指出狭义的教学环境是师生双方活动所处的物理环境,广义的教学环境则还包括社会人文环境,如师生关系、师生心理、社会氛围等。①

Pivec & Dziabenko(2010:1)也强调:"学习应该是简单、有趣的而且学习需要带乐趣。学习的内容也应该适合日常生活和工作环境,这样学习者能取得更高的效率。"② 冈特等(2006:49)解释说:"教学模式是个逐步产生具体学习结果的过程,而且有效的教学模式应该能允许学生积极参与到学习的过程中,通过具体的有序的步骤来指导学生和反映有关思想、学习和行为的研究。"③ 他们也认为教学模式应该能够让学习者从环境的大量资料中获得他们所需要的信息。Singh & Reed(2001)以获得最优化教学效果,提出混合教学模式。他们认为,混合教学是在恰当的时空里,为协调学习者的学习风格,采用合适的教学设备向学生传递适当的能力与知识。④

三、对外汉语教学模式

(一)对外汉语教学目标

章兼中(1983:225)在功能教学法的视角明确地解释:"外语教学的目的就是要教会学生创造性地、有目的地运用外语进行交际的能力。"⑤ 乔伊斯等(2014:5)提出教学目标是提高学习者的学习能力,使他们将来能够更加便捷有效地进行学习,使他们一方面获得知识技能,另一方面掌握语言学习的过程。⑥

安玉香等(2014)在布鲁姆等曾经提出的三大教育领域,即认知领域、情感领域和技能领域的基础上再解释对外汉语教学目标。其可分为四个领域:认知领域、技能领域、情感领域和学习策略。第一,认知领域包括语言知识、语用规则、文化历史知识等。他们认为掌握认知方面的知识应该通过感知、理解、掌握、运用等几个层次才能实现。第二,技能领域包括语言技能和语言交际技能,而且,为掌握此技能知识学生应该通过模仿、练习、熟巧、自动化、创造等几个层次。第三,情感领域包括对中国人文地理、风俗习惯、文化知识的学习等。此情感知识应该通过注意、感动、接受、反应、价值等几个层次才能

---

① 刘长江. 信息化语境下大学英语课堂生态的失衡与重构[D]. 上海外国语大学,2013.
② Talak-Kiryk A. Using Games in a Foreign Language Classroom[C]. MA TESOL Collection, 2010.
③ 冈特,等. 教学模式[M]. 第四版. 伊艳秋,译. 南京:江苏教育出版社,2006.
④ Singh H & Reed C. A White Paper: Achieving Success with Blended Learning[J]. Centra software, 2001(12): 1-11.
⑤ 章兼中. 国外外语教学法主要流派[M]. 上海:华东师范大学出版社,1983.
⑥ 乔伊斯,等. 教学模式[M]. 兰英,等译. 北京:中国人民大学出版社,2014.

掌握。第四，学习策略针对学生在学习汉语时采取的方法和策略。他们认为学习者只有掌握方法才能更快地适应汉语学习。① 娄开阳（2016）提出美国明德汉语教学模式的理念为：语言学习是一种新习惯的建立而不是新知识的获得；语言是练出来的，不是教出来的；不知亦能行，说明不知道语言知识也完全可以掌握言语技能；语言教学教的是语言能力，不是办事能力；重视听说，以练代讲，而设计教学目标为使学习者在完全目的语的环境中快速掌握所学语言。② 但是，宗世海（2016:26）认为语言教学的第一个目标是训练学习者掌握使用目的语交际技能，知识传授是附带目标，能力训练追求的是"会"、形成"习惯"、变为"熟巧"，知识传授追求的是"知道"或"懂"。

通过上述教学目标的理解，可以总结为汉语教学的目标是由学习者的认知、技能、情感领域的知识，激活和发展学习者的学习策略，引导他们提高汉语交际能力。在汉语教学过程中强化教学的主动和被动因素提供学习者获取学习知识并产生学习行为。

（二）汉语教学模式

对外汉语教学模式历经了三大变革："讲练—复练"模式（1973—1980年）——传统听说法教学模式；"讲练—复练+小四门"模式（1980—1986年）——口语、听力、阅读和写作课受到功能法、交际法的影响；"分技能教学"模式（1986—1999年）——"讲练—复练+小四门"模式的发展和完善的过程，授课方式为"精读+精读+听力+汉字（阅读）"和"读写+读写+听力+说话"。③ 吴中伟认为技能教学是"读写+听说"或"听力+口语+阅读+写作"。宗世海（2016）提到"综合+分技能模式"和"综合+小四门"教学模式以及"综合+小四门"模式下的课程任务④，如图1.7。

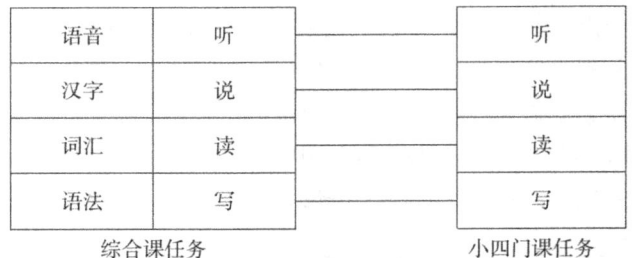

图 1.7 综合课与小四门课任务示意图

① 安玉香,刘文惠,胥秋菊.对外汉语教学的多角度研究[M].北京:中国书籍出版社,2014:9-60.
② 娄开阳.美国明德汉语教学模式移植研究[M].北京:中央民族大学出版社,2016.
③ 崔永华.基础汉语教学模式的改革[J].世界汉语教学,1999（1）:1-8.
④ 宗世海.我国汉语教学模式的历史、现状和改革方向[J].华文教学与研究,2016（1）:18-39.

Chin(1973)曾在研究过程中发现在学习成绩上"认写同步"优于"只读不写"。宋连谊(2000)在"只重认读不求写书"教学的实践中发现只会写一些汉字的学生和会写汉字的学生在一起上课没有什么障碍。江新(2007)在教学实践中发现"认写分流、多认少写"教法的识字效果明显好于"认写同步要求"(转引自严彦,2013)。严彦(2013)对"认写同步"和"多认少写"两种教学法对汉字形、音、义三个维度习得效果的影响进行实验研究,发现"认写同步"教学组的成绩显著好于"多认少写"教学组。[①]宗世海(2016)也提到汉语教学中围绕听说、读写能力训练的"听说+读写"教学模式。能力训练有相关教学法,包括交际教学、任务型教学、沉浸式教学和直接教学。中国语言学者提出的一系列语言教学模式见表1.6。

表1.6 汉语教学模式

汉语教学模式	文献	主要任务
分技能教学模式	鲁健骥等(1986)	交际技能的培养
汉语速成教学模式	崔永华(1997)	挖掘潜能
实况视听教学模式	孟国(1997)	让学生视听实况材料,培养学生接受真实信息并直接用于实际生活需要的技能
语文分开、集中识字教学模式	张明明(1999)	先语后文,先写后识
汉语教学模式	卢百可等(1999)	以图片为基础
听说技能训练模式	杨惠元(1999)	语言微技能训练
汉语交际任务教学模式	马箭飞(2000)	通过交际任务提高汉语能力
Chinese Recycled 教学模式	白乐桑(2002)	通过汉字和汉语语素教学来掌握汉语
汉语远程教学模式	郑艳群(2004)	通过网络培养汉语交际能力
协同—实践—任务教学模式	史有为(2007)	针对日本的汉语教学环境
汉语多媒体教学模式	祁伟(2007)	利用多媒体技术进行汉语教学
"准家庭"教学模式	刘亚辉(2007)	挖掘环境中的潜能而学习
扶助式对外汉语教学模式	芮茵(2008)	不同游戏或活动扶助学习者学习语言
互动式教学模式	孙冬惠、李勉东(2009)	包括交际性原则、统一性原则、针对性原则
翻转课堂教学模式	叶波(2014)[a]	先学后教

[①] 严彦.不同教法对汉字形音义习得影响的教学试验研究[J].语言教学与研究,2013(3):16-23.

续表

汉语教学模式	文献	主要任务
MOOC 教学模式[b]	雷莉（2014）；刘娟（2015）[c]	技术、文化、教学理论的融合的数字化教学
沉浸式教学模式	张晓路（2006）[d]	提供目的语环境、提供更多使用目的语的机会
合作教学模式	赵明（2011）；张丹（2017）	外方教师和本土教师合作进行教学
多维互动教学模式	黄桑榆（2015）[e]	"教师与学生、导生与学员、小组与小组"互动方式提高教学效果

  a 叶波.翻转课堂颠覆了什么——论翻转课堂的价值与限度[J].课程·教材·教法,2014,34(10): 29-33.
  b 雷莉.孔子学院发展的新思路——慕课（MOOCs）教学模式的应用[J].西南民族大学学报（人文社科版）2014(12): 224-229.
  c 刘娟.慕课(MOOC)背景下的国际汉语教学和推广[J].学术论坛,2015,38(03): 177-180.
  d 张晓路.沉浸式项目中的汉语学习者个体差异研究——一个质的研究框架下的个案研究[D].华东师范大学,2006.
  e 黄桑榆.小学语文多维互动教学模式研究[D].湖南师范大学,2015.

此外，白乐桑（1996）在语和文教学中提到联合教学和分离教学。[①] 语和文重叠的联合教学指的是书面语为理解和口头为表达方式。分离教学指切断文字和口语教学之间的联系。

赵金铭（2007）指出对外汉语教学模式就是从汉语、汉字及汉语应用的特点出发，结合汉语作为第二语言教学理论，遵循大纲的要求，提出一个全面的教学规划和实施方案，使教学得到最优化的组合，产生最好的教学效果。[②] 孟国（2014）强调："学生在课堂上可以学到最常用、最急需的汉语，会使他们快速尝试学习汉语的甜头，增强学习汉语的自信，同时也会提高对汉语的兴趣和加深对汉语的情感。同样，学生能掌握有效的自学方法比掌握几个语法点和词语还要重要。"[③]

马燕华（2014）在汉语教学中强调"在用中学"，指出学生只有在使用语言的过程中学习，才能真正掌握语言。课堂教学是实现知识到技能转化的场所，所以课堂教学应该提供学生接触汉语和运用汉语的机会。而教师的任务

---

① 白乐桑.汉语教材中的文、语领土之争：是合并，还是自主，抑或分离？[J].世界汉语教学，1996(4): 98-100.
② 赵金铭.汉语作为外语教学能力标准试说[J].语言教育与研究,2007(2): 1-10.
③ 孟国.对外汉语教学求索集[M].成都：电子科技大学出版社,2014: 13.

则是把教材中的文字转化为语言并进一步转化为教学活动。马燕华也重视传统汉语教学模式,指出汉语教学应该遵循汉语的学习规律。她认为汉语素材的积累和记忆是语言学习必须夯实的基础,汉语教学离不开机械学习和记忆词汇语法的过程。

中小学汉语教学的常用模式为合作教学模式。师生之间语言、文化等的不同会对教学产生影响。合作教学模式的使用从韩国开始,其原因是汉办派遣的韩国中小学的志愿者教师,因为不了解韩国文化、韩语和学习者的学习方式,在与韩国的中小学生之间教学互动和学习信息流动方面遇到阻碍。合作教学模式主要是外方教师和本土汉语教师之间展开合作,在教学中利用二者的优势,弥补不足。

语言教学模式并不是唯一的,也不是静态的,语言教学模式是为了解决所存在的问题而推出,随着对象个体差异、环境、语言水平、教学目标、时间、教学媒介的不同而不同。吴中伟(2016:41-42)梳理了下列汉语教学的类型[①],见表1.7。

表1.7 汉语教学的类型(吴中伟,2016:41-42)

类　型	教学模式
根据教学理念的不同	• 结构主义理念下的教学模式 • 功能主义理念下的教学模式 • 人本主义理念下的教学模式
根据教育教学的性质	• 业余培养模式 • 学历培养模式
根据教学类型的不同	• 长期进修教学模式 • 短期进修教学模式
根据教学环境的不同	• 汉语作为第二语言的教学模式 • 汉语作为外语的教学模式
根据学生年龄差异	• 幼儿教学模式 • 中小学教学模式 • 成人教学模式
根据学生汉语水平的差异	• 初级教学模式 • 中级教学模式 • 高级教学模式
根据学生动机和学习潜能的差异	• 精英模式 • 大众模式

---

① 吴中伟.汉语教学模式的集成、创新和优化[J].华文教学与研究,2016(1):40-46.

续表

类 型	教学模式
根据专门目标的差异	• 职业汉语教学模式 • 学术汉语教学模式
根据技能培养的类型	• 听力教学模式 • 口语教学模式 • 阅读教学模式 • 写作教学模式
根据语言要素教学的类型	• 语音教学模式 • 词汇教学模式 • 语法教学模式 • 汉字教学模式
根据课型	• 综合课教学模式 • 口语课教学模式 • 视听说课教学模式
根据科技手段的差异	• 基于多媒体的教学模式 • 基于网络技术的教学模式

初中汉语教学中课堂讲授模式的应用比较普遍。教师的演示是课堂汉语教学最关键的汉语输入渠道，此教学模式再细分为语音、词汇和语法教学模式。亚洲许多国家的初中汉语教学倾向于由上而下以教师为中心的教学模式。马来西亚、印度尼西亚、泰国、越南等汉语教学较高的亚洲国家也重视传统汉语教学模式，以及课堂中重视教师的角色。教学模式的关键作用是创造教学环境和语言教学因素，语言教学因素在各个方面提供学习者适合接收的学习信息。

四、语言教学模式的影响因素

乔伊斯等（2014:53）强调影响教学的三个因素为教学风格、教学模式和个体差异，而且这三个因素之间存在相互影响。每个人都有不同的风格，个体的风格是在个体的总体特征上表现出来的。教学过程中乔伊斯等重视教师的角色以及推出教师之间的个体差异，导致教学风格上的不同，从而导致教学模式上的变化。

乔伊斯等（2002:15）从学习环境视角对教学模式进行定义，"一种教学模式就是一种学习环境。这种环境有多种用途，从如何安排学科、课程、单元、课题到设计教学资料，如：教材、练习册、多媒体程序、计算机辅助学习程序等";黄甫全、王体陆(1998:432)在教学程序、活动框架视角下进行解释,"教学模式是开展教学活动的一整套方法论体系,是在一定教学思想或教学理论指导下建立起来的、较为稳定的教学活动框架和活动程序";褚远辉、辉进宇(2003:5)从教学范式的视角进行定义,"教学模式是在一定教学理论的指导下,通过对教育教学实践经验的概括和总结所形成的一种指向特定教学目标的比较稳定的基本教学范型"(转引自:吴勇毅,2014:9)。[1]

2013年12月举行的孔子学院大会上刘延东副总理强调孔子学院需要引入网络化数据化、信息化等现代化技术手段为各国民众提供更便捷、更优质的汉语教学服务。[2] 从此展开了汉语教学的现代化网络数据化教学模式。刘颂浩(2014)提到优秀教学模式不需要具备固定的教学法,而需要具备管理意识、环境意识、教师培养意识和技术意识。[3] 同样,江海潮等(2010)提出教师、内容、学生、手段和规则为动态课堂教学要素。[4]

社会建构主义模式提出教学过程的四种因素:教师、学习者、任务和环境。根据社会互动理论,学习是由教师、学习者和任务之间的互动而产生,而且此过程是动态的(William & Burden,2000:43)。[5] Hiebert et al.(1997)提出了课堂最关键的五个特征:任务的设计、教师的角色、社会文化的建设、有助于教学的设备和创造学习机会。[6] 吴文(2012:109)提出教学生态模式重要的实现条件为教师、学生、教学内容、教学环境和实现条件间的互动关系。[7] 同时,Stern(1983:274)强调影响教学环境的宏观因素为语言、社会、政治、经济和技术、文化、宗教和教育,微观因素为学校、家庭、区域和国家或国际关系。[8] 这些宏观和微观的因素影响语言教学。Freeman & Freeman(2001:24)指出教师曾经经历的事情、教学经验、同事、教学状况、教材、政策

---

[1] 吴勇毅. 关于汉语教学模式创建之管见[J]. 华文教学与研究,2014(2):9-13.
[2] 刘延东在第八届全球孔子学院大会上的主旨演讲[EB/OL]. [2017-11-30]. http://www.jyb.cn/world/zyyj/201312/t20131211_562975.html.
[3] 刘颂浩. 中国对外汉语教学模式的创建问题[J]. 华文教学与研究,2014(2):1-8.
[4] 江海潮,等. 课堂教学要素动态发展与课堂教学模式创新[J]. 当代教育理论与实践,2010,2(4):39-43.
[5] William M & Burden R L. 语言教师心理学初探[M]. 北京:外语教学与研究出版社,2000.
[6] Treahy D & Brown C A. Book Review: The Importance of Making Sense in Mathematics Education[J]. The Mathematics Educator, 2000, 10(1):25-28.
[7] 吴文. 英语教学生态模式研究[D]. 西南大学,2012.
[8] Stern H H. Fundamental Concepts of Language Teaching[M]. Oxford:Oxford University Press, 1983.

和学生等因素影响他现在的教学方式。①Jessner(2008:22)指出,在多语视角下学习者内在因素、外在因素、情感因素、认知因素和学习者已掌握的语言因素影响学习者学习第三种语言。②

课堂汉语教学中学习者、语言、课堂环境、教师、教材、物理环境等是很重要的因素,在语言教学中学习语言或者获得语言知识由涉及的教学因素之间的互动而产生。Van Lier 批判学习的传统概念,"学习不是为知识从教师向学生的移动,而是在特定的环境中感知到教师提出的信息而内化的过程"(Van Lier, 2007)。

Moran(2009)在文化教学的冰山模式中指出教学中存在外显(Tangible)、隐藏(Tacit)因素。根据此冰山模式,使用者在社会中理解(学习)一些文化产品依赖于使用者对产品的观点。观点的产生由学习者对产品的知觉、信仰、价值和态度所决定。见图1.8。

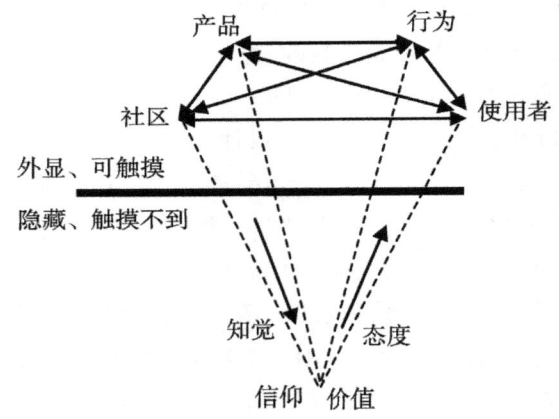

图1.8 文化教学模式(Moran,2009:66)

因此,语言教学模式不仅要考虑学习者对学习产品的外显因素,也要考虑如何隐藏因素影响学习者的学习过程。从上述文献可以看出,以学习者为中心的语言教学应该是学习者对语言学习的外显和隐藏因素之间的混合而产生的。学习者在课堂中为了实现教学目的应该能接触到信息输入。

本书把课堂教学的要素总结为,教师、学生、教材、教室物理环境、语言环境和汉语。由于这些教学要素本身具备的特征,它们的互动过程就产生复

---

① Freeman D & FreemanY S. Between Worlds: Access to Second Language Acquisition[M]. Portsmouth, New York, Heinemann, 2001.

② Jessner U. Teaching Third Languages: Findings, Trends and Challenges[J]. Lang. Tech, 2008, 41(1):15-56.

杂动态的语言教学系统。汉语教学过程中如果学习者特征无法搭配教学互动，或者没有能力感知此复杂和动态系统中存在的学习信息，学习者就无法掌握或学习语言知识。因此，对外汉语中最常见的问题包括学习者对汉语（汉字）的恐惧感、汉字难以学习、对拼音的依赖性强以及学习者对汉语的兴趣不足等。为了解决问题，首先要打破传统的"以教师为中心"和"以教材为中心"的教学系统，而提出"以学习者为中心"的教学环境，以及为了匹配学习者的特征，上述汉语教学要素的特点要凸显出来而调整和设计。从此，学习者能感知到更多的学习汉语的信息，及其使用具备的特征去吸收和内化接触的信息。

第三节 研究的问题及意义

一、研究问题

本书将针对尼泊尔中小学中初级中学汉语教学发展的一些宏观方面的问题展开研究，但是核心还是初中汉语学习者对汉语教学的看法，同时也会剖析现存的宏观和微观问题如何影响学习者的汉语学习过程。本书将着眼于初中汉语学习者在课堂中如何受到汉语学习的可供性因素的影响，进而探讨影响汉语教学可供性的相关要素。本书研究的问题为：

1.尼泊尔初级中学汉语学习者如何在课堂中感知汉语学习的可供性？
2.可供性影响下的尼泊尔初级中学汉语课堂教学模式应如何设计？
3.课堂环境提供的学习可供性是否能提升学习者的汉语学习效果？

二、研究意义

在孔子学院建立后，世界各国都开始让本国的中小学生接触汉语与中国文化。本书将对世界各地的中小学（尤其是初中）汉语教学发展提供参考，并提升初中汉语学习者的学习效果。因此，本书具有理论与实践两方面的意义。

（一）理论意义

本书在跨学科的新视角下研究初中汉语教学。本书将从课堂生态心理学、课堂社会语言学和外语教学（二语习得）切入，研究课堂初中学生能感知到的汉语的可供性，以及社会多语或者个体多语现象对汉语教学的影响。同时，研究课堂物理环境和语言环境对汉语教学的影响。通过心理语言学，本书研究学习者的"三文三语"学习过程对掌握汉语知识的帮助或者阻碍，同时也研究学习者对汉语课堂的感知，从而提出汉语学习的可供性之重要性。

(二)实践意义

本书将详细阐述初中汉语学习者如何在多语言背景下感知汉语教学中教师给他们提供的新语言知识，并试图对分类学习者在汉语教学中能感知的可供性进行描述。在学习者感知到的可供性的基础上语言专家能设置教学法、编辑教材以及进行教学。

第四节　研究方法与设计研究方法

一、研究方法

本书主要关注尼泊尔初级中学汉语课堂教学的影响因素提供的汉语学习的可供性研究，以及探究学习者具备的学习特征。根据可供性理论，学习者在环境参与互动的过程中根据本身具备的学习特征感知环境中存在的学习信息。此外，本书也探索学习者学汉语的最合适的、有效的汉语教学模式。为了实现研究目的，本书应用适当的研究法。

(一)定性与定量相结合

本书使用定性和定量数据的分析来解释尼泊尔汉语课堂教学的情况，以及描述汉语教学影响因素对学习者学习的影响。本书运用 SPSS 和 EXCEL 分析收集到的定性和定量数据。通过 SPSS 进行描述性统计、t 检验、相关性分析和回归分析，通过 EXCEL 进行数据的安排的分布。

(二)理论与实证相结合

本书是在可供性理论的基础上进行汉语作为外语教学的课堂研究。此外本书脱离不了二语习得理论、对外汉语教学、复杂动态语言教学理论、社会语言学、语言心理学、语言生态学等理论。由于可供性理论是生态学和心理学的结合，所以对对外汉语教学理论的使用属于跨学科视角下研究外国学生对汉语教学的感知以及学习。

在可供性理论视角下，本书也进行学习者在充满可供性的学习环境下，感知环境中的不同学习信息对语言学习效果的研究。研究在三组（第一组和第二组是语言水平相似的学生，第三组是刚开始学习汉语的学生）之间进行实验。其中第一组可供性因素的设计与第二组和第三组不同，我们研究他们在接触的环境中如何感知学习的可供性，从而最终掌握语言知识。

（三）描述与解释

描述是本书的发现、结果的客观呈现。本书中学习环境特征的描述，学习者的特征、数据分析的结果属于描述性研究。解释是研究者对研究发现和结果的理解，本书中课堂汉语教学的影响因素之间的关系的解释、学习者的特征与课堂环境感知之间的关系等是解释性研究。

（四）宏观与微观分析

本书涉及对汉语教学影响的宏观和微观因素的分析。本书中宏观分析指的是汉语课堂教学影响因素之间产生的互动性系统的构建，而微观分析为汉语的影响因素之间产生的微观层面的分析。比如社会因素对语言的影响分析是宏观分析，而语言心理因素对语言的影响分析是微观分析。

（五）跨学科研究方法

本书在跨学科理论的基础上进行对外汉语教学研究，因此研究中生态学和心理学的影响比较明显。本书在学习环境中探索因素之间的生态关系对汉语学习产生的影响，同时也研究学习者具备的特征对语言教学的支持和帮助。

二、研究对象

（一）学校的选择

尼泊尔初级中学汉语教学中"尼泊尔志愿者之家""加德满都大学孔子学院""LRI孔子课堂"作为3个代表性的管理初中汉语教学的机构。本书选择的学校均位于尼泊尔首都加德满都，各自的汉语教学条件相当。其中3所学校的汉办公派志愿者老师是由加德满都大学孔子学院管理的，4所学校的公派志愿者老师是由尼泊尔志愿者之家管理的和1所是"LRI孔子课堂"管理。各学校的志愿者教师都是本科毕业生，其中4位教师是汉语国际教育专业的，而另外4位教师是英语专业。

（二）学生的选择

本书从8所学校的初级中学收集了351名学生（208位男生和143位女生）的问卷，其中6年级的学生有216名，7年级有104名，8年级有31名学生。这些学生的年龄从11～15岁（均值12.14岁）不等，而大部分学生都具有一年以上的汉语学习经验。

三、收集数据的方法

本书采用定量和定性研究相结合的方法进行分析。定量研究采用的方法主要为问卷调查、课堂作业、课堂互动录音;定性研究主要采用的方法为访谈、观察和实验。

(一)调查问卷法

McMillan & Schumacher(2001:257)认为调查问卷是收集数据的最普遍,而且是相对节约时间的方法。在这个方法中,每个对象都要回答同样的问题。问卷也可以为陈述或者问题,不过所有的案例都是有目的性的。[①] 本书使用三种调查问卷。

1. 学习者的多种语言使用区域调查问卷

关于学习者的多语环境下语言使用方面本书采用了 Lasagabaster & Huguet(2007)准备和使用的问卷。[②] 该问卷是为了彻底地了解研究对象的语言背景、语言使用区域、对汉语学习的兴趣等提问。

2. 学习者对课堂教学的感知调查问卷

外语教学中课内环境是很重要的。由于课外环境提供的语言信息有限,学习者应该依赖课内提供的可供性。Kardash & Wallace(2001)在文章 The Perceptions of Science Classes Survey: What Undergraduate Science Reform Efforts Really Need to Address 中为研究学生对理科班课堂的感知而设计的问卷包括 68 道题,分为六个维度,具体是教育对策、教师对教学的兴趣、学习者对课程的兴趣和感知能力、被动学习、成绩作为反馈、实验的经验(Coefficient alpha=0.92;Kaiser-Myer-Olkin measuring of sampling Adequacy=0.94)。[③] 后来 Bernardo 等(2008)在文章 Students' Perceptions of Science Classes in the Philippines 中进一步进行因子分析而减少到 23 道题,分为五个维度,具体是以学习者为中心的教学、教学与实验探究活动、积极的情感和态度、成绩作为反馈、对自我学习和努力的支持(Coefficient alpha=0.89;

[①] McMillan J H & Schumacher S. Research in Education: A complete Introduction 5th Edition [M]. Longman, 2001.

[②] Lasagabaster D & Huguet A. Multilingualism in European Bilingual Context [M]. Multilingual Matters, 2007:6-13.

[③] Kardash C M & Wallace M L. The Perception of Science Classes Survey: What Undergraduate Science Reform Efforts Really Need to Address[J].Journal of Educational Psychology, 2001, 93(1) :199-210.

Kaiser-Myer-Olkin measuring of sampling Adequacy=0.95）。[1]

本书将问卷调整为适合研究尼泊尔初中汉语课堂的问卷，即"学生在汉语课堂中的感知"问卷，探究汉语学习者在课堂中对于教师的汉语教学和教师创造的学习环境的各个方面的感知信息的能力。问卷主要分为五个因素（Bernardo 等提到的关于课堂的五个因素），即以学习者为中心的教学、语言与文化探究活动、积极情感、成绩作为反馈、支持性自主学习。第一个因素"以学习者为中心的教学"下设计了 7 个问题；第二个因素"汉语教学探究活动"下设计了 6 个问题；第三个因素"积极情感"下设计了 6 个问题；第四个因素"成绩作为反馈"下设计了 2 个问题；第五个因素"支持性自主学习"设计了 2 个问题。填表时，学习者对每个题的满意度一共有 6 个选择（1-6），其中"1"是"非常不满意"、"2"是"不满意"、"3"是"有一点不满意"、"4"是"有一点满意"、"5"是"满意"、"6"是"非常满意"。

3. 学习者对汉语教学的态度

本书为了了解学习者对汉语教学的态度，设计了 8 道描述性问题（5 道题表示学习者对汉语学习的积极态度，3 道题表示学习者对汉语学习的消极态度）。这些问题代表学习者在课堂汉语学习中对汉语的感受而产生的态度。

4. 学习者的学习风格

第四种是 Cohen, Oxford & Chi 设计的关于学习风格的"Learning style survey: Assessing your own learning styles"量表。该学习风格量表的填写，可以探究汉语学习者在汉语学习过程中呈现的学习风格。

Cohen, Oxford & Chi（2009）的学习风格调查问卷设计可分为 11 个部分。第一，包括感觉方面的视觉型、听觉型与触觉/动觉型；第二，外向型与内向型；第三，随意—直觉的与具体—线性的；第四，封闭型与公开型；第五，整体处理与个别处理；第六，综合与分析；第七，尖锐与平和；第八，演绎与归纳；第九，场独立与场依存；第十，冲动与思考；十一，隐喻型（Metaphoric）与照字面的（Literal）。[2] 每个学生的学习风格中的维度都不相同，导致学习者在学习上使用的策略不同。不同学习风格的学习者因为上述维度上的不同，同一个环境中感知到的学习信息不同。换句话说，不同学习风格影响到学习者感知不同的学习可供性。问卷应用了 0～4 度的 Likert 量

---

[1] Bernardo A B I et al. Students' Perceptions of Science Classes in the Philippines[J]. Asia Pacific Review, 2008, 9(3):285-295.

[2] Cohen A D & Oxford R L & Chi J C. Learning style survey: Assessing your own learning styles[J/OL].CARLA, http://carla.umn.edu/maxsa/documents/LearningStyleSurvey_MAXSA_IG.pdf.

表而让学习者填表。详见表 1.8。

表 1.8 学习者的汉语学习风格

学习风格		学习者具备的特征
感官	视觉型 visual	对看到的东西记忆或者学得快。比如图片、图表（Reid, 1987, 1995; Cohen 等, 2009）
	听觉型 Auditory	对听到的东西记忆或者学得快。比如讲座、对话（Reid, 1987, 1995; Cohen 等, 2009）
	触觉型 Tactile/Kinesthetic	通过触摸或者活动学得快。比如做实验、游戏（Reid, 1987, 1995; Cohen 等, 2009）
外向型 与 内向型	外向型 Extroverted	乐意通过外界信息去学习。这些学习者喜欢跟其他人交流和交朋友。对这种学习风格的学习者而言，环境因素对学习有很大的影响（Oxford, 2003, Pritchard, 2009:46; Cohen 等, 2009）
	内向型 Introverted	一般喜欢思考，并倾向于自学。喜欢独处，朋友很少。对这些学习者而言，个体特征对学习有很大的影响（Oxford, 2003; Pritchard, 2009:46; Cohen 等, 2009）
随意—直接型 与 具体—线性型	随意—直接型 Randon-Intuitive	这些学生的思考是抽象的、未来主义的、大规模和非连续性的。他们倾向于创造理论、机会，经常有突然的见解（Cohen 等, 2009）
	具体—线性型 Concrete-Sequential	这些学生只考虑现在，他们的行为是以现在为导向的。他们喜欢一步一步行动，并想走正确的方向（Cohen 等, 2009）。他们不太重视理论而相信事实（Ehrman & Oxford, 1989; Oxford, 2003）
封闭型 与 开放型	封闭型 Closure-Oriented	想要尽快做出明晰的判断或完成任务。这些学生很认真、勤劳，倾向于按照自己的计划进行。他们喜欢被写出来的信息并享受特殊的、有期限的任务。在语言学习中他们的封闭性导致他们在语言上口语的流利度有障碍（Ehrman & Oxford, 1989; Oxford, 2003, Pritchard, 2009:48; Cohen 等, 2009）
	开放型 Open	想要保持持续的学习新的感知，因此被称为"感知者"。他们把语言当成一种游戏，而不是要完成的任务，对语言的学习态度不太认真。这些学习者喜欢有选择性地学习，不喜欢把语言教学作为有期限的任务。他们喜欢在环境中习得语言而不是通过一味地勤劳习得，所以有时候在语言流利的方面开放型学习者的表现比封闭型学习者还要好（Ehrman & Oxford, 1989; Oxford, 2003, Pritchard, 2009:49, Cohen 等, 2009）

续表

学习风格		学习者具备的特征
整体处理型 与 个别处理型	整体处理型 Global	这些学习者没有完整的学习信息的时候,也可以通过话题的暗示或者主要意义理解整个意义(Cohen 等,2009)
	个别处理型 Particular	这些学习者更多地关注细节,记住某一主题的具体信息(Cohen 等,2009)
综合型 与 分析型	综合型 Synthesizing	这些学生在加工信息方面喜欢总结和猜测意义,而且预测结果。在这一过程中他们很容意识到相似的事情(Cohen 等,2009)
	分析型 Analytic	这些学生喜欢使用逻辑分析和对比。语言学习中这些学生倾向于语法规则(Cohen 等,2009)
尖锐型 与 齐平型	尖锐型 Sharpener	学生会意识到不同事物并寻求材料之间的区别而记忆。他们喜欢与已有经验和记忆对比而区分细微的差别。他们把不同的项目分别存储。语言学习的过程中,他们试图细微分别语音、语义和语法(Cohen 等,2009)
	齐平型 Leveler	这些学生为了记下资料,把相同的资料放置在一起,并排斥差异。他们注意不同项目之间的相同部分。他们喜欢把新的经验与已有的经验融合起来(顾伟勤等,2011;Cohen 等,2009)
演绎型 与 归纳型	演绎型 Deductive	这些学生喜欢从一般走向特定,将归纳应用于经验,并从规则和理论而不是具体的例子开始(Cohen 等,2009)
	归纳型 Inductive	这些学生喜欢从特定走向一般,并且从例子而不是规则和理论开始(Cohen 等,2009)
场独立型 与 场依存型	场独立型 Field-Independent	不管有什么干扰,这些学生都喜欢把材料从情景分离或抽出。这些学习者善于处理全面信息(顾伟勤 等,2011;Cohen 等,2009)
	场依存型 Field-Dependent	这些学生喜欢以更全面和完全的方式来获取信息。他们从环境分不出或者抽不出材料,在没有干扰的情况下他们学得比较好(顾伟勤,2011;Cohen 等,2009)
冲动型 与 反思型	冲动型 Impulsive	这些学生在实践中学习,而且他们尝试新事情、喜欢讨论和在小组中工作。他们在动作和会话方面反应很快。他们经常遵循行动而不考虑实在环境(顾伟勤等,2011;Cohen 等,2009)
	反思型 Reflective	这些学生更多地在思考之后才进行行动,他们几乎对任何事情都不会有即时反应。他们的行动遵循思想(顾伟勤,2011;Cohen 等,2009)。他们喜欢单独一个人做事情,而且他们的行为倾向于理论家

续表

学习风格		学习者具备的特征
隐喻型 与 逐字型	隐喻型 Metaphoric	隐喻型学生善于使用比喻从而把学习材料变得更容易理解。他们使用的概念化的方式能更有效地学习材料,例如采用隐喻的方式学习语法(Cohen等,2009)
	逐字型 Literal	这些学生偏爱使用相对文字表示概念,他们更喜欢语言表示表面上的意义(Cohen等,2009)

每个学生在汉语学习过程中呈现的学习风格都不一定相同,导致学习者在学习环境中感知到的信息不同,因此学习中产生不同的学习策略。

(二)观察法

本书通过观察法具体地了解汉语教室的物理环境和语言环境的情况。课堂环境可以分为"硬环境"和"软环境"(刘鹏,2012)。[①]前者指的是物理环境,包括自然环境(卫生、空间布局、光线、温度)、设施环境(现代化的教学设备、多样的教学设施)和时空环境(时间:课时;空间:座位编排方式、活动区域)(醋燕妮等,2012;丁秋瑗,2016);后者指的是社会心理环境如课堂气氛、学习目标定向等。[②③]Peng(2016)把课堂照明情况、教学设备的现代化情况、课堂大小和座位编排等作为影响课堂的物理环境可供性的因素。[④]Zeng & Zheng(2017)指出,课堂上学习者的知识输入和输出受他们通过感官从课堂物理环境(如课堂的大小、课堂设置、颜色的选择、清洁、噪声、空气、温度、气味等)中感知的信息的影响。[⑤]教学点物理情况的改善有助于提高学习者可感知的汉语学习的可供性。

研究过程中试图了解汉语课堂环境存在的物理环境、周围的语言环境、师资队伍、考试、课时、教学活动、教材等因素的情况。见表1.9。

---

① 刘鹏.浅析课堂物理环境对于学生创造力培养的作用[J].黑龙江科技信息,2012(35):174-175.

② 醋燕妮,李贵安,刘耿,等.中美两国中学物理实验教学课堂物理环境差异评析[J].现代教育科学,2012(06):129-131.

③ 丁秋瑗.小学语文课堂氛围与学生学习效果的相关研究[J].亚太教育,2016(13):18.

④ Peng H. Learning Perceptions of Chinese EFL Collage Classroom Environments.[J].English Language Teaching. 2016, 9(1):22-31.

⑤ Zeng X & Zheng T. Active Exploring Ability of Students in Classroom Teaching Based on the Theory of Affordances[C]// 郑通涛.国际教育背景下的语言跨学科研究.广州:世界图书出版广东有限公司,2017:184-196.

表 1.9　初中汉语课堂教学观察内容

课堂环境要素	内　　容
物理环境	中文教室 课堂条件（光线、卫生、桌椅情况） 教室互动空间（教室的大小） 教室有无挂字母表 课堂设备 多媒体设备（或电脑室）
周围的语言环境	校外有明显的汉字或者带汉字的广告 校内有汉字标注 学校1公里内能接触中国人的地方
师资队伍	中国籍教师 本土汉语教师 助理老师（课堂控制）
考试	学校考试 YCT考试（2017）
课时	一周课时
活动	汉语活动 文化活动 汉语比赛（2017） 语言使用区域
教学材料	快乐汉语 图片/卡片 音频 视频 网络授课

同时也了解了课堂中师生关系的教学方式。课堂观察主要关注的是汉语教学中多媒体设备的应用、校园内的汉语使用环境、校外接触汉语的环境、汉语使用环境的创造、学习者与汉语教材的关系和教师使用的教学法。通过观察法能直接感觉到学习者对汉语教学的看法，以及对学习汉语的反应。

同时，在课堂互动中也观察学习者对汉语的感知，如黑板上写一些汉字和拼音再让他们使用自己的母语标准发音，观察他们对汉字的反应等。

（三）访谈法

本书为了更深刻地了解尼泊尔初中汉语教学情况，进行了面对面的访谈。研究设计了两个层面的访谈：第一，针对8所学校的汉语教师进行访谈是为了了解关于学习者在课堂上的表现和语言能力的发展。第二，针对学习者的访谈是为了了解他们对汉语教学的看法和与教师交流的策略。

本书选择了8所学校的8位汉语教师和随机选了不同学校的6位初级中学汉语学习者等进行了非正式的访谈。访谈的目的是了解教师情况和学生对汉语的感知。

（四）试验法

本书为了实证教学模式，进行实验法研究。研究在两所学校（教学条件相同）的初级中学（Class 6）用两个组进行对比。对比组是通过传统教学方式提供汉语信息，实验组是按照教学模式提供汉语信息。

1. 学习教材的选择

为了设计教学任务，本研究从汉办推广的初中汉语教学教材和HSK初级汉语词汇量表抽取17个象形字（词），如：男、雨、伞、山、上、下、水、听、走、来、森林、飞、鸟、书、飞机、手机和看。然后通过网站找出能凸显出词汇意义的相关（和词汇相似）图。

2. 设计教学任务

课堂教学实验的目的是要研究提出的教学模式对汉语教学的效果，而实验中让实验组和控制组接触同样的汉语词汇，不过方式不同。控制组是使用传统教学模式提供词汇，而实验组是按照研究提出的模式进行教学。

（1）接触汉语词汇：让二者注意汉语词汇和按教师解释的汉语词汇对应图的支持理解词汇的意义。为了了解学习者对接触词汇的认知，进行测试（前测）。

（2）调整实验组：为了实验组接受和控制组不同的教学条件，在这一阶段，调整汉语教学方式。本研究中教师再次让学习者注意词汇对应图，并强调图与汉字的关系。在这一阶段，教师让实验组通过互动方式确认词汇的正确意义，以及调整自己以前错觉的意义。

（3）记忆词汇：尼泊尔大部分初中是一个星期上一次中文课，所以本研究也试图了解学习者理解的汉语词汇一个星期之后能记住多少。词汇理解的后测证明学习者如何内化一个星期前学过的词汇。

（4）词汇的应用：本研究提供学习者接触他们学过的汉语词汇组成的句子。了解句子理解的方式，本研究试图了解学习者如何掌握汉语词汇的应用。

3. 结果分析

收集实验结果后，在进行前测和后测结果分析后决定控制组和实验组之间词汇理解方面显著的差异。结果分析能证明该实验是否能支持模式的实用性，以及提出设计的模式应该调整，以达到可以有效提高初中汉语教学能力。

第二章　可供性理论与汉语课堂教学要素的影响

第一节　可供性的定义

到目前为止，在汉语文献中，可供性理论（Affordance Theory）的应用较少，且在翻译上仍存在差异。林俊男等（2001）在《从生物、心理、符号角度读 Affordance 理论意义》中把 Affordance 称为"符担性"和"支持性"。鲁忠义（2009）等在《语篇理解中动允性信息的提取》中；李永秋，郭时海（2015）在《动允性对英语中动结构的诠释》中；汤红娟，郭学文（2016）在《语言文化生态环境对儿童英语写作认知过程干预的实证研究》中把 Affordance 称为"动允性"。Norman（著），小柯（译）（2015）的《设计心理学1-日常的设计》称为"示能"[1]，杜佳（2011）的《基于符担性理论的二语习得研究》，吴文（2011）的《社会文化理论与生态语言教学观》都把 Affordance 称为"符担性"。吴炳章（2013）在《示能性与意向归属》中将其称为"示能性"。尧玮（2014）在《知觉行为理论与外语教学》中称为提供量。徐虹，郑通涛（2016:83）的《课外语言学习动态模式研究》；陈婷婷（2016）的《第二语言课堂教学环境中的可提供性》中称之为"可提供性"。同样，姜孟，赵思思（2014）的《话语理解过程的可供性提取研究》；魏智慧（2014）《环境可供性理论视角下的课堂教学探讨》；胡兴莉，郑通涛（2016）的《汉语作为二语的交际能力研究》等语言专业研究者和不少非语言研究者把"Affordance"称为"可供性"。

Gibson（1979:127）提出，"环境的可供性指的是环境中提供给动物的，无论是有利的还是有害的信息。"[2] 如：一块地表面的属性（水平而不倾斜、平整而不凹凸、延伸、坚硬等）提供动物站上去（stand-on-able）、可以提供动物

---

[1] Norman D. 设计心理学 1[M]. 小柯，译. 中信出版集团，2015.
[2] Gibson J J. The Ecological Approach to Visual Perception[M]. Boston, MA: Houghton Mifflin, 1979.

保持竖立姿势并行走（walk-on-able）、也能提供动物跑动（run-over-able）的信息。Kono（2009）把 Gibson 的可供性的定义解释为"verb+able"，同样，在中文文献中鲁忠义（2009）；李永秋，郭时海（2015）；汤红娟，郭学文（2016）把可供性界定为"动允性"。在自然界中由生物体的感知与行为关联而提出可供性。可供性是事物的主体呈现出来的属性，既有主观特征，又有客观特征。比如凳子具有"可坐性"，是客观的，但是这种"可坐性"是相对于人而言的，如果不是以"人"为对象讨论凳子的属性，就无所谓"可坐性"。因此，Gibson（1979:131）认为可供性跨越了主观和客观的二分法，既是物理的也是心理的，同时将环境和行为者联系在一起。Tella and Harjanne（2007）利用比喻的方法来解释，"可供性是独特的语言，但不同人对其理解程度有所不同，有的更清晰，有的则没有。"① 这表示可供性是无所不在的，但是生物体对它的反应不同。McGrenere and Ho②（2000）在《Affordances: Clarifying and Evolving a Concept》中也提出 Gibson 对可供性三种最基本特征的理解过程中强调可供性的"无所不在"的形式：按照他们的观点，从 Gibson 的可供性中可以推导出以下三条基础特性：

1. 可供性的存在相对于个体的行动能力。
2. 可供性的存在独立于个体的感知能力。
3. 可供性不以个体需求和目标的转移而转移。

他们解释无论个体是否能接受环境提供信息，它都会存在。但对生物体来说可供性是"二元状态（binary）"，要么存在要么不存在。以楼梯为例，对不同个体，它具备了可爬或不可爬两种状态。Gibson 强调视觉性感知提供的行动可供性，而并没有提到行动的"可能性"存在。同样，可供性可以是"网状的（nested）"，由一种或者多种动作组合的可能性。例如：苹果可提供"吃"的行为，但"吃"本身有多种行为的存在，如"咬""咀嚼""吞"。为了实现"吃"的行动，所以为了"吃"，生物体也得感知到其他行动的可供性。网状的许多链接性行动的可供性中任何一种行动的失败都会导致主要行动的失败。比如没有牙齿的情况下无法实现"咬"，导致"吃"苹果行动的失败，但是能找出"咬"的代替行动实现"可吃"的可能性。

Turvey（1992:180）在上楼梯的可供性研究中认为可供性是不可见的属

---

① Tella S & Harjanne P. Can We Afford Any More Affordances?[J/OL]. Foreign Language Education Specific Reflections. https://www.researchgate.net/publication/274953276.

② McGrenere J. & Ho W. Affordances: Clarifying and Evolving a Concept[J/OL]. https://www.cs.ubc.ca/~joanna/papers/GI2000_McGrenere_Affordances.pdf.

性与可见表面性质之间关系的突出信息。他对"可供性"的解释为"生物体和环境的属性之间因互动而产生的行动",Stoffregen(2003:123)重新解释为"可供性是生物体与环境的属性关系系统":

如果 Wpq(个体—爬上去—楼梯系统)=(Xp,Zq);"Z"(个体)&"X"(楼梯)。①

"p"是"X"的属性,"q"是"Z"的属性,于是,"p"和"q"之间的关系 p/q 表示高阶属性(物体与环境系统的属性),表示为"h"。"h"是 Wpq 的可供性,当且仅当:

i. Wpq=(Xp,Zq)具有"h"
ii. 既不"Z"也不"X"具有"h"

Greeno(1994:338)认为可供性是"因环境影响而产生的一种互动"。② Gibson & Pick(2000:15)认为,"生物体的能力与环境提供机会之间的适配而引发行动的可供性",环境提供的机会有利或有弊。③ Kirlik(2004)强调所有可供性的定义应该与行动的机会联系起来,而 Tella & Harjanne 理解为,"环境为可知觉参与者所提供的行动机会"(Tella & Harjanne,2007,2015:501)。Norman(1988)根据对象(个体)的使用潜力解释可供性。Gaver(1991)把可供性理解为世界的性质与人的相关行动的兼容。Reed(1997)强调,"在没有生物体属性的补足下,环境的属性都不是可供性。"所以 Chemero(2003)更清楚地解释可供性是动物的能力与环境的特征(情景)之间的关系。他提出的可供性为:

提供—φ(环境,生物体)④ {"φ"代表生物体的行为}

Chemero 解释"环境与生物体之间的关系具有可供性(φ)"。换句话说,"环境以及动物为了要感知到一系列的可供性(φ),动物的能力要配合环境的特征。"比如,为了上楼梯先要考虑动物(包括人)的腿的长度可不可以配合台阶的高度。如果腿短,动物或者人就无法感知到上楼梯的可供性。所以年轻人可以感知到上楼梯的可供性,不过 1~2 岁的孩子感知不到上楼梯的可供性。Cesari 等(2003)在研究爬楼梯的可供性中发现可供性与能力

---

① Stoffregen T A. Affordances as Properties of Animal-Environment System[J]. Ecological Psychology, 2003, 15(2):115-134.
② Greeno J G. Gibson's affordances[J]. Psychological Review, 1994, 101(2): 336-342.
③ Gibson E J & Pick A D. An Ecological Approach to Perceptual Learning and Development [M]. Oxford: Oxford University Press, 2000.
④ Chemero A. An Outline of a theory of Affordances. Ecological Psychology, 2003(15): 181-195.

(变量)相关①。所以环境确定能够爬楼梯的感知用于以下结构：

Affords- φ (feature，ability)【可供性 - φ（环境的特征，动物的能力）】

Norman（1988）提出"可供性是物体的特征和人的能力之间的一种关系，这种关系决定了事物该被如何使用"（Norman，2013:11）。② 如：一把椅子提供坐下的使用支持。绝大多数椅子是可以被单人举起的，但有一些椅子只能被更多人在一起才举起。这情况下太年轻或者太虚弱的人无法感知到"举起"的可供性。Norman 把 Gibson 提出的可供性理论的理解上稍微修正而扩展了它对人类生活上的作用。

Heft（1989）认为可供性是物体和事件在外界的光线中的一种可感知到的功能性意义（Perceivable Functional Significance），即使环境特征对可供性质量的刺激性信息只在几个简单的案例中呈现【例如：可抓住的事物（Hallford，1984）；可攀爬的阶梯（Warren，1984）；座位（Mark，1987），门廊（Warren and Wang，1987）】，但这里的假设是，作为一种规则，环境特定的功能性意义是视觉下被感知到的。Heft 则阐述，感知经验所产生的功能性意义并不来自它的性质而是来自文化（转引自 Heft，1989）③。同样，吴炳章（2013）提出的例子有助于理解 Heft 的感知到的功能性意义。如：葡萄是一种富含营养素的水果，其功能是供人食用，提供营养，其可供性是"可食用"。但葡萄的可供性不限制于"可食用"，它不仅可以吃，其颜色、形状、味道等方面的可供性都可以使得多种动作成为可能。④ 语文中经常遇到葡萄味、葡萄型、葡萄色等表示葡萄一样的味道、形状和颜色。对没有见过葡萄的人而言此功能性意义不存在，但对平常见过葡萄而言此形容味道、形状和颜色提供正确的可供性。同样，Giver（1991）也提出，真实的可供性是依赖于观察者的文化背景、社会阶层、经验和目标。Good（2007）认为，人类因为感知到社会与文化构建的世界呈现出的可供性，所以才能认出社会上有意义的客体。Owen（2009）也提出可供性是有价值（value）、含义（meaning）和意义（significance）的。⑤

Gibson & Pick（2000）也强调，人类感知到的可供性不仅是他直接从环

---

① Cesari P & Formenti F & Olivato P. A common perceptual parameter for stair climbing in children, young and old adults[J]. Human Movement Science, 2003(22): 111-124.

② Norman D. The Design of Everyday Thing[M]. Basic Books, 2013.

③ Heft H. Affordances and the Body: An Intentional Analysis of Gibson's Ecological Approach to Visual Perception[J]. Journal for The Theory of Social Behaviour, 1989, 19(1): 1-30.

④ 吴炳章. 示能性与意向归属[J]. 当代外语研究, 2013(6): 17-22.

⑤ Aronin L & Singleton D. Affordance and the diversity of Multilingualism[J]. International Journal of the Sociology of Language, 2010(205): 105-129.

境感知到的信息，也可以是通过他人转达的。他们认为，为了理解某个事情，他人的角色很重要，因为他人转达的可供性是可以模仿的。其可供性称为"吸收可供性"（Adopting Affordance）。通过他人感知到的可供性而理解的过程中社会互动（Social Interaction）的作用也很重要。这说明，社会互动的过程中人类在环境中能感知到他人提供的无数暗示（或者信息）而明确环境中存在的机会。社会互动中他人提供的信息有可能是隐含的或者潜在的可供性。

Lu & Cheng（2013）强调可供性的感知概率（Perceptual Probablity）和感知阈值（Perceptual Threshold）。[①] 前者是关于存在的可供性比如一支笔的写作可供性的感知概率很高但是在特殊情况、跟不同使用者感知"笔"提供的可供性就不同，以及感知概率与个体的能力、经验、文化和心理状态于不同。后者是关于感知到的信息，而且不同个体为同一个客体的可供性具备不同感知阈值。

第二节　可供性的特征

一、可供性的动态性

就上述对可供性的理解而言，可供性由环境与个体之间的互动而产生。在同一个环境中，个体的能力直接影响到个体在所在环境中感知到的可供性。Aronin & Singleton（2012）提出"个体与环境之间的动态相互关系（dynamic mutuality of individual and milieu）",[②] 说明同一个个体在不同环境特征感知到的可供性是不一致的，而且在同一个环境中，不同能力的个体感知到的可供性也是不相同的。Giver（1991）也提出真实的可供性与观察者的文化背景、社会阶层、经验和目标有关联。Van Lier（2000）曾说过，人类感知到的可供性是依赖于个体（主体）的职业以及对个体（主体）的应用性。Van Lier（2008:57）提出自我的感知来源于通过视觉、听觉、触觉、味觉、行为等不同感官信息与交流之间的组合，所以感知行动是多感官的（Multisensory）

[①] Lu J H & Cheng L H. Perceiving and Interacting Affordances: A New Model of Human-Affordance Interactions[J]. Integr Psych Behav. , 2013(47): 142-155.

[②] Aronin L & Singleton D. Affordance Theory in Multilingualism Studies[J]. Studies in Second Language Learning and Teaching, 2012, 2(1): 311-331.

和多通道的（Multimodal）。①因此，Gibson 提到的可供性不能限制到视觉能感知到的，而是通过多感官和多通道感知到的。

人类与可供性的关系，不仅是感知而已。实际上，人类在生活互动的过程中不断地有意识地或者无意识地感知到无数的多模态的可供性。与环境互动中行动者自己创造出更多的可供性，其中有一些环境的可供性会应用到生活中，但很多都浪费掉。事实上，Lewontin（1983:120）所说的，动物不只具有跟着环境而改变自己的能力，也具有改变环境的能力。换句话说，动物不只能适应环境，也能创造适合自己的外在世界。Bardone（2011）强调可供性依赖于环境与个体（感知者）之间的相互关系，所以个体感知到的可供性跟个体的生态根源有关。②Cole（1996:117）也强调世界的物质实践过程中因为人类的目的性行为而不断地被改造（引用自 Glaveanu, 2012:195）。人类通过支配事物来影响他人，创造工具，建立支架等来改变环境。这样环境的改变（或者改变个体的周围），也影响到人类的行为。所以个体在其所在的环境中创造适合自己可供性方面扮演积极的角色，这最终导致个体的行为和行动能力上的变化。

Bardone（2011）提到动物体具备通过自己的认知生态位（cognitive niche），"调整"或者"创造"可供性的能力。Kaptelinin & Nardi（2006）提出动物（生物体）越发达，结构与环境的可供性对其心理需求的影响越高，导致很难确认其行为满足生物体本身的生物需求（Biological need）。③Costall（1995），Heft（2007）表示，人类在生存过程中，以人类所在的情景而创造和毁灭无数的可供性（引用自 Withagen & Van Wermeskerken, 2010:496）。④

（一）接收的信息影响于感知到的可供性

Gibson（1979）把可供性理解为环境所提供的信息，并且可供性是无所不在的。但生物体需要通过本身具备的能力确定能够感知环境中所存在的信息。Norman（2013）认为知识在脑袋里也在外界环境里。一般脑袋里的信息理解为知识，而此知识是信息加工和理解之后才变成的知识。个体把外界存

---

① Van Lier L. The Ecology of Language Learning and Sociocultural Theory[C]// N. H. Hornberger (Ed.), Encyclopedia of language and education (2nd ed.): Vol. 9: Ecology of language. Boston, MA: Springer Science Business Media. 2008: 53-65.

② Bardone E. Building Cognitive Niches: The Role of Affordances. Seeking Chances[J]. COSMOS, 2011(13): 77-100.

③ Kaptelinin V & Nardi B A. Acting with Technology: Activity Theory and Interaction Design[M]. Cambridge, Massachusetts: The MT Press, 2006:61.

④ Withagen R & Van Wermeskerken M. The Role of Affordances in the Evolutionary Process Reconsidered: A Niche Construction Perspective [J]. Theroy & Psychology, 2010, 20(4):489-510.

在无数的信息，接收和理解之后就是知识了，所以"行为是通过将人类的脑袋中的知识与外界环境中存在的知识相结合来而产生的"（Norman，2013:75）。

感知到的信息与可供性之间的关系，McGrenere & Ho（2000:7）解释到，外界存在可接触的、可理解的、多模态的、简单的、清晰的信息越多，个体越容易接收存在的信息，能感知到的可供性也越多。无法接收环境中存在的信息则导致无法感知到存在的可供性。

Giver（1991）也强调个体接收的信息对可供性的作用。他提出个体接受的信息量的正确性影响个体感知到的可供性。他还解释信息的错觉导致错误的可供性以及无法接收信息的情况下存在的可供性就变成了隐藏的可供性。

（二）环境影响于可供性

Bronfenbrenner（1977，1979）基于个体和环境的互动展示了个体的发展模式，并不断更新生态系统的几个层面。作为人类发展的主要影响源，微系统（Microsystem）、中系统（Mesosystem）、外系统（Exosystem）、宏系统（Macrosystem）以及时间系统（Chronosystem），都与人类个体产生了直接或间接的关系。[1][2][3] 环境与个体（多数人）之间的相互关系产生生态系统。不同环境构建的生态系统可以分成不同层面，而每个生态系统的层面对个体提供直接或者间接的影响。个体与不同层面（环境）的互动提供给个体扮演不同的社会角色，以及他对社会的任务、责任、目标与机会也会不同。Bronfenbrenner 提出的社会多层面的生态系统代表人类在社会的不同生态环境中的角色演变。Chrisrensen（2010）强调，在微系统中，个体不是被动者，而是主动的帮助构建设置的主要角色。不过在不同的系统个体也直接或者间接地感觉到其他因素的影响。[4]

就社会中存在的语言使用范围而言，Gumperz（1964）也提出社会领域中的五种不同层面：家庭（Home）、学校与文化（School and Culture）、职业（Work）、政治（Government）与宗教（Church）影响个体的语言使用。Greenfield（1968）则再提出家庭（Family）、友谊（Friendship）、宗教（Religion）、教育（Education）与职业（Employment）作为语言使用的主要区域。Fish-

---

[1] 蔡亮.超越与回归：服务性英语学习[M].杭州：浙江大学出版社，2014：21-26.

[2] Bronfenbrenner U. Toward as Experimental Ecology of Human Development[J]. American Psychologist, 1977:513-531.

[3] Bronfenbrenner U. The Ecology of Human Development[M]. Cambridge: Harvard University Press, 1979.

[4] Christensen J. Proposed Enhancement of Bronfenbrenner's Development Ecology Model[J]. Education Inquiry, 2010, 1(2):101-110.

man（1972）把语言使用领域（Domain）作为个体在环境（领域）内能感知到最多使用语言的机会，而成为语言的交流中心。①尧玮（2014）强调语言教学中教学环境和学习者的社会环境也提出影响。

无论是社会活动、语言使用还是语言学习，环境对个体一直存在直接或者间接的影响以及造成系统。如果在系统中环境支持个体产生一种行为，它一定要提供更多的关于产生行为的可供性。Bronfenbrenner提出的微系统、中系统、外系统、宏系统和时间系统的每层都对学习者的学习有影响。同时，此系统中存在的不同社会领域、不同人物都对学习者有提供学习的可供性。Fishman强调的社会领域是可以理解为能够提供更多机会的生态位以及Stern（1983）提出的宏观或微观环境因素提供更多的语言学习的可供性。在此领域中生态位使用者或者学习者能感知到更多的可供性。所以不同环境、不同层面对个体提出的可供性因个体的角色、责任、任务、使用机会而不同。

（三）个体差异影响于可供性

个人特征因人而异。个体存在的差异表现在两个方面，外在差异（身体结构、手脚的长短度等）和内在差异（认知、经验、风格、记忆力等）。不少学者强调个体外在特征如身体结构和能力影响到他们从环境感知到的可供性（Gibson, 1979; Norman, 1988; Heft, 1989; Turvey, 1992; Reed, 1997; Stoffregen, 2003; Chemero, 2003; Cesari 等, 2003）。比如：个体身体的物理特征（腿长和短）影响到爬楼梯的可供性，或者过小溪的可供性；对于身体壮的人来说搬椅子的可供性是可以感知的，但身体弱的人无法感知此可供性。

Van Lier（2000, 2004）和郑通涛（2016）也强调个体的社会角色、责任和目的的不同导致个体从环境中感知到的可供性的不同。也有学者认为个体文化影响个体的可供性（Good, 2007; Heft, 1989, 2001; Aronin & Singleton, 2010; Aronin, 2014）。魏智慧（2014）指出学习者的认知能力包括注意感知、记忆和思维影响学习者在环境中感知到语言学习的可供性。

De Bot 等（2007）认为语言学习者是社会系统（system）里面的动态子系统（sub-system），而且他具备许多互动性内在动力下级系统（sub-sub-system）。他们也认为学习者有各自的认知生态系统，如：意向性、认知、智力、动机、学能、L_1、L_2等等。学习者的认知生态系统与他们的语言接触、成熟程度、教育水平等有关，同样也与他们的社会生态系统包含学习者所在的环境相互

---

① Fishman J A.The Sociology of Language. An Interdisciplinary Social Science Approach to Language in Society[M]. Newbury House Publishers, Inc., 1972.

关系。① 这些内在的和外在的子系统都是动态的而且它们将始终处于不断地变化，以及将系统的当前状态作为下一个系统的输入。

在二语习得研究，个体差异（Individual Difference-ID）通常被视为学习者的变量，将改变和个性化语言习得过程的整体轨迹。因此在很多方面ID 被认为受到干扰。过去在二语习得研究中，动机（Motivation）、语言学能（Language Aptitude）、学习风格（Learning Style）和学习策略（Learning Strategy）四种 ID 因素受到特殊的关注（Dörnyei, 2005；Dörnyei & Skehan, 2003；Robinson, 2002；Skehan, 1989；引用自 Dörnyei, 2009）。② 学习动机与学习者的情感特征影响学习者的选择、强度和学习的持续时间。再次，语言学能决定了认知的维度，而指的是学习能力和质量。同样，学习者的学习风格指的是学习方式，而且学习策略则是在动机和学习风格之间的某个地方，指的是学习者在积极地选择特定的学习路线时候的主动性。Lightbrown & Spada（2006）提出智力（Intelligence）、学能（Aptitude）、学习风格（Learning Style）、个性（Personality）、动机和态度（Motivation and Attitude）、课堂上的动机（Motivation in the Classroom）、身份和民族关系（Identity and Ethnic group Affiliation）、学习者的信念（Learner Beliefs）和习得年龄作为学习者的 ID 的因素。③

本书强调学习者的学习风格是重要的特征，因为学习风格是学习者由环境取得信息的方式，以及每个人都有自己的学习风格。根据 Keefe（1979），学习风格由学习者特有的认知、情感和生理行为构成，它反映了学习者的感知信息、与学习环境相互方式并对此做出反应的相对稳定的学习方式。每个学习者都具有自己独特的学习风格，并且这种学习风格是学习者在长期的学习过程中逐渐形成的。其学习风格相对的持久性和稳定性而其表示每个学生都是天生的学习者，以及具备能力和环境互动而获得或进行学习行动。因为不同学习者具有各自的学习风格，所以有一些学生学得快，有一些学生学得慢。

Cornett（1983:9）认为学习风格是"总体模式为学习者提供学习行为的

---

① De Bot K & Lowie W. & Verspoor M H. A dynamic systems theory approach to second language acquisition[J]. Bilingualism: Language and Cognition, 2007, 10(1): 7-21.

② Dörnyei Z. Individual differences: Interplay of learner characteristics and learning environment[C]// Nick C.Ellis & Diane Larsen-Freeman(eds.) Language as a Complex Adaptive System, Language Learning, 2009(59): 230-248.

③ Lightbown P M & Spada N. How Languages are Learned[M]. UK:Oxford University Press, 2006:53-67.

方向"。① Felder(1993)提出学习者在理科学一般不及格的最关键的原因是学习者的学习风格不符合理科学的课程的要求。Felder & Spurlin(2005)也提到学习中学习者各自选择各自的理解意义和习得信息的方法。所以如果学习者的学习风格与教师的教学风格搭配,那么学习者很容易感知到他所接触的信息,而有效地应用它(Felder,1993)。② Reid(2002)把学习风格定义为,"学习者所采用的、吸收、处理和储存信息,掌握新技能的方式。这种方式是自然和习惯性的,不会因为教学方法或者教学内容的不同而改变。"(转引自:郭梦娜,2017:11)③

Pritchard(2009:41)提出学习风格的不同定义为:④

1. 个人学习的特殊方式。

2. 学习模式为个体偏爱或选择最佳思考、加工信息和展示学习方式。

3. 个体偏爱获得知识和技能的方法。

4. 个体对于学习,尤其是深思熟虑的教育学习和个人的展示的习惯、策略或者正常精神行为。

Dunn 等人(1975)提出了5个范畴的学习风格模式为环境、情感、社交、生理和心理。环境范畴包括声音、光线、温度;情感范畴包括动机、毅力、责任、学习内容的组织程度;社交范畴包括自我、结伴、同伴|团队、成人、多样化或程式化;生理范畴包括感知觉、摄食、时间、活力;心理范畴包括分析与综合、大脑左右半球、沉思与冲动。⑤ 同样 Dunn & Dunn 认为,"学习风格是学习者集中注意并且试图掌握和记住新的或者困难的知识技能时,所表现出的方式"(崔永华,2008:87;陈璐,2012:98)。⑥

Reid(1987)按照学习风格取向把学习者分成6个部分:1. 视觉型学习者;2. 听觉型学习者;3. 触觉型学习者;4. 动作型学习者;5. 群体型学习者;6. 个提型学习者。Willing(1988)在调查基础上,提出4种学习风格,即具体型(Concrete)、分析型(Analytical)、交际型(Communicative)和权威导向型(Authority-oriented)。Ellis(1992)认为学习风格的差异要表现在两

---

① Oxford R L. Learning Style & Strategies: An Overview[M]. GALA, 2003.

② Gömleksiz M N. Elementary School Students' Perceptions of the New Science and Technology Curriculum by Gender[J]. Educational Technology & Society, 2012, 15 (1): 116-126.

③ 郭梦娜. 基于学习风格的小学数学差异教学策略研究——以 S 校为例 [D]. 上海师范大学, 2017.

④ Pritchard A. Ways of Learning. Learning Theories and Learning Styles in the Classroom[M]. New York: Routlegde, 2009.

⑤ 卢敏. 学习者个体差异与外语教学 [M]. 济南: 山东大学出版社, 2015: 28.

⑥ 陈璐. 基于演化原型框架的汉字教学设计及其效果研究 [D]. 华东师范大学, 2012.

个方面,即主动型与被动型和研究型(study based)与经验型(Experimental based)。[1]

学习者有各自的学习风格,以及由此导致学习者选择学习策略。外语教学中 Oxford(2003)认为学习风格是学习者学习语言的基本方式,但是学习策略是学习者为了学习语言而进行的学习行为和想法。学习者的学习风格影响了学习行为。

鼓励学习者扩展自己的学习风格有助于感知许多的学习可供性,因而改善他们的学习行为。Cohen, Oxford & Chi(2009)在学习风格调查问卷设计了 11 个因素为:1. 包括感觉方面的视觉型、听觉型与触觉/动觉型;2. 外向型与内向型;3. 随意—直觉的与具体—线性的;4. 封闭型与公开型;5. 整体处理与个别处理;6. 综合与分析;7. 尖锐与平和;8. 演绎与归纳;9. 场独立与场依存;10. 冲动与思考;11. 隐喻型(Metaphoric)与照字面的(Literal)。[2]

学习风格的研究让人意识到并确认学生在参与和获得信息的过程中的个体差异性,能够帮助平衡教学指导(Diaz & Cartnal, 1999;转引自:周文君,2015:2)。[3] 因为个人具备的学习风格是个体在学习语言过程中展示的特征,有助于采用、吸收、处理和储存接收的信息而掌握新技能的方式,所以,个体在学习过程中显示的行为也独特;以及学习风格的不同导致语言学习中感知到的学习可供性也不同。

(四)个体的经验的不同影响于可供性

Dewey(1934)在其著作 *A Model of Human Experience* 中,认为人类的经验把行动与创造力结合在一起,而将可供性定义为人与环境之间的相互互动以及与人类互动和人与世界的关系。[4] 如果个体遇到类似的情况,他的经验立马刺激和指导其进行某项活动。因此经验有助于激活存在的可供性,而导致个体往前进行行为的可能性。一位专家通过自己积累的经验而倾向于前方进步。经验指导人类找出简单的解决方式。同一类任务不同经验的人理解不同,并感知到的进行任务的可供性也不同。

Kimble(1961)也曾提到学习必定导致行为上的变化而此变化来自受到

---

[1] 赵杨. 第二语言习得[M]. 北京:外语教学与研究出版社,2015:224.

[2] Cohen A D & Oxford R L & Chi J C. Learning style survey: Assessing your own learning styles[J/OL]. CARLA. http://carla.umn.edu/maxsa/documents/LearningStyleSurvey_MAXSA_IG.pdf.

[3] 周文君. 不同教学模式中学习风格的差异分析——以华中师范大学体育心理学课堂为例[D]. 华中师范大学,2015.

[4] Glaveanu V et al.. Creativity as action: findings from five creative domains[J/OL]. Frontiers in Psychology, 2013, https://www.ncbi.nlm.nih.gov/pmc/articles/PMC3627136/#B12.

强化的经验和实践。[①] 同样，美国教育心理学家 Kolb（1984）强调了学习中经验的作用，并将其解释为"学习是通过经验的转变创造知识的过程。其知识是由经验的把握和转化相结合而产生的"[②]。

个体从已有的经验能获得有价值的知识，而且在某种方式改变今后经验的质量。例如，教师的经验有助于感知课堂中有效教学的可供性。这些教师在课堂管理、师生互动、刺激学生的兴趣和创造有趣环境方面找出可供性。他们通过课堂互动能感知到什么时候该做什么事情。按照经验，教师能感知到什么时候该玩游戏、什么时候该发脾气、什么时候该进入学术活动等等。没有经验的教师对课堂管理方面会遇到很大的困难，也无法控制师生互动。

不仅是个体经历的事实能提出可供性而且通过他人转达的信息也可感知到可供性。Gibson &Pick（2000）认为别人分享的经验是可以模仿的，通过他人的信息可吸收存在的可供性。人家通过经验能使用不同工具，而且也创造他所需要的工具。Norman（2013）提出例子说："以前的人在田野或雪地上行走时留下的痕迹作为信号物（Signifier）并且毫无疑问的确定最佳路径。"个体通过田野或者雪地上看见的痕迹（信号物）感知到可以走的可供性。马燕华（2014）认为学习是每个学生独特的个人经历。对同样的教学内容、同一个教师、同一种教学方法、同样的学习环境，不同学生会有不同的反应。每一个学生都有自己的学习途径。

个体通过培训、上课、媒体的方式学到的所有知识都是他人积累的知识，而通过此知识的经验才能感知到新可供性。比如说做一种地道的菜是要花很多工夫，但通过做菜培训很快就能做出一道地道的菜。

（五）个体的观点影响于可供性

由于个体的特征不同、来源不同、民族不同、生活习惯上不一致、生活上的要求不一样，他们对环境中存在的一些产品的观点也不一样。Moran（2009）认为，文化教学中使用者的知觉（Perception）、信仰（Belief）、价值（Values）和态度（Attitude）影响到他对一些文化产品的观点。

按照可供性的定义，社会产品给个体提供的可供性不仅是在环境中产品与个体之间的互动而产生的，其感知到的可供性有价值、含义和意义（Owen，2009），及其在对于个体的文化背景构建而呈现来（Heft，1989；Giv-

---

① B R 赫根汉，马修·H. 奥尔森. 学习理论导论[M]. 郭本禹，朱晓红，纪海英，等译. 上海：上海教育出版社，2011：2.

② Kolb D A. Experiential Learning: Experience at the Source of Learning and Development[M]. Prentice-Hall, Eaglewood Cliffs, New Jersey, 1984:41.

er，1991；Good，2007；Aronin，2014）。简单地说，对于肉食性动物，什么样的肉都给它们提供补足营养的可供性，但是对属于不同宗教的人类而言，肉类给他们提供的可供性是不同的。佛教徒反对杀生行为而拒绝肉食，伊斯兰教徒不食猪肉，印度教徒不吃牛肉，而基督教徒对动物肉没有很明显的讲究。此外，伊斯兰教徒只能吃合法（Halal）食物。同样，不同文化对于食物、服装、风俗、办仪式的方法也不同。

人类学者 E.B.Tylor（戴乐尔）也曾经说过，文化是一个复杂的总和，包括知识信仰、艺术、道德、法律、习俗和一个人以社会一员的资格所获得的其他一切行为习惯（罗常培，2004）。[①] 其文化的不同导致可供性的不同。

Moran（2009）提出文化的五方面，社区、使用者、产品、实践和观点，并形成冰山模式。[②] Aronin & Singleton（2010:116）强调，可供性表现为可触摸或实在的（Tangible）或者触摸不到的（Intangible）形式。可触摸或实在（Tangible）资产指个体使用的物理环境，触摸不到的（Intangible）资产如思想、政治情况、道德、情感、个体的态度、知识等。因此，可以理解可供性不仅是直接的过程，并且也包括间接的过程。可供性不仅是通过感官的感知而反应的，而且隐含的因素对产生反应起主要作用。社区（环境）、使用者、产品和实践作为文化的可触摸或外显因素；而且知觉、信仰、价值、态度等观点作为触摸不到或者隐藏的因素。Moran 提出的冰山模式可以理解为可触摸因素与触摸不到的因素之间存在的相互关系。按照 Norman（1988）；Good（2007）；Aronin & Singleton（2010）；Aronin（2014）等提出在环境存在的外显因素与个体内隐藏因素之间的互动产生使用者对产品使用的可供性，以及按照感知到使用可供性提出的机会，使用者逐渐进行适合的行动。

二、可供性的多样性

许多专家对可供性有多样的理解，并提出多种不同的解释。Gibson（1979）提出的可供性的定义与 Norman（1988）理解的可供性的解释有一些不同。Gibson 最早提出的可供性将范围限制在动物通过视觉感知到的环境提供的信息，Norman 则将可供性理论应用到界定人类的行为，通过扩大可感知的可供性来设计环境。McGrenere & Ho（2000：3）对 Gibson 和 Norman 的可供性做出了比较。见表2.1。

---

① 罗常培. 语言与文化 [M]. 北京：北京大学出版社，2004.
② Moran P R. Teaching Culture Perspectives in Practice[M]. Foreign Language teaching and Research Press, Beijing, 2009.

表 2.1　Gibson 与 Norman 对可供性的不同观点

Gibson 解释的可供性	Norman 解释的可供性
1. 环境根据个体的行动能力提供行动的可能性 2. 可供性独立于个体的经验、知识、文化与感知能力 3. 对个体而言,可供性要么存在,要么不存在	1. 个体感知到的属性有或者没有真正存在 2. 建议或者暗示如何能使用感知到的属性 3. 可供性依赖于个体的经验、知识或者文化背景 4. 有助于进行行动或增加难度

（一）信息的感知与可供性

Norman（1988），提到两种类型的可供性，真实的可供性（Actual Affordance）和可感知的可供性（Perceptual Affordance）。这一观点，得到了 Heft（2007）的支持。前者是生态事件，后者指的是在特定条件下为了感知到事实环境的沉淀的信息。此外，Norman（2013）也提到，个体能发现或感知到的可供性与反可供性（Anti-Affordance），都是可发现、可感知的。Withagen and Chemero（2009）举了一个例子：虫子、鸟类等通过视觉决定飞行路线。但是，玻璃的属性而言，它的物理结构阻挡了有形物质的通过的可能性，它的透明属性即提供生物体通透性的可供性（Norman，2013:11）。① 由于其反可供性（Anti-Affordance），视觉上是存在可供性的，但行为可能性却消失。这个例子也验证了 Giver（1991）"错觉的可供性"特征。

Gaver（1991）从个体感知到环境提供的信息和可供性之间的关系总结出 4 种可供性状态，包括"可感知的可供性（Perceptible Affordance）"，"隐藏的可供性（Hidden Affordance）"或"失败的可供性（Failed Affordance）"（Bardone，2011:97），"错觉的可供性（False Affordance）"和"正确的排斥（Correct Rejection）"。见图 2.1。

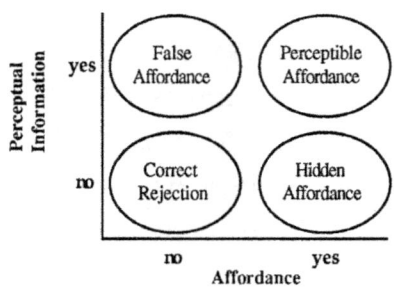

图 2.1　可供性与感知到的信息之间的关系（Gaver，1991）

---

① Norman D. The Design of Everyday Thing[M]. Basic Books, New York, 2013.

不同环境条件下,个体感知有所不同,可供性存在的情况下个体感知到的信息指的是"可感知到的可供性",可供性存在的情况下个体无法感知到信息指的是"隐藏的可供性",可供性不存在的情况下感知到的信息指的是"错觉的可供性"或可以产生不真实的可供性(Mis-affordance)(Evans & Mitchell McCoy,1995)[①],可供性和信息都不存在的情况,即"正确的排斥"。同时断续可供性(Broken Affordance)的产生是因为设计者与使用者之间没有搭配好或者使用者认为是可供性的存在,但实际上没有所感知到的可供性(Grünbaum & Simonsen,2015)。[②] Kordt(2016)也提出无法感知存在的可供性为可供性盲(Affordance Blindness)和虚拟的可供性(Pseudo Affordance)。

Tella & Harjanne(2005:85)也提到隐匿的可供性(Dormant Affordance)和显性的可供性(Dominant Affordance)。前者是使用者能感知到的可供性但不经常使用,不过使用者在生活中普遍使用后者。

(二)信息性质与可供性

Zhang & Patel(2006)根据认知分布,解释可供性是两种不同领域的混合产物。一是内在空间(Internal Space),比如生物体的特征、感知和认知能力;二是外在空间(External Space),比如:环境特征和它传达的信息。二者都在性质上有行动允许和限制,因此出现具有允许行为或制约行为的可供性。[③] 见图2.2。

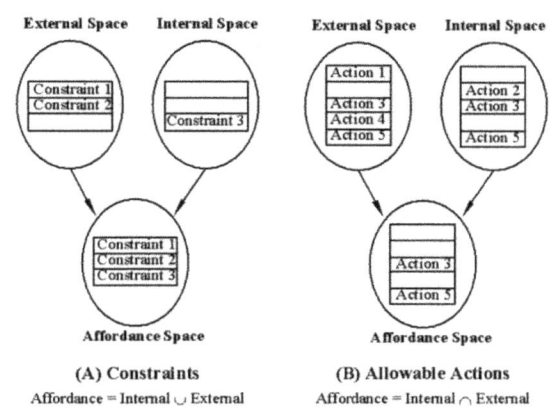

图2.2 使用者的内在和外在空间的匹配影响可供性(Zhang & Patel,2006)

---

① Koutamanis A. Buildings and Affordances[C]// J S Gero (ed.). Design Computing and Cognition. Springer, 2006:345-364.

② Grünbaum M & Simonsen J G. The Affordance of Broken Affordances. Human-Computer Interaction: Interact[C]// Julio Abascal et al.(eds) 15th IFIP TC 13 International Conference. Bamberg, Germany, September 14-18, 2015:185-202.

③ Zhang J & Patel V. Distributed Cognition, Representation and Affordance[J]. Pragmatics & Cognition, 2006, 14(2):333-341.

二者之间任何一个具备限制性性质，导致行动的限制，所以外在空间和内在空间具备的行动的限制性会并集。同样，二者之间的共同具备动允性质产生行动的可能性，所以二者的动允性质会交集。就"椅子"而言，人类本身具备的有限的行动能力是一方面，椅子所具备的有限的特征，例如形状、重量等，是另一方面。因此，两方面条件的影响，或者促成人类形成"坐下"的行为，或者导致这个行为的失败。

环境提供的可供性而言，如果内在空间或者外在空间（二者之一）具备限制特征，那么提供的可供性就有限，相反，共同的动允性特征，能提供更具允许行动的可供性。Kono（2009）根据Gibson对可供性的定义而提出的"积极可供性（Positive Affordance）"为允许行为的可供性与"消极可供性（Negative Affordance）"为限制行动的可供性。[①] 按照 Zhang & Patel（2006）的理解，提供限制的信息可以作为消极可供性，允许行动的信息可以作为积极可供性。

Kono（2009）强调，环境中感知信息提供的两种类型的可供性：第一类是提供可行动的承诺，被认为是"积极的可供性"；第二类是提供不可行动的威胁，被认为是"消极的可供性"。二者多是生物体与环境互动过程中接收环境提供的信息而出现的。前者意味着平衡而不倾斜、平整而不凹凸、足够延伸、坚硬等的表面是可提供动物站上去（stand-on-able）、可以提供动物保持竖立姿势并在其上行走（walk-on-able）、也能提供动物在其上跑动（run-over-able）的信息。被接收的"可站""可走""可跑"的信息是积极的可供性。同样，二者意味着一条蛇是"会被咬的"，一把刀是"会被切到的"或"会被伤到的"，以及充电器是"会被电到的"等提供个体不允许或者威胁的信息。被收到的不可碰蛇、刀和充电器的信息是消极可供性（Kono，2009:358）。他与 Zhang & Patel（2006）对可供性的解释是不谋而合的。

（三）信息接受者与可供性

Good（2007）和 Heft（1989，2001）将可供性分为社会可供性（Social Affordance）和个人可供性（Individual Affordance）。人类的工具使用文化中感知到的信息都是由个体的社会和文化产生，这都是社会可供性。（Good，2007:271）个人可供性被 Heft（1989，2001）、Chemero（2003）、Cesari 等（2003）定义为，环境的特性和个人的能力间的联系。Heft（1989）强调个人的身体和可供性之间的关系与他们的意向性行为。在他研究中提出的意向性

[①] Kono T. Social Affordances and the Possibllity of Ecological Linguistics[J]. Integr Psych Behav, 2009(43): 356-373.

行为往往与两方面相关,一是个人所面对的环境的功能性特征,另一是个人身体的物理特征(Bodyscaling)。个体的物理特性建立在如何展现(个人能做的内容)为客体的功能。环境的可供性和身体的特征限制了能展现的意向性行为的范围。社会可供性可理解为可感知到的共性可供性,同样,个体可供性可以理解为个性可供性。

(四)信息的来源与可供性

Ziglari(2008)将可供性分类为"自然的可供性(Natural Affordance)"和"文化的可供性(Cultural Affordance)"。自然可供性包括自然环境提供的可供性,如:蜜蜂被花吸引、人走在平滑的表面等。相似的,个体文化中存在的货物和文化产品产生的可供性属于文化可供性。

Zhang & Patel(2006)在功能的方面把可供性分成生物可供性(Biological Affordance)、物理可供性(Physical Affordance)、可感知到的可供性(Perceptual Affordance)、认知可供性(Cognitive Affordance)、混合可供性(Mixed Affordance)。生物可供性是关于生物体的特征提供的信息。比如:健康的蘑菇可以提供营养,但有毒的蘑菇会提供死亡。物理可供性通过物理结构提供指向性行为提示。比如:门上的横板提供"推"的行为提示,大型的按钮提供"按"的行为提示。Hartson(2003)认为产品设计中"物理可供性"为使用者提供使用提示。可感知的可供性是因为特殊的标准而感知到行动的信息。比如:洗手间门外贴的男女标准提供人们该选哪个洗手间。Hartson解释,"认知可供性"的设计有助于认识,是通过文化理解的信息。比如:红绿灯的红灯表示"停",绿灯表示"走"。"混合可供性"是由多种模块产生的。比如:系鞋带是物理可供性与认知可供性的结合。在此,个体也得感知到物理的可供性而且也知道如何系鞋带。Hartson(2003)也提到感官功能可见性(Sensory Affordance),如:大型的文字表达提醒读者读的正确,功能可供性(functional Affordance)是为了完成任务,如提供数字的顺序。[①]Kaptelinin & Nardi(2012:972)提到维修可供性(Maintenance Affordance)、聚合可供性(Aggregation Affordance)和学习可供性(Learning Affordance)。

(五)信息的形式与可供性

Gibson(1979:135)曾经也提到个体只能提供有形的或外显的(Tangible)信息。如有声音的、气味的、风味的、可见的都是Gibson提到的外显的可供性。但是Aronin(2014)按照Gibson(1979)、Norman(1988)和Owen

---

[①] Hartson H. Cognitive, Physical, Sensory, and Functional Affordances in Interaction Design. [J]. Behavior & Information Technology, 2003,22(5): 315-338.

（2009）、Good（2007）、Heft（1989，2001）等提出的可供性的定义解释可供性是在有形、外显式（Tangible）和无形或隐藏式（Intangible）中产生的。比如，个体的文化、经验、价值观、意义、知识等隐形因素也影响个体在环境中感知到可供性。

（六）信息的发现与可供性

语言学习的过程中Scarantino（2003）按照可供性的功能解释不同可供性的类别：有目标的可供性（Goal Affordance）与发生的可供性（Happening Affordance）、确信的可供性（Sure-fire Affordance）和有可能的可供性（Probability Affordance）。[①] 比如，以确定目标而引导学习外语是外语教学的"有目标的可供性"，同样，"发生的可供性"指的是学习者从所在环境（家庭和社区环境）使用中学会的语言。发生的可供性比有目标的可供性节省时间和力量而且很容易接触到。相似的，在莫斯科学习俄语是一种"确信可供性"，但是在美国学伊朗语，就是一种"有可能的可供性"，因为前者的学习确定性远远高于后者。

三、可供性的应用

Norman（1988）第一次把可供性理论应用到设计领域。Gibson相信，所有的混合信息，都是由我们的感觉器官——视觉、听觉、嗅觉、触觉、平衡感、运动机能、加速度、身体位置等一一决定的，这些感官是不需要进行内部处理和认知需要的。Norman则强烈提倡大脑的内部机制，认为不可见也是存在着的逻辑观点。对于设计师而言，产品的可视性是必要的：可视的可供性才能为产品的运转提供强有力的提示。如：门上的横板是为其提供一个"可推"功能。门的把手则提供了可转、推和拉的功能。硬币投币口提供了将东西塞入的功能。球则提供了扔和弹跳的功能。可感知的可供性在不需要说明和标签的情况下帮助人们指出行为的可能性。这种可供性的可识性标志被认为是"信号物"。通过信号物提出的信息人类确定此产品可不可以应用。

Van Lier（2004:91）把"可供性"理解为关系（relations）、可能性（possibility）、机会（opportunity）、立即性（immediacy）和互动性（interaction）。Lloyd（2010）在教学领域提到"邀请的机会（Invitational Opportunities）"，

---

① Aronin L. The Concept of Affordances in Applied Linguistics and Multilingualism[A]// M Pawlak & L Aronin(Eds.), Essential Topics in Applied Linguistics and Multilingualism. New York: Springer, 2013:157-173.

此决定了在特定的情景下如何被制定特别的学习行为。① 李永秋，郭时海（2015）认为可供性具有动作的可能性、关系特征、目的性和可见性。所以，可供性也可以被理解成能够使人们产生行为的概念。根据 Van Lier，如果个体要进行过小溪的行动，小溪的石头立马提供能踩上去的信息。此时，小溪的石头与个体之间的互动，立马呈现出可以使用石头过小溪的可能性，不过此可能性也需要考虑个体是否有踩的能力。对成年人来说小溪中的石头提供过小溪的机会，但是小孩子无法感知到所说的可供性。

You & Chen（2007）指出，可供性是使用者确认的所有他通过对象能进行的行为（形式）的可能性。② 实际应用中，Warren（1995）则认为，特殊事物的设计可以通过可供性与使用者的联系而进行，如设计台阶的高度。③ 在建筑设计的方面 Koutamanis（2006）认为可供性的主要贡献是利用使用者潜在的能力（包括物理、知觉、语义约束和文化方面的特征）直接地和清楚地感知到它的功能性和应用性。④

（一）可供性与产品（事物）之间的关系

Maier & Fadel（2009）对可供性的概念进行了扩展。他们将可供性跨越环境提供的信息与个体，两者之间关系内的限制，表达为可供性是两个或两个以上子集（subset）的相互关系，可能是使用者（user）和事物（artifact）之间的关系；或者很多使用者（multiple users）与一些事物之间的关系。⑤ 比如：

1. 事物与使用者之间互动而产生（门的把手、房间的窗户）；

2. 多使用者之间互动而产生（对话或会议）；

3. 不同事物（multiple artifacts）之间产生（墙壁提供支持天花板）。

Maier & Fadel（2009）解释的可供性不仅是直接感知到环境与个人有关的信息而且是个体感知到的环境的不同子集之间的关系。环境中的子集有可能是事物（artifacts），也可能是使用者。Kaptelinin and Nardi（2012）提出，

---

① Lloyd A. Framing Information Literacy as Information Practice: Site Ontology and Practice Theory[J]. Journal of Documentation, 2010, 66(2): 245-258.

② You H & Chen K. Applications of Affordance and Semantics in Product Design [J]. Design Studies, 2007(28): 23-38.

③ Warren W H. Constructing an Eco-niche[M]// J Flach P. Hancock & J Caird & K Vicente(eds). Global Perspectives on the Ecology of Human-machine systems. Lawrence Erlbaum Associates, Hillsdale, NJ, 1995.

④ Koutamanis A. Buildings and Affordances[C]// J S Gero(ed.). Design Computing and Cognition. Springer, 2006:345-364.

⑤ Maier J R A & Fadel G M. An Affordance-based approach to architectural theory, design, and practice[J]. Design Studies, 2009,30(4):393-414.

工具（技术）作为媒介为凸显环境中存在的可供性为"工具的可供性（Instrumental Affordance）"。①

（二）可供性与创造能力

Glaveanu（2012）在研究人类的创造能力过程中提出个体与环境互动中个体感知到的行动的可能性分成三种，如图2.3所示，一是普遍性（Normativity-N），表示个体应该做到的（should do）；二是意图性（Intentionality-I），表示个体将可以做到的（would do）；三是可供性（Affordance-A）表示个体可能做到的（could do）。其三者的交集范围（N∩A∩I）是人类普遍行动到的部分。他也提到个体互动中普遍性和可供性之间的交集而无法普遍行动的范围{（N∩A）-（N∩A∩I）}，理解为无感知的可供性（Unperceived Affordance）。同样，普遍性和意图性之间的交集而无法普遍行动的范围{（N∩I）-（N∩A∩I）}，是未发现的可供性（Uninvented Affordance），以及意向性与可供性之间的交集而无法普遍行动动的范围{（N∩A）-（N∩A∩I）}，是未开发可供性（Unexploited Affordance）。②

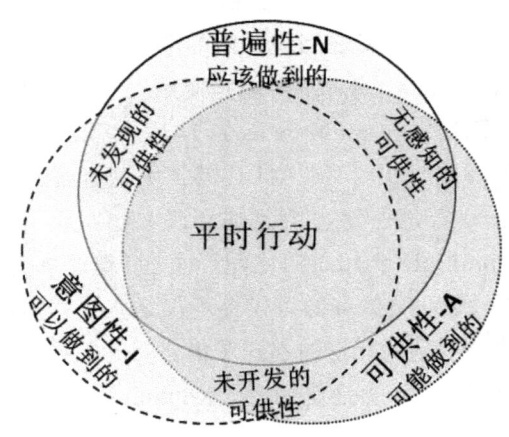

图2.3 可供性的创造

图2.3可以理解为个体的行为由行为的普遍性、行为的意向性和行为的可供性的集成而产生。因此，感知到的可供性才能导致行为。其中，环境中存在的，但无法感知到的、未发现的和未开发的可供性可以作为个体的潜在

---

① Kaptelinin V & Nardi B. Affordances in HCI: toward a mediated action perspective[M]. In: Proceedings of CHI, 2012:967-976.

② Glaveanu V P. What Can be Done with an Egg? Creativity, Material Objects, and the Theory of Affordances[J].The Journal of Creative Behavior, 2012, 46(3): 192-208.

的行动。Gaver（1991）把其可供性理解为隐藏的可供性。如果个体能感知到或者能发现隐藏的可供性，那么能发生的行动的范围就更宽了。

de Hans 等（2013）把可供性的维度分为宽度、深度和高度。个体立马感知到的行为的可能性的数量等于它的宽度，个体将来感知到的可供性作为它的深度，对个体的吸引能力作为它的高度。①

（三）可供性与行为的可能性

Pols（2011）强调，"不是所有行为的可能性都能直接感知到，更不是所有的个体感知到的方式是一样的。"他也支持 Heft 和 Good 提到的经验影响到个体的感知能力的观点。在可供性导致的行为方面他提出 4 种可供性的过程，如：操作机会（Opportunity for Manipulation）、效用机会（Opportunity for Effect）、应用机会（Opportunity for Use）和行动机会（Opportunity for Activity）。②Pols（2011）和 Smith 等（2013）解释可供性的特征过程中指出一些关于可供性提供的行为的例子。

表 2.2 可供性提供的行为

可供性	行为理论的概念	解释	案例		
			可供性 1	可供性 2	可供性 3
操作机会 Opportunity for Manipulation	普通行动	身体机能与外界环境之间的互动	扣动扳机	按键盘	按钮开机
效用机会 Opportunity for Effect	以影响描述的行动	采取行动和产生结果的过程中获得知识，并且获得的知识助于学习行动者在任何情景下如何产生行动	开枪	打字	字体、色彩变化
应用机会 Opportunity for Use	计划	行动者的多种参与机会	射击人	写文章	安装书
行动机会 Opportunity for Activity	社会活动	可供性产生于有意的社会行为，具有抽象的含义及社会知识	杀死敌人	发表心理学理论知识	通过社会书签与读者合作

表 2.2 所阐述的可供性例子是 4 种机会可供性所提供的行为可能。通过

---

① de Haan S & Rietveld E & Stokhof M & Denys D. The phenomenology of deep brain stimulation-induced changes in OCD: An enactive affordance-based model[J]. Frontiers in Human Neuroscience, 2013(7): 1-14.

② Pols A J K. Characterising Affordances: The Descriptions-of-affordances model[J]. Design Studies, 2011(33): 113-125.

扣动扳机,形成开枪的行为,达到设计人的应用并且最后完成杀死敌人的目的。同样,通过按键盘的操作,形成打字的行为,达到写文章的应用并且完成发表心理学理论知识的目的。这个过程中,所有行为机会的可能性一直存在。所以上面提出的操作机会、效用机会、应用机会和行动机会是可供性为行为提供了行为可能。

第三节 语言教学影响因素之间的互动关系

可供性是通过环境的性质与个体特征之间的匹配而产生的行动的可能性或者提供的机会。环境与个体互动中除了个体的信仰、对产品的价值和态度、知觉以外,个体的目的、经验、社会责任和个体身份等也会影响到个体与环境感知的可供性。Gibson(1979)把可供性理解为直接视觉与行动之间产生联结的过程,相反复杂产品如教育环境产生的知觉与行动的过程不一定是直接的,以及学习中一定要考虑影响因素之间的关系。Kirschner(2002)提到,"学习者感知到学习可供性会自然地与无意识地产生行动上的变化。"[①] 根据 Van Lier(2000,2004)的说法,环境的特征与个体之间的互动产生的因素(如:个体的社会角色和责任、目的)指导个体从环境中感知到可供性。Van Lier(2000)认为语言知识对于人类来说就像动物理解森林或者植物理解土壤似的。郑通涛(2016)也支持 Van Lier 所说的可供性理论对语言教学的作用,"语言学习如同处于森林中,猎人看到的是野兔,情侣看到的是林间幽径,护林人看到的是树木,饥饿者看到的是野果……"[②] 不同角色的人感知到的学习可供性是不相同的。

Van Lier(2004:91)把"可供性"理解为环境与个体二者之间关系、可能性、机会、立即性和互动性的产出。Gaisch(2014:92)认为语言学习中学习可供性不仅是立即感知,更是一种感知的过程,所以语言学习不是即时性而是一个长期的过程。

Auyang(2000)认为可供性是积极学习者在环境中建立关系。所以在语言学习方面,可供性是由学习者的参与和使用而产生的,学习机会是学

---

① Kirschner P A.Can we support CCSL? Educational, Social and Technological Affordances for learning[C]// Kirschner P A (ed). Three Worlds of CSCL. Can we support CSCL? Heerlen, Netherlands: Open University of Netherlands, 2002: 9.

② 郑通涛.复杂动态系统理论与语言交际能力发展[M]// 海外教育六十年.厦门:厦门大学出版社,2016: 37-45.

习者的参与和使用的结果(转引自 Van Lier, 2004:92)。Tella & Harjanne(2007:502)强调,语言的可供性是要利用的,它不会自发地吸引我们,需要主动注意到并利用它。胡兴莉,郑通涛(2016:71)指出语言教学中可供性的应用是隐性的,并帮助学习主体建立和语言表达或行为的关系,引导学习者更加积极主动地关注环境的可供性。①Arinon & Singleton(2010);Aronin(2014:162)指出我们在日常生活中遇到许多关于教和学的可供性,而为了学习语言,感知到一两种学习可供性一定是不够的。

胡兴莉,郑通涛(2016:71)强调汉语教学中创设可供环境会对学习者的语言交际能力产生影响。其环境包含学习时间、地点、学习主体与学习环境之间所能发生的关系、学习中互动机会以及其他与汉语学习环境相关的所有事物。关键的是学习者通过这些事物感知到可供性,最终产生的可供性因人而异。他们也提到学习者、教师、教学法、交际能力系统、学习环境等因素的相互作用、相互影响,共同构成了对外汉语课堂的可供性。语言教学中教学环境(包括物理和社会环境)、学习者的个体因素、语言特征,以及教师和同学的角色直接或者间接地影响到语言教学过程,而且这些因素本身是复杂动态的。Peng(2016)也强调教师、学习者和教学环境之间的关系产生课堂生态系统。②吴中伟(2016)认为教学模式要考虑教学规模的大小、学生的内部复杂性、师资力量的总体素质等。③

De Bot 等(2007)把学习者认为是社会系统(system)里面的动态子系统(sub-system),具备许多内在的互动性因素,而组成各自的认知生态系统。Dörnyei(2009)提到语言习得是语言、个体和环境之间相互作用的复杂动态过程。④戴运财,王同顺(2012)强调二语习得模式的三个子系统为学习者、环境与语言。

Aronin & Singleton(2012:323)把使用者,环境和语言作为语言学习的关键部分,指出这三部分的相互互动产生可供性。他们提出的三角形模型包含使用者、环境和语言三个维度,其中任意两者(环境与语言、语言与使用

---

① 胡兴莉,郑通涛. 汉语作为第二语言交际能力理论研究[M]. 广州:世界图书出版广东有限公司,2016.

② Peng H. Learner Perceptions of Chinese EFL College Classroom Environments[J]. English Language Teaching, 2016, 9(1):22-32.

③ 吴中伟. 汉语教学模式的集成、创新和优化[J]. 华文教学与研究,2016(1):40-46.

④ Dörnyei Z. Individual differences: Interplay of learner characteristics and learning environment[C]// Nick C.Ellis & Diane Larsen-Freeman(eds.) Language Learning, 2009(59): 230-248.

者、使用者与环境)之间的互动即产生可供性。① 见图2.4。

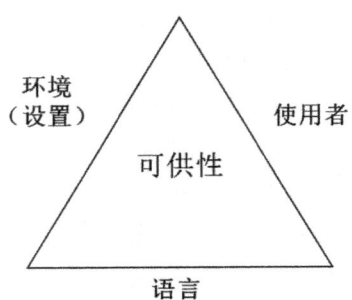

图2.4 多语者产生的可供性框架

其提出的三角形模型包含Haugen(1972)曾经所说的语言环境,即心理领域(psychological domain)与社会领域(social domain)。心理领域针对特定语言与其他语言之间的互动,社会领域针对特定语言与其社会环境之间的互动。这两种领域的互动构成语言的生态环境。②

同样,课堂汉语教学中课堂作为学习环境、学习者作为语言使用者和汉语作为语言,不过语言教学本身是复杂动态的过程(Larsen-Freeman, 1997; Van Lier, 1997, 2000),所以课内外所有的学习者能接触的因素都会影响到学习者的外语教学,此外,Maier & Fadel(2009)还提到环境中可能有使用者与事物之间的可供性和事物与事物之间的可供性的存在。③ 吴文(2012:66)也认为语言学习中,学生、教师、语言以及语言学习环境的相互作用来创造对语言认识的突现,借由其可供性把语言学习者与学习环境的关系统整起来。

许多学习者的个体特征、文化背景,教室的物理环境和教学使用设备,教学中使用的教材,学习者的跨语言影响和教师具备的语言能力,教师的教学经验、学历、文化背景等提供学习者学习汉语的可供性。换句话说,在Aronin & Singleton(2012)的基础上,学习者作为主体,教师、教材、教室和语言等环境作为客体,课堂汉语教学则是一个系统,学习者在课堂中能感知到的可供性可组成下列子系统。这些因素在子系统内相互作用而产生学习可供性。见表2.3。

---

① Aronin L & Singleton D. Affordance Theory in Multilingualism Studies[J]. Studies in Second Language Learning and Teaching, 2012, 2(1):311-331.

② Yang J. Brief Introduction to Language Ecology and Language Instruction[J]. Open Journal of Social Sciences, 2014(2): 106-110.

③ Maier J R A & Fadel G M. An Affordance-based approach to architectural theory, design, and practice[J]. Design Studies, 2009, 30(4):393-414.

表 2.3　课堂语言教学影响因素之间的互动

课堂语言教学系统中学习者获取信息的方式	可供性
学习者、环境与语言→A	
学习者、教师与教室环境→B	
学习者、教师与语言→C	学习可供性=可供性(A+B+C+D+E)
学习者、环境与教材→D	
学习者、语言与原有语言→E	

按照上面提到的语言学习可供性，我们可以理解为汉语课堂教学模式是多模态的，而学习者与多种语言教学因素之间的互动才产生学习行为可能性。学习者由个体特点感知到语言学习环境提供的可供性而产生对语言的反应。学习者能感知到的学习可供性是多模态的，所以学习者如果能感知到学习可供性，他们产生行为上的变化将导致语言学习。

教学影响因素的关系是由 Larsen-Freeman（1997）、Van Lier（1997，2000）、戴运财，王同顺（2012）、郑通涛（2016）提出二语习得的复杂动态系统。Gibson（1979）提出可供性理论，Aronin & Singleton（2012）提出可供性在多语学习的作用，Maier & Fadel（2009）针对使用者与事物之间产生的可供性的融合而设计了初级学习者汉语学习框架。见图 2.5。

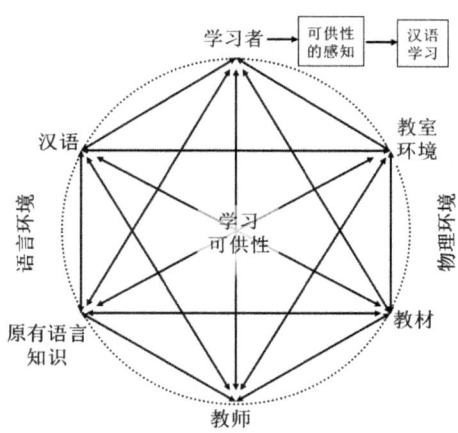

图 2.5　汉语课堂教学的影响因素与汉语学习

因此，在可供性理论视角下课堂汉语教学不仅是"教"与"学"之间的互动，还是学习者在课堂的物理和语言环境中感知存在的汉语学习的可供性的过程,所以课堂教学应该能够显出适合学习者使用的学习可供性,并让学习者积极地提取可供性而加以内化。

语言教学是复杂动态系统,产生不同子系统,在此不同因素之间相互作用而影响语言教学。

一、学习者、语言与环境之间的关系

Haugen(1972)解释到"语言的生态"就是关于特定语言与环境之间产生互动的科学研究。他所说的环境包括心理领域(psychological domain)与社会领域(social domain)。心理领域针对特定语言与其他语言之间的互动,社会领域针对特定语言与其社会环境之间的互动。这两种领域的互动构成语言的生态环境。[①]语言教学环境对于学习语言有很大的作用。Aronin & Singleton(2010,2012)强调学习语言的过程中存在个体与环境之间的相互关系,并且它们是无法分开的。二者之间的相互关系产生的学习可供性对学习的影响是动态性的。学习者的学习环境指的是影响学习者学习的"社会环境",包括家庭成员、周围的朋友等、影响并塑造学习者的学习行为。[②]汉语教学环境分为宏观语言环境和微观语言环境(连榕,2010:238)。[③]

(一)宏观语言教学环境

1.语言的位置与语言使用区域

对国外初中汉语学习者而言汉语教学是一门外语课。这与对外汉语教学完全不同。刘珣(2000);赵金铭(2007);吴勇毅(2012)[④]也试图区分对外汉语教学和汉语作为外语教学。赵金铭(2007)提出海外教所为外国人学习汉语就是"汉语作为外语教学"。[⑤]刘珣(2000:59),对外汉语教学与外语的教学之间教学对象、教学内容、教学目标和教学规律方面基本上都是相同的,二者的不同在于学习环境,而学习环境的不同又影响到教学方法上的差异。但是,美国哥伦比亚大学刘乐宁教授认为存在教学环境、学习者的母语和本土文化与学习者的目的和动机等三个因素的不同,并指出"针对不同背景的同学,哥伦比亚大学则根据他们语言学习能力高低、需求和学习目的进行区

---

① Yang J. Brief Introduction to Language Ecology and Language Instruction[J]. Open Journal of Social Sciences, 2014(2):106-110.

② Gömleksiz M N. Elementary School Students' Perceptions of the New Science and Technology Curriculum by Gender[J]. Educational Technology & Society, 2012, 15(1):116-126.

③ 连榕,等. 华文教育心理学[M]. 北京:教育科学出版社,2010.

④ 吴勇毅. 对外汉语教学法[M]. 北京:商务印书馆,2012.

⑤ 赵金铭. 汉语作为外语教学能力标准试说[J]. 语言教育与研究,2007(2):1-10.

分,为不同学习需求的学生开设不同的课程,这些课的教材和教学方法都不同"①。Larsen-Freeman 和 Long(1991)也强调外语学习和第二语言学习之间最大的差异是环境。汉语教学领域一定程度上忽略了学习者的多语环境和个体的多语能力,而个体多语能力和社会多语环境直接影响到学习者学习语言(Cenoz,2003)。

Herdina & Jessner(2002);Jessner(2008);Larsen-Freeman & Cameron(2008)认为多语习得是复杂动态的过程。De Swaan(2001)指出,世界范围内不同语言的等级体系表现为,英语是最超中心(Hypercentral)语言;汉语、阿拉伯语、英语、法语、德语、印度语、日语、葡萄牙语、俄语、西班牙语、马来语和斯瓦希里语一共 12 种语言是超中心(Supercentral)语言;大概还有 100 种语言是中央(central)语言,而另外 98% 是外围的或普通(peripheral or local)语言。②

Aronin & Singleton(2010)认为不同等级的语言赋予学习者不同的学习可供性。全球化和本土化对语言有很大的影响。英语走向全球化而具有离心力(Centrifugal force),同样,当地语言具备向心力(Centripetal force)而提供不同的语言可供性。见图 2.6。

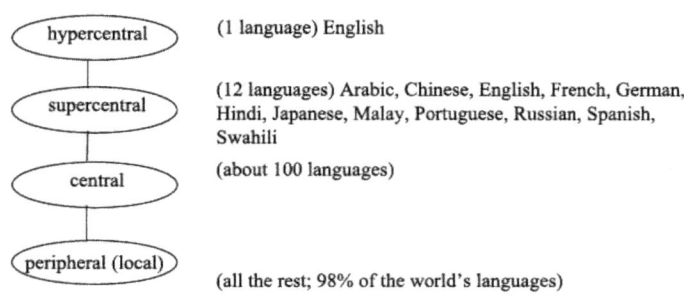

图 2.6 语言的等级(De Swaan, 2001,Aronin & Singleton,2010)

Kachru(1997)提出三种圈模式(Concentric Circle Model)代表英文使用界的不同类别。据他所说,内圈(Inner Circle)属于美国、英国、加拿大、澳大利亚、新西兰等英语母语者国家;外圈(Outer Circle)属于南非、菲律宾、

---

① 郑通涛,方环海,张涵.国别化:对外汉语教材编写的趋势[J].海外华文教育,2010,1(54):1-8.

② Aronin L & Singleton D. Affordance and the diversity of Multilingualism[J]. International Journal of the Sociology of Language, 2010(205): 105-129.

印度、尼泊尔、孟加拉、肯尼亚、马来西亚等；而扩展圈（Expanding Circle）属于中国、埃及、日本、韩国、土耳其等。① 对内圈国家的人民而言，英语是他们的母语或者第一语言；而对外圈国家人民而言，英语不是自己的母语但作为官方语言，但扩展圈国家的人民把英语作为一门外语课，但在教育中不太重视它。所以相对于外圈和扩展圈国家，内圈国家在给人民提供的学习可供性方面有更多的优势。同样，外圈国家提供的学习英语的可供性也超过扩展圈国家。

汉语教学也是同样的状态。参照 Kachru（1997）的三种圈模式，中国大陆、香港和台湾地区属于使用汉语的内圈；东南亚国家如马来西亚、印尼、新加坡、越南、泰国等华人多的国家属于外圈，而汉办正在推广汉语教学的任何国家都属于扩展圈。随着中国"一带一路"倡议的提出，外圈和扩展圈国家的汉语教学正在日益生长。

江新（2000）认为："语言学习环境对学习是非常重要的，因为学习者在不同环境挑选不同学习策略，从而影响学习的结果。"李如龙（2016:5）指出："中国人在中国学习汉语的时候，第一是从小时候开始接触汉语的基础，第二是他们周边都是交际环境并且长时间的积累和不断地实践能学得很好。但外国人在国外学习汉语，不仅完全缺乏汉语的语感，也没有使用汉语的环境，所以学习汉语遇到困难。"而强调环境提供的学习语言的优势。②

无论是单语者还是多语者，学习者的语言使用环境都非常重要，会影响到他的语言学习过程和语言能力。比如儿童要掌握两种语言的话，其中至少一种语言是家长的常用语，可能是母语（Burling, 1959; Lanza, 1997），也可能是非母语（Saunders, 1988），另外一种一般是社会上广泛使用的语言。③ 同样，Hoffman（2001:3）描述道，第三种语言习得（TLA）的过程中"环境和社会背景下个体成为三种语言的使用者"，他根据语言环境把语言习得分为五种：④

1. 三语使用者成长于两种不同语言家庭，且这两种语言不同于社区使用的语言；

---

① Kachru B B. World Englishes and English-using communities[J]. Annual Review of Applied Linguistics, 1997(17): 66-87.

② 李如龙，郑通涛. 汉语特征与国际汉语教育 [M]. 广州：世界图书出版广东有限公司，2016.

③ Ivir-Ashworth K C. The Nature of Two Trilingual Children's Utterances: Growing up with Croatian, English and German [D]. University of East Anglia School of Language Communication Studies, 2011.

④ Hoffmann C. Towards a description of trilingual competence [J]. The International Journal of Bilingualism, 2001, 5 (1):1-17.

2. 成长于双语社区而他的家庭（父母一方的或者双方的）所使用的语言与社会所使用的语言不同；

3. 双语者在学校习得第三种语言；

4. 双语者移民到其他地方后成为第三语言使用者；

5. 属于三语使用社区的成员。

而杨轩（2009）把中国的 L3 语言学习者的三语习得情况分为六种：①

1. 父母为中外跨国婚姻的语言学习者；

2. 父母为汉族与少数民族通婚（如汉藏、汉蒙、汉维等）的语言学习者；

3. 居住在多民族集居区或者中国边境地区。如居住在延边地区，既掌握了汉语，又掌握了韩语（朝鲜语）的语言学习者；

4. 方言（如粤语、闽南语）母语者，即既操普通话，又操上述某种方言的语言学习者；

5. 外语专业背景学习者；

6. 海外长期居留背景的语言学习者。

Hoffman（2001）和杨轩（2009）提出的 TLA 跟学习者的社会背景有直接关联。家庭的多语环境、社区的多语环境、教育系统等是最关键的 TLA 的因素。根据 Scarantino（2003）所说，在家庭和社会中使用的语言提供个体"发生的可供性（Happening Affordance）"。

由此可以理解为语言教学中社会区域（Social Domain）有重要作用。首先，Gumperz（1964）提出家（Home）、学校与文化（School and Culture）、职业（Work）、政治（Government）与宗教（Church）是五种不同的语言使用的社会区域，后来 Greenfield（1968）重新定义社会区域为家庭（Family）、友谊（Friendship）、宗教（Religion）、教育（Education）与职业（Employment）是实施和维护个体多语能力的语言使用区域（引用自 Fishman，1972:47）。Fishman（1972）把语言使用的区域作为能关注社会与语言之间交流的中心。她提出，"谁对某个人，在某个情境下说什么语言视那个社区的多语环境而决定。"② 这说明，环境决定要说的语言，并且不同时间、地点和情景都对语言的使用产生影响。Sridhar（1982）提出，多语环境产生移民或殖民的不同区域中，多种语言和文化的相互接触，但是在现代社会来讲，经济、科技与技术上的繁荣与依赖性将产生个体多语现象。换句话说，多种语言的接触以及特殊

---

① 杨轩. 三语习得有关问题研究 [J]. 安徽工业大学学报（社会科学版），2009，23（5）：73-75.

② Fishman J A.The Sociology of Language. An Interdisciplinary Social Science Approach to Language in Society[M]. Newbury House Publishers, Inc., 1972.

的环境将指导多语习得。① 外语教学课堂也是语言使用区域。外语课堂是语言教授与学习的场合。Scarantino（2003）指出，语言使用区域中感知到的语言的可供性是"确信性可供性（Sure-fire Affordance）"。这意味着在目的语环境下学习语言的时候感知到有关于目的语的信息量比较大（徐虹，郑通涛，2016）。

Pandit（1972:79）以印度商人对语言的应用为例揭示人类在生活中进过不同语言使用的区域。这个例子清楚地解释了语言使用区域给人类提供的语言使用的可供性以及机会。印度古吉拉特（Gujarat）地区的香料商人在孟买（Mumbai）跟自己的家人使用 Kathiawadi 语（古吉拉特邦的方言），在香料市场使用 Marathi 语（当地语），在商人交易圈里使用 Kachhi 和 Konkani 语，跟送奶工人和在火车站使用印地语，而在正式场合使用英语（转引自 Sridhar，2009）。可以看出，个体在不同语言使用区域中接收的语言使用可供性不相同。个体在另一个语言领域为进行互动而接收"有目标的可供性（Goal Affordance）"以及此领域的个体提供语言学习上"有可能的可供性（Probability Affordance）"。

2. 语言教学与多语现象

在西方语言教学界，20 世纪 80 年代前语言教学只探讨母语和第二语言。Ellis（1994）和 Larsen-Freeman & Long（2000）把母语以外的所有的语言习得（无论是第几种语言）都简单地归属于二语习得，Smith（1994:7）也明确地指出，"第二语言是总括性的术语，一般指学生或学习群体学的除第一语言外的任何语言（与学习者的学习环境以及学习了几门非本族语无关）"（转引自顾伟勤、秦悦、葛现茹等，2011:11）②。20 世纪 80 年代以来，二语习得领域开始扩展和探讨多语习得的概念。21 世纪初 Cenoz（2001，2003）、Herdina & Jessner（2002）、Jessner（2006）、Ringbom（2001、2005）、De Angelis（2007）等学者深入并系统地研究多语学习的过程。他们认为二语学习与三语（或多语）学习在很多方面不同。三语（或多语）习得过程更为复杂，要求学习者具备不同学习技能，研究者应该通过不同角度进行多研究。随着英语以外的语言（Language Other Than English-LOTE）的地位和价值逐渐提高，这些语言也开始进入多语教育系统（Clyne 等，2004）。③ 目前很多国家都有双语教

---

① Sridhar K. Societal Multilingualism [C]// S L McKay & N H Hornberger (eds.). Sociolinguistic and Language Teaching. Cambridge University Press, 2009:47-66.

② 顾伟勤，秦悦，葛现茹，等. 多外语学习的语言习得原理、认知规律及学习方法研究 [M]. 上海：上海教育出版社，2011:11.

③ Clyne M & Fernandez S & Grey F. Languages taken at school and languages spoken in the community–a comparative perspective[J]. Australian Review of Applied Linguistics, 2004, 27(2): 1-17.

育，再加上LOTE教学，学校为学生提供了更多种语言学习的机会。LOTE有可能是学习者的第二、第三、第四种语言。欧洲大部分国家（如荷兰、瑞士、丹麦、德国、西班牙等）都有自己的语言，即为第一语言，英语变成通用语（Lingua Franca），后价值越来越高而成为第二语言，LOTE或者遗产语言（Heritage Language）则作为第三语言、第四语言等。

就语习得的顺序而言，Cenoz（2000）指出，双语习得只有两种可能性，要么同时习得，要么连续习得。但第三种语言习得（TLA）至少有四种可能性：（1）第一语言/第二语言/第三语言同时习得；（2）第一语言、第二语言和第三语言连续习得；（3）学习第一语言后同时第二语言/第三语言习得；（4）同时第一语言/第二语言习得之后学习第三语言。顾伟勤等（2011）强调中国学两门以上的外语学生越来越多。此外，在英国，为了提高母语非英语者的英语水平，将英语列为"额外的语言（English as Additional language—EAL）"。[①] 同时De Angelis（2007）也提到额外的语言习得（Additional Language Acquisition）的概念。

在汉语教学中"第一语言教学"和"第二语言教学"方面的研究相当多，刘珣（2000:22）列出来这两个方面的汉语教学。"三语教学"方面的研究寥寥可数，"多语教学"方面的研究几乎还是空白。根据西方语言教学的分类，汉语教学可以分类如图2.7：

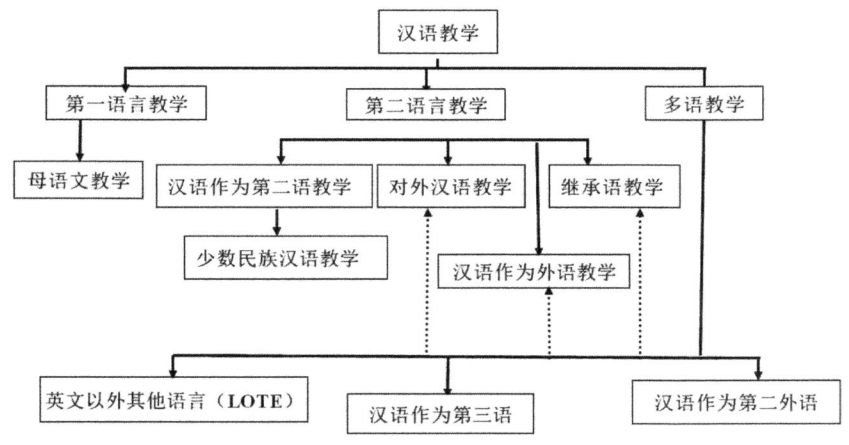

图2.7 汉语教学的类型

---

① Glasgow J & Skinner B. Teaching Children English as an Additional Language: Meeting the Challenge in the Classroom; Teaching English as an Additional Language: A Programme for 7-11 Year Olds; Introducing English as an Additional Language to Young Children[J]. ELT Journal, 2009, 63(4): 425-429.

汉语教学可以分为第一语言教学、第二语言教学和多语教学。其中，"第一语言教学"，即母语教学，如中国人学汉语或者马来西亚和新加坡华裔（母语者）学汉语。"第二语言教学"即对外汉语教学或将汉语作为第二语或者外语和继承语。中国少数民族（维吾尔族、藏族、哈萨克族等）、华人（在中国或华语学校）学习汉语是将汉语作为第二语，外国人在中国学习汉语是对外汉语，华人后代在国外学汉语是继承语。在中国语言学界中，很少提到"多语教学"，而是用第二语言教学代替所有第二以上的语言学习，不过西方语言专家已经很清楚地说明第二语言教学和第三或者多语教学是不一样的过程。社会多语现象对语言教学提供很明显的学习可供性。

（二）微观语言教学环境

1. 课外环境对语言教学的影响

徐虹，郑通涛（2016）在研究来华留学的6位日本学习者在课外学习汉语的过程中发现，他们除课内信息以外还会使用许多课外语言信息去学习汉语，并且他们接触的汉语的输入也是多模态的和自然生动的。比如在目的语环境下接受直接与间接的语言信息以及正式与非正式的语言信息，通过校内和校外的与目的语说话者以及学习者和非学习者（不同职业）的对话，通过静态与动态媒体等掌握语言知识。①

Menezes & Paiva（2011）认为课堂提供的语言资源无法满足学习者获得语言习得，所以他们需要跨越课堂领域去寻找有助于学习语言的可供性的方法。根据他们所说，学习者利用从自然环境获取的语言信息，以及文化和文化产品提供的语言信息和经验等来学习语言。② Sridhar（2009）指出，多语社会环境中，现代社会带来的经济、科技与技术上的繁荣与依赖性提供更多的课外语言学习可供性。Scott et al.（2015）认为学习者也通过物理环境和虚拟环境提供的学习环境构建的社交网络作为学习生态系统来采取学习信息。③ Aronin & Singleton（2014）指出物质文化产品也能提供语言学习的可供性，这些物质文化产品提供有形或无形的可供性。物体的形状（如带文字的物体）提供有形的可供性，而隐含的文化信息提供无形可供性。

因此，学习者在课外接触的所有社会因素、文化产品、多媒体信息、人工智能等语言有关的信息提供他们语言学习的可供性。2017年11月4日，在

---

① 徐虹，郑通涛．课外语言学习动态模式研究[M]．广州：世界图书出版广东有限公司，2016．

② Menezes V L & Paiva O. Affordance Beyond the Classroom[J/OL]. UFMG/CNPq. http://vera-menezes.com/beyond.pdf.

③ Scott K S. Learniing "Beyond the classroom" within an enterprise social network system[J]. Internet and Higher Education, 2016(29): 75-90.

厦门大学海外教学学院举办的"国际汉语教育与文化学术研讨会暨第五届汉语国际传播研究会年会"中,郑通涛教授提到汉语教学中新媒介的影响力很大,而这些都是课外因素对学习者学习汉语的影响。

尧玮(2014)提出学习者在不同时期会置身于两种不同的语言习得环境(即语言教学环境与社会环境),但是这两种语言习得环境并不是独立、不相关的两个世界。他强调,为了让学习者能够更好地适应其社会环境,语言教学环境必须尽可能与社会环境相关联,甚至相一致。同样,语言教学环境越贴近社会环境,习得者感知到的语言信息则会更符合自身和社会提供量信息,能更好地诱发其语言行为并发展其在社会环境中的语言应用能力。

2. 课内环境对语言教学的影响

语言教学中课堂的角色很重要。Van Lier(2000,2004)从生态学视角指出:"课堂语言教学是语言生态学的一部分",他把人类交际系统理解为动态生态系统。[1] 牛跃辉、赵婷(2007)认为外语课堂是人与人(师—生或者生—生)之间存在互动、人际交往、沟通的"微观社会"。[2] 同样,闫蒙钢在《生态教育的探索之旅》(2013:50)中认为课堂是微观生态系统,在生态课堂中不仅要传递给学生知识,更要让学生掌握学习的方法和技能,使之学会终身学习,增强每一个学生的自学能力和生存能力,形成可持续发展的观念,培养学生立足社会所必备的能力和素养。[3] 课堂语言教学中教师与学生各自扮演积极的角色。Guerrettaz & Johnston(2013)的课堂生态系统强调参与者(participants)、过程(processes)、结构(structures)和事物(artifacts)之间的关系。[4] 按照Scarino & Liddicoat(2009)的理解,外语教学课堂中教师的语言教学反映他对语言的了解,而教师对语言的了解影响学习者的语言学习。[5] Hall(2000:9)认为,在语言学习视角下,课堂(尤其是有互动的课堂)是语言能力有潜力进步的地方。[6] 此外,课堂环境、教材和其他设备以及教师

---

[1] Gage-Serio O A. Affordances for Language Awareness in a Middle School Transitional Classroom: Multi-Competent L1/L2 Users Under No Child Left Behind[D]. Education UC Santa Cruz, 2014.

[2] 牛跃辉,赵婷. 课堂生态观——一种新型的外语课堂观念[J]. 大学英语(学术版),2007(02):176-179.

[3] 闫蒙钢. 生态教育的探索之旅[M]. 芜湖:安徽师范大学出版社,2013.

[4] Guerrettaz A M & Johnston B. Materials in the Classroom Ecology[J]. The Modern Language Journal, 2013, 97(3):779-796.

[5] Scarino A & Liddicoat A J. Teaching and Learning Languages: A Guide[M]// Australian Government. Dept. of Education, Employment and Workplace relations, 2009.

[6] Hall J K & Lorrie S V. Second and Foreign language Learning Through Classroom Interaction[M]. Lawrence Erlbaum Associates, Inc. 2000.

和学生之间互动产生课堂生态。在非目的语环境下，教学更侧重课内环境，因此语言教学一般都依赖教师、教材、学习者与课堂环境之间的互动。

  Turner & Meyer（2000:70）指出课堂环境"信仰、目标、价值、知觉、行为、课堂管理、社会关系、物理空间和社会情绪以及提供评估性气氛有助于参与者（学生）理解课堂"①。课堂是以分享知识目的进行师生互动的场合，参与者在个体（师生）、外在环境和学习内容之间的互动中获取知识。Burns & Knox（2011）也指出课堂环境包含教师、学习者、教材与物质环境（光线、外界声音、温度、课堂设备等）。在课堂中这些变量之间相互影响，并产生不断的互动导致变量的变化。变量随时变化，得出的结果也有不同。因此课内环境被视为一种动态复杂系统。②Williams & Burden（1997）强调课堂情况会影响所有层次的学习。课堂的物理环境与个体之间的互动影响个体的语言学习。③Doyle（1979）强调课堂环境影响到教师和学习者的行为。④

  Thoms（2012）指出，"课堂环境提供了学习任何东西的潜力，尤其是语言学习，教师通过课堂讨论或一对一交流和协商的方式与学生互动，紧密地与学生联系在一起。"（转引自 Thoms，2014:726）⑤Stronge（2002）认为课堂中教师与学生之间的协议和相互关心创造很温暖的课堂环境，教学过程中师生之间的和谐环境能影响到学习效果。⑥

  语言教学课堂环境涉及的丰富的内容包括：课堂的物理环境（与教学直接或者间接有关）、个体（教师与学生）、教材内容，它们之间的相互关系产生学习者学习语言的可供性，而且这个感知的可供性是复杂又动态的。Larsen-Freeman（1997:158）也指出语言课堂有相关的一些混沌和复杂性，他解释道："语言也像其他生命系统似的，经过混沌和秩序的过程，而且它们的创造性增长发生在两者之间。"Van Lier（1996:38）把课堂理解为复杂适应系统，而且这个系统中存在的细节和因素都扮演着很重要的角色并且相互影响。

---

  ① Turner J C & Meyer D K. Studying and Understanding the Instructional Contexts of Classrooms: Using our Past to Forge our Future[J]. Educational Psychologist, 2000, 35(2):69-85.

  ② Burns A & Knox J S. Classroom as Complex Adaptive System: A Relational Model[J]. TESL-EJ, 2011, 15(1): 1-25.

  ③ Williams M & Burden R L. Psychology for Language Teachers: A Social Constructivist Approach 语言教师心理学初探 [M]. 北京：外语教学与研究出版社，2000.

  ④ Doyle W. The Complex Classroom: A Research Focus[J]. Theory into Practice, 1979, 18(3):138-144.

  ⑤ Thoms J J. An Ecological View of Whole-Class Discussions in a Second Language Literature Classroom: Teacher Reformulations as Affordances for Learning[J]. The Modern Language Journal, 2014, 93(3):724-741.

  ⑥ Stonge J H. Qualities of Effective Teachers[M]// Alexandria VA. Association of Supervision and Curriculum Development, 2002.

课堂是信息丰富的场所，但是信息的不稳定会影响任务的完成（Doyle，1979）。语言本身很大程度上受环境的影响，课堂语言教学中存在的语言信息很复杂，语言学习可供性是在学习者、语言和环境的互动中体现出来的。宏观语言教学环境决定了语言的社会地位，如何提供适合学习者的语言学习环境，并影响学习者对语言态度和语言应用的范围。如果语言的使用范围宽，语言使用的机会也自然变得多、价值也会变高，并让学习者感知到更多的学习语言的可供性。同样，微观语言教学环境让学习者在复杂动态的课堂内外感知到语言学习可供性。此范围局限于学习者能接触到的信息领域。

二、学习者、教师与教室环境之间的关系

（一）教师的角色

课堂语言教学中教师是一位很重要的人物。教师不是向学生灌输信息（Wilson，1998），他（她）以问题的形式向学生提出概念、论点等，留待他们去探究。他们对学习者的学习有深刻的影响。他们能够通过科技给学习者提供真实世界的信息，并促进教学（Schroder, Scott, Tolson, Huang, & Lee, 2007）。[①] William & Burden（2000:38）指出语言教师应该建立归属感，使学习者积极参与学习活动，激活学习者自我存在的知识，提高个人身份，提升自尊，尊重学习者的感觉和情感，减少批判，鼓励创造，支持自我驱动，发展学习过程方面的知识，为学习者提供更多的选择等。Richards & Rodgers（2001:251）也强调课堂教学中应该让所有学生参与课堂，让学习者而不是教师成为教学重点，为学习者的参与而提供更多的机会，对学习者的困难做出反应，试图满足学习者的需求和兴趣等。[②]

Reid（2007:8）提出一些教师在课堂上需要考虑的一些事：（1）理解：学习者能够理解任务的需求；（2）计划：学习者能够识别出关键点并制定学习计划；（3）行动：学习者需要有足够的资源和技能以完成任务；（4）学习转移：学习者以前具备的学习经验应该有助于提供计划和策略来解决新任务。他也指出，如果学习者无法完成任务，不是学习者的失败，而是教师任务的失败，所以教师的责任是要确保某个任务是可以完成的。如果教师能保证任何任务都可完成，学习者的失败率就会降低。为了让学习者学习，教师需要注意一

---

① Gömleksiz M N. Elementary School Students' Perceptions of the New Science and Technology Curriculum by Gender[J]. Educational Technology & Society, 2012, 15(1):116-126.

② Richards J C & Rodgers T S. Approaches and Methods in Language Teaching[M].New York: Cambridge University Press, 2001.

些关键问题：[1]

1. 预测学习者可能遇到的障碍；
2. 积累学习者个体学习偏好的知识；
3. 通过表示和结果来区分任务；
4. 逐渐帮助学习者承担起自己的学习责任并监督自己的学习进度。

为了获得更好的教学效率，教师扮演动态的角色，并在不同的环境转变不同的角色。Harmer（1983）把外语教师的角色定义为：提示者（prompter）、控制者（controller）、参与者（participant）、资源（resource）、组织者（organizer）和评估者（evaluator）。Brindley（1984）指出教师为学习者接收的语言输入的资源并通过积极倾听、扮演角色和互动的方式帮助学习者感知到正确的语言信息，Katz（1996:57-87）把教师比喻为课堂的编舞者（choreographer）、母亲、表演者和教授，Fraser（1986）和 Wubbels & Levy（1993）指出教师是课堂环境的创造者（转引自项茂英，2009）。[2]

教师也被定义为辅助者（helper）、辅导员（counsellor）、学习指导员（learning advisors）、学习资源和技能的管理者（Carver 1982；Littlejohn 1983:595；Dickinson 1987；Hunt et al. 1989；Kelly，1996；转引自 Finch，2001）。[3]Doyle（1979）强调教师的技能为管理课堂存在的复杂性和执行学习活动所需要的操作能力。

吴文（2012:113）提出的语言教学生态模式中教师的6种角色为协助、示范、供给、开发、规划和评估，这6种角色发挥着12种不同的作用。见表2.4。

表 2.4　教师在课堂的角色

序号	教师的角色	作用	序号	教师的角色	作用
1	规划者	课堂规划	4	示范者	教学示范
		活动规划			人格师范
2	开发者	教材开发	5	协助者	导师指导
		课程开发			教学辅助
3	供给者	信息供给	6	评估者	学业评估
		反馈供给			活动评估

---

[1]　Reid G. Motivating Learners in the Classroom: Ideas and Strategies[M]. London: SAGE publication Inc, 2007.

[2]　项茂英. 大学英语教师角色多维角度研究 [D]. 上海外国语大学，2009.

[3]　Finch A. Complexity in the classroom[J]. Secondary Education Research, 2001(47): 105-140.

束定芳、庄智象（2008:164）指出教师的 9 个教学角色为：专业知识的来源（source of expertise）、管理角色（managing role）、建议的来源（source of advice）、学习引导者（facilitator of learning）、分享角色（sharing role）、关心的角色（caring role）、课堂氛围的创造者（classroom climate creator）、评估者（evaluator），以及行为和努力工作的榜样（example of behavior and hard work）。①

项茂英（2009:33-41）指出 8 个教师的角色为：引导学习（learning guidance）、提供知识（knowledge delivery）、创造课堂环境（creation of classroom environment）、引导行为（behavior guidance）、引导道德（moral guidance）、课堂管理（classroom management）、师生关系（T-S relationship）、课堂构建（classroom organization）。马燕华（2014）指出教师是决策者、支持者、反馈者、观察者、参与者、组织者、管理者、学习顾问、学习者错误诊断者、评估者和帮助者。在不同教学模式下，教师的角色也不同。乔伊斯等（2014:289）指出在模拟训练模式，教师的角色比较少，包括解说（explaining）、裁判（refereeing）、辅导（coaching）和讨论（discussing）。

教师在课堂中扮演的角色不一致，这跟着教学目标而变。在课堂的复杂动态过程中教师的任务是按照学习者的需求创造或者改造学习者适合的学习环境。

（二）教师作为引起教学可供性的主要人物

教师在语言教学演变中扮演主要的角色。早期语言教学是"以教师为中心"，后来发展为"以学习者为中心"的教学模式，才开始围绕着学习者的学习而进行教学。因为教学的目标是让学习者学好，所以教学一定要提供"学"的可供性。教师是教学中促进学习者学习的催化剂，所以教师的主要任务是为学习者设计学习可供性凸显可感知的学习可供性。

Doyle（1977）在研究教师效能（teachers effectiveness）中确定的 3 个范式都重视教师在教学中的作用。（1）"Process-product"范式强调教师直接影响到学习者的学习成果；（2）"Mediating Process"范式强调学习者的反馈影响学习成果；（3）"Classroom Ecology Paradigm"范式强调自然课堂中环境需求与人类反馈之间的相互关系。②

孙云梅（2007:178）认为教师能够感知到的最成功的教学是通过激发学生的学习兴趣，教给学生相关的学习策略，从而达到培养学生自主学习能力的目

---

① 束定芳，庄智象．现代外语教学理论、实践与方法[M]．上海：上海外语教育出版社，2008.
② Doyle W. Paradigms for Research on Teacher Effectiveness[J]. Review of Research in Education, 1977, 5(1): 163-198.

的。她也指出教师在安排课堂活动中具有很重要的作用而这些活动应该符合学习者不同阶段的心理、认知等方面的特点，使他们在愉快、放松、自然、有效的语言交往环境中学习语言。① Hall & Rudkin（2013）强调教师的重要性而指出教师让学习者具有团体感、能够克服面临的问题以及取得成功，以提问的形式着手互动或谈话。② 常海潮（2011）在论述外语教学中指出："教师始终是设计教学过程的'指挥中心'、组织教学活动的'调控中心'、提供学习资源的'信息中心'和语言习得过程的'监控中心'。"③ Tom（1973）表示，教师应该意识到自己对学习者的影响，在选择课程时要特别注意学习者潜在的反应。就效果而言，Doyle（1979）认为通过教师建立任务的方式，学习者能间接地感知到学习效果，通过与教师在课堂上互动的方式，学习者能感知到直接的效果。④

总的来说，教师在课堂教学的角色应该是通过不同渠道引导学习者掌握知识而不是强迫地给他们输入知识。应该是创造语言学习的环境，同时为了让学习者融入学习环境而扮演环境与学习者之间催化剂（Catalyst）的角色。乔伊斯等（2014:6）也强调，"成功的教师是能够使学生深入地认识社会化的活动，并教会他们如何有效地利用活动结果的促进者。"综上所述，教师在课堂上的角色能归纳为课堂环境创造者、信息凸显者（信息提供者、信息交流者等）和调整者。见表2.5。

表 2.5 教师提供的学习可供性

行为	教师在语言教学中的角色	教师为中心	提供可供性
理解	观察、关心、协助、帮助、辅助、顾问、提示、参与	信息中心	创造学习环境
设计	规划、管理、创造课堂环境、示范	调控中心	信息凸显
提供	辅导、提供知识、信息供给、师生关系	指挥中心	
调整	引导（学习、行为、道德）、支持、错误的诊断、反馈、评估	监控中心	参与而调整

根据Gibson提出的可供性的定义，在学习环境中，学习者具备的能力决定

---

① 孙云梅. 中国大学外语课堂学习者社会心理环境研究 [D]. 华中科技大学, 2007.
② Hall E & Rudkin J K. Supportive Social Learning:Creating Classroom Communities that Care [E/OL]. [2013-08-09]. families.boulderjourneyschool.com/.../_supportive_social_learning.pdf.
③ 常海潮. 教学法"死亡"了吗？——论外语教学中教师中心角色的回归 [J]. 外语界, 2011(3): 36-43.
④ Doyle W. The Complex Classroom: A Research Focus[J]. Theory into Practice, 1979,18(3): 138-144.

他(她)能感知到的学习可供性。根据Norman,通过设计环境存在的可供性是以学习者的需求可以凸显出,并使他们容易感知它。同时,Van Lier认为学习者在环境参与过程中感知到学习可供性。所以按照学习者的特征,教师能改造学习环境而显示出更多的学习者应该感知到的学习可供性。按照Giver的说法,更多的正确信息量可以提升学习者能感知到真实的学习可供性。

Doyle(1979)把教师在课堂上的行为解释为提供有关学术任务的信息以及完成任务的线索。课堂语言教学并不是教师把自己具备的语言知识向学习者转移的过程,而是创造适合学习的环境。学习者在此环境中感知符合自己水平的信息进行加工,从而发展认知。在课堂中,通过师生或学生之间信息交流(意义协商)而内化信息(Long,1983;Sharwood Smith,1993;Pica,Young & Doughty,1987;Loschky,1989;Park,2002;Foster & Ohta,2005),或通过他人(教师和同学)的经验,知识分享和指导把所在的信息加以凸显,以接收信息(Gibson & Pick,2000)。Kordt(2016)也提到教师通过学习支架(Scaffold)提供学习者可见的学习可供性。所以教师的角色是创造适合的环境从而凸显存在的学习可供性。

教师的能力有助于促进学习者感知学习可供性。本土汉语教师的培养有助于将学习者隐藏的语言学习可供性凸显。本土教师对学习者的文化、语言背景、思维方式有比较深入的了解,能够判断学习者的学习方式是如何进行加工的。

宛新政(2009)重视孔子学院在海外汉语师资的本土化建设,并认为优秀本土汉语教师的培养提升了汉语国际教学的质量,是海外汉语教学持续发展的重要保证。客观上也为所在国家培养了一批兼具双语能力的教学人才。[①]

同样,教师的教学经验也影响教学的效果。经验丰富的教师在教学过程中的表现比没有经验的教师好是因为有经验的教师能够理解学习者而创造适合他们的学习环境、提供适当的学习信息和互动中调整他们所接收的信息。

三、学习者、教师与语言之间的关系

按照Scarino & Liddicoat(2009)的理解,外语教学课堂中教师的语言教授反映他对语言的了解,而教师对语言的了解影响学习者的语言学习。[②] 课

[①] 宛新政.孔子学院与海外汉语师资的本土化建设[J].云南师范大学学报(对外汉语教学与研究版),2009(1):27-31.

[②] Scarino A & Liddicoat A J.Teaching and Learning Languages: A Guide[M]//Australian Government. Dept. of Education, Employment and Workplace relations, 2009.

堂语言教学中学习者与教师之间使用的语言也扮演重要的角色,常被称为"授课语言"或者"媒介语"。

研究发现,外语教学中使用学习者的L1或者L2教外语(L3)会产生不一样的学习效果(Cenoz,2001,2003)。所以语言教学中师生互动中使用的语言或者彼此具备的语言能力直接或间接影响学习者的学习效果。换句话说,学生和教师之间的语言使用影响到学习可供性。如果教师使用的语言对学习者很熟悉,他(她)就能感知到更多的可理解性语言学习的可供性。如果师生之间沟通有阻碍,教学过程中无法转达知识信息,会影响到感知目的语的可供性。

教师的"课堂用语"或者"媒介语"对初级学习者学习语言有很大作用。在对外汉语教学中有两种方式:一种是完全汉语语言环境下不使用其他语言,只用汉语授课汉语;另一种是为了减少语言学习的障碍,借助双方都能理解的语言。前者是沉浸式教学模式,此在西方国家普遍使用;后者是在英语用的外圈和扩展圈(Kachru,1997)国家普遍可见的教学模式。对零级汉语学习者而言,一般采用后者。

陈夏瑾(2013)认为媒介语的使用会减少"师生沟通难"障碍。[①]学生遇到难以理解的内容时,为活跃课堂气氛,增加学生的学习兴趣,教师可以充分利用实物、图片、手势语、体态、多媒体等手段启发学生;在学生通过教师启发已经基本理解,正确答案呼之欲出的时候,教师可以利用媒介语起到画龙点睛的作用。

Cook认为二语教学过程中使用学习者的母语(L1)进行L2教学的效率会高,因为学习者通过L1更清楚地理解L2并找出学习策略。Cenoz(2003)认为使用学习者刚掌握的语言进行新的语言教学的效果会更好。这时学习者不仅使用媒介语而且也会使用原有语言知识理解新语言。

初中汉语教学中不少案例针对师生沟通的障碍,不过韩国的合作教学模式不仅通过本土教师和中国教师的合作进行汉语教学提高学习者对汉语和文化的理解,同时也提供了更多的学习汉语的可供性。

四、学习者、教材与环境之间的关系

在课堂语言教学中,教材扮演很重要的角色。语言教学中使用的教材不仅是学习者的新语言知识,而且是教师熟悉的,和学习者将要理解的学习信息。针对不同教学对象、教学目标和教学时长,教师首先要选择合适的教材;根据所选择的教材,制定恰当的教学计划;引导学生熟悉教材、使用教材是教

[①] 陈夏瑾.浅谈零起点对外汉语教学中媒介语的使用[J].现代语文(学术综合版),2013(3):84-85.

师实现教学目标必不可少的重要环节（李晓琪，2017）。①Cook（1998）认为通过教材至少能控制教学使用的语言和上课中进行的活动，但教师一般没有选择教材的权利，学校、教育机构或者政府机构才有。②

Cumming Worth（1995）认为教材对缺乏自信心和教学经验的教师提供一种支持。③教材指导教师如何控制教学内容，而此教学内容也仅是"之一"而不是"唯一"。马燕华（2014）认为教材呈现的语言知识和内容是辅助性的，帮助学生获得语言技能和交际技能，而不是仅仅停留在对教材本身所传达的文字信息和语言形式上，要关注教材既定形式后面更为本质的东西。

汉语是一种意义重于形式的语言，所以在初级汉语教材中的出现的汉字对教师和学习者来说在视觉上是一致的，但两者接收的汉字的意义上的信息就不一致。Gibson（1979:200）也曾提到"在同一个世界，不同人感知到不同世界"。因此不同个体从环境接收的信息有所不同。所以教师应提供基于教材和学习者共性的信息，让学习者感知到存在的知识。

从介导行动感知（Mediated Action Perception）的视角理解，个体（Person-P）通过工具或技术（Technology-T）感知到客体（Object-O）提供的可供性（Kaptelinin & Nardi，2012:972）。此感知到的工具的可供性（Instrumental Affordance）可以理解为图2.8：

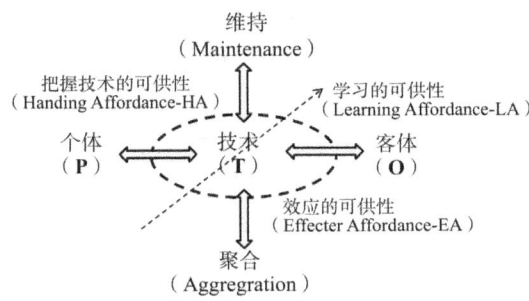

图2.8　教学工具中技术可供性作用

如果语言作为客体，教材作为学习工具，那么教材的可供性是【（学习者-教材）→语言】之间产生的语言学习可供性。Kaptelinin & Nardi（2012）强调，为了提升工具的效果，工具可供性需要进行调整，此称为维持可供性（Main-

---

① 李晓琪. 汉语教材建设与学科建设的关系[J]. 国际汉语教育，2017，2(1): 5-8.
② Cook V J. Relating SLA Research to Language Teaching Materials[J]. Canadian Journal of Applied Linguistics, 1998, 1(2): 9-27.
③ 马燕华. 汉语作为外语教学研究[M]. 北京：北京师范大学出版社，2014:11.

tenance Affordance）。同样，聚合可供性（Aggregation Affordance）是为了提高存在的可供性而结合不同设备功能的过程，而学习可供性（Learning Affordance）指的是引导个体如何使用工具而得到更好的效果。同样，技术的使用下，个体与技术的互动产生把握技术的可供性（Handling Affordance-HA），而且技术和客体之间的互动产生效应的可供性（Effecter Affordance-EA）。①

Jacobsen and Faltis（1990）提到学习者原有知识对理解教材的作用，强调教材不应该忽视学习者的第一语言（母语）以及应该关联目的语和母语知识。教学内容也可以包含L1和L2之间语码转换以及使用多种语言进行互动。同样教材也得考虑到学习者的个体异同（转引自Cook，1998:15）。

Greeno（1994）、Kress（2001）、Norris（2004）、Van Lier（2004）、Aronin & Singleton（2012）、徐虹、郑通涛（2016）等不少学者都认为："语言学习作为客体，学习者感知到的学习可供性（可能性）是涉及多通道的交际活动的。"此外，学习者在同一环境通过不同信息渠道和方式感知学习可供性。因此学习者在课堂内外都能感知到许多语言学习信息。

从生态学视角来看，语言教学中学习者在课外经常接触的语言信息也是很重要的教材。②Aronin（2014）和Aronin & Singleton（2010:116）强调语言学习者的成功与失败影响到他们感知的可供性，表现为可触摸的，实在的，有形或外显的（Tangible）；触摸不到的，或无形隐藏的（Intangible）两种形式。马燕华（2014）认为如果教师把教材演绎得更具开放性、动态性、真实性和交际性，课堂效果能进一步优化，学习者也能简单地融入教材内容。曾小燕（2017:212）也强调在课堂中学习者，教材与环境之间存在动态的关系。③

（一）国别化教材

在语言教学中，Aronin（2014）提出的触摸不到的资产如思想、政治情况、道德、情感、对语言的态度、特殊语言知识与元语言意识等不言而喻的可供性形式扮演很重要的角色。教材给学习者提供对的态度、价值、信念等触摸不到的信息提高他们对教材的熟悉度，并易于内化教材中提出的语言信息。

为了提高学习者对汉语教学的熟悉度，2006年开始对外汉语教学研究提出了"本土化"的概念。吴应辉（2013）发现2000至2009年这10年内关于对

---

① Kaptelinin V & Nardi B A. Acting with Technology : Activity Theory and Interaction Design[M]. Cambridge, Massachusetts: The MT Press, 2006:61.

② Van Lier L. Action-based Teaching, Autonomy and Identity[J].Innovation in Language Learning and Teaching, 2007(1):46-65.

③ 曾小燕. 复杂动态系统理论视角下的现代汉语外来词研究[M].广州：世界图书出版广东有限公司，2017.

外汉语教学的教材和参考书一共出版了294本,其中"本土化"特征的教材只有7本(2.4%)。这说明对外汉语教学编写忽视了学习者特色是教材这一点,而中国特色(中国化)的教材因为文化背景不同,学习者对这些语言输入不容易理解和内化。李如龙(2016)、于海阔,李如龙(2012)、郑通涛等(2010)学者提倡汉语国际教育中"国别化教材"的重要性,强调国外汉语学习者在文化背景、生活习惯、学习目的、学习方式、教学时数、语言背景、思维方式、价值标准等方面与中国不同,所以国际汉语教学的教材必须考虑国别化。

陆俭明(2008)认为:"编写国别化汉语教材是汉语教材建设中不可忽视的问题。"后来他指出,"本土化不应该体现在汉语教材上,而是应该体现在具体教学上,汉语教材应该体现普适性。"(陆建明,2016)[①] 但是,于海阔,李如龙(2012);李如龙(2016)认为没有考虑国别化而编的教材在海外大多"水土不服",因此导致学习者在理解汉语上有阻碍。

曾小燕,郑通涛(2016)在可供性理论视角下认为国别化教材应该考虑到学习者的学习行为特点以及认知和思维方式的特征,采用与之相应的二语教学策略或教学法,而且教材的目标是培养学习者主动探索的学习能力。

"本土化"和"国别化"教材是针对学习者的需求设计而编写的教材,这些教材提供给对象更多的学习可供性。TCFL中应用国别化教材能够促学习者融入教材内容中,帮助接收教材中存在的意义。TCFL国别化教材的概念应该是:"使用学习者的新语言理解他们熟悉的事情或者使用学习者熟悉的语言理解新的知识,而不是使用陌生语言给学习者解释陌生的事情或新知识。"

在TCFL中,本土化或国别化汉语教材的贯彻将推动学习者感知到教材描写的文字意义。因为教材符合学习者所在的环境和他具备的特征,学习者能很快感知到教材凸显的学习可供性。此种教材能提供学习者可触摸型的(Tangible)和非可触摸型(Intangible)两种可供性。教材的可触摸型可供性的优势在于能够通过感官接到显示到存在的学习信息。比如:学习者熟悉的图、人名、地名、名胜古迹、故事等提供的学习可供性,而非触摸型可供性提供学习者深入地理解内容。

(二)多模态和多媒体教材

语言教学中显示的语言信息是语言学习的可触摸、实在的、有形或外显的可供性形式。课内外所有的目的语有关的语言传播媒介是语言学习的主要因素。所有的传统的口头、出版和现代科技发展带来的电子设备都属于有形

---

① 陆俭明.汉语国际传播中一些导向性的问题[J].云南师范大学学报,2016(1):34-37.

的语言信息传播媒介。

  Liaw 等（2010）指出移动技术的 5 种可供性为：提供教学内容与知识；适应学习的应用；互动性应用；个体应用；合作性应用。现代移动设备提供的语言教学内容和知识能方便学习者学习，而且移动设备能够促进学习者适应学习环境，鼓励互动和合作学习。Churchill 等（2012）强调 iPad 对学习有很大的作用，提供了多模态的学习可供性。[①] 由于现代电子媒体的改革和迅速发展，电子设备包容的媒介融合（Media convergence）功能使得任何电子设备都有潜力提供外显的语言信息。余可华（2016）在第二语言学习中强调现代技术对语言教学的支持，而梳理了现代技术类型提供的学习可供性。[②]

  新时代的媒介融合在语言教学上也提供了多模态的语言信息以及提供视听、口语、阅读、写作、翻译、语用和跨文化等方面的可供性。学习者利用这些语言资源可以进行语言学习，并更快地提高学习效果。详见表 2.6。

表 2.6　媒体融合提供的可供性

电子设备	电子设备（软件或 APP）	能力	可供性
电脑、电视、iPod、收音机（FM）、平板电脑、kindle 阅读器、智能手机	MP3、视频、You Tube、电影、播客、广告、微课、MOOC、Voice Thread	鲜活、真实的目的语语料	听觉
	聊天室、远程语言交换、社交媒体（微信、QQ、Skype、Viber、line、Twitter、You Tube、博客等）、Voice Thread、数字故事、民族志访谈、网络调查、数字游戏、自动语音识别	目的语交际对象真实的交际场景	口语
	电子词典、数字阅读软件、博客、维基百科、社交媒体（Facebook、Twitter、微信、QQ）、e-book、电子媒体、You Tube、电子商务	多元、有趣的目的语语料	阅读
	博客、维基空间、在线论坛、电子邮件、在线翻译、电影、虚拟体验、数字阅读、Facebook、Twitter	大量词汇及常用的表达语体知识及世界知识	写作
	翻译软件、在线翻译语音和文字	翻译查找、纠正、确认	翻译
	视频、You Tube、电影、民族志访谈、各类社交媒体、	目的语交际对象真实的交际场景，多元、真实、鲜活的目的语语料	语用
	图片、图表、图标、图像、照片、视频、You Tube、电影、播客、广告、微课、MOOC、数字故事、民族志访谈、各类社交媒体	目的语交际对象真实的交际场景，多元、真实、鲜活的目的语语料	跨文化

---

 ① Churchill D et al. Study of Affordances of iPads and Teachers' Private Theories[J]. International Journal of Information and Education Technology, 2012, 2(3): 251-254.

 ② 余可华．多种现代技术支持的第二语言学习［J］．海外华文教育，2016（05）：708-720．

上述语言学习的媒介提供两个方面的外显的可供性。第一，学习可供性的会聚特征（Convergence of Learning Affordance），即通过不同媒介或渠道感知同一种语言学习的可供性。这可以简单理解为不同语言教学媒介提出的同一类的语言教学可供性。不同信息渠道之间可能没有任何关系，但追求的目的是一样的。比如：书、电子词典、数字阅读软件、博客、维基百科、社交媒体（Facebook、Twitter、微信、QQ）、e-book、电子媒体、You Tube、电子商务等可以提供"阅读的可供性"。语言学习可供性的会聚方面 Singleton（2012）和徐虹、郑通涛（2016）提出的正式与非正式的语言信息包括使用目的语的不同人物和互动场合、静态与动态媒体、目的语可触摸和触摸不到的文化等环境中的不同物质提供的语言学习的可供性。

第二，学习可供性的分散特征（Divergence of Learning Affordance）为由同一个现代技术或媒介能够感知许多学习的可供性。VanLier（2004）和郑通涛（2016）也强调，在森林中不同人感知到的可供性是不一样的。吴炳章（2013）提出葡萄的多种可供性，解释了可供性的分散性特点。同样，一种媒介或软件也可以提供学习的不同可供性，如 Churchill 等（2012）提出现代电子设备提供的学习可供性而解释教师通过 iPad 感知到许多补足教学的可供性。Facebook、微信、有道词典等提供无数的学习渠道。通过微信，学习者可以练习写作、阅读、提高听力和交际能力，还能分享图片、视频等，也能体验食物、购物、娱乐销售文化。国外汉语教学中这些电子媒体、书、广告等都是语言教学的教材。

五、学习者已有语言与目的语言之间的关系

任何语言都有自己的特征，以把语言与其他语言变得独特或相似。吴炳章（2011）强调汉语的基本要素是音、形、义，这三个方面的任何形态都可引起特定的心理状态而成为可供性。Segalowitz（2010:71）强调语言的可供性指的是语言中存在的资源，为语言使用者提供实现或满足特定的交流目标的可能性和限制。

汉语的特征为语音、词汇和语法（曾晓鹰，2008:3）。李如龙（2016）指出汉语的特征为语音、文字、词汇和语法。因此，汉语的语音、词汇和语法都会对学习者学习汉语产生影响并提供学习汉语的可供性。鲁迅提到汉字的"三美"为，音美以感耳、形美以感目和意美以感心（胡兴莉，郑通涛，2016:193）。汉语与英语或任何其他语言都存在语言特征的异同。所以，中国学生学习外语或者外国学生学习汉语或者其他任何语言都会感知到彼此的语言特征的异

同,并影响到目的语的掌握。

(一)跨语言影响(CLI)

Odlin(1989)指出,"由于语言特征的异同,在语言学习过程中显示出语言特征的迁移。"语言学习过程中学习者有可能感知到原有语言知识的"负迁移"(Weinreich,1953:1),导致语言学习中"干涉(Interference)"[①]或者"正迁移"(Odlin,1989:27)。这可迁移的特征有可能提供或阻碍学习者习得语言知识的可供性。语言迁移影响学习者的目的语的所有子系统,包含语音迁移(Hammarberg,2001)、词汇迁移(Jarvis & Pavlenko,2008;Hammarberg,2001;Ringbom,1987,2001;Dewaele,1998)和句法迁移(Zobl,1993;Leung,2005;Shooshatari,2009;Bardel & Falk;2007)。[②]跨语言影响不仅是迁移,而且包含干扰、回避、借用以及与二语相关的语言的丧失(Sharwood-Smith & Kellermen,1986:1)。

在欧洲的非英语地区或者少数民族语言地区,英语算是他们的第三或第四语言(Cenoz & Gorter,2005;Gass & Selinker,2011)。[③][④]中国少数民族学的英语也是第三语言(马灵灵,2016;曾丽,2012;蔡凤珍,2012;达古拉,2011;苏梅,2009等)。在非英语地区,汉语学习者之前至少掌握(正式地学过)两种语言(母语、官方语或英语),所以汉语是他们的第三或第三以上的语言。因此,教学一定要考虑到学习者原有语言知识,否则会忽视学习者隐藏的语言学习的知识。同时,这些语言之间产生相互影响和相互竞争(杨连瑞,2015:284)。[⑤]

(二)语言与语言之间的可迁移性

通过以上关于"可供性"的阐述,我们发现单纯对"迁移"的关注已不符合多语学习者的跨语言学习全貌,需要深入研究"迁移"本身及其影响因素,也即下文将要提到的"可迁移性(Transferability)"。Van Lier(2000,2004);Singletone & Aronin(2007);Aronin & Singleton(2010);Aronin & Singleton(2012)等认为,语言作为文化产品(像环境中存在的物理客体似的),对人类提供一定的可供性。可供性是环境中人所感知到的信息,而其感知到的

---

① Herdina P & Jessner U. A Dynamic Model of Multilingualism: Perspectives of Change in Psycholinguistics[M]. Clevedon: Multilingual Matters, 2002:29.

② 顾伟勤,秦悦,葛现茹,等.多外语学习的语言习得原理、认知规律及学习方法研究[M].上海:上海教育出版社,2011:263.

③ Gass S & Selinker L. 第二语言习得[M]. 赵杨,译. 北京:北京大学出版社,2011:129-131.

④ Cenoz J & Gorter D. Trilingualism and minority languages in Europe[J]. International Journal of the Sociology of Language, 2005(171):1-5.

⑤ 杨连瑞,等. 中介语言学多维研究[M]. 北京:外语教学与研究出版社,2015.

信息又与人类具备的性质及环境特征有关。在这里,人的能力可以包括个体的体质能力、经验、生活背景、思维方式、价值观等,这些均能提升人类的感知能力。正向迁移方面,具备一种语言能力的人在学习第二种语言时,L1知识对L2产生影响,同样当学习第三种语言时,L1和L2将共同对L3产生影响(Dewaele, 1998; Grosjean, 1995, 2001; Cenoz, 2001; Ringbom, 2001, 2007; De Angelis & Selinker, 2001; Hammarberg, 2001; Cenoz, Hufeisen & Jessner, 2001, 2003; De Angelis, 2007; Jarvis & Pavlenko, 2008 等)。因此,学习第二或第二以上的语言学习者感知到另一种语言提供的"可迁移"影响(Jarvis & Pavenko, 2008; 顾伟勤等, 2011)。

Gibson(1979), Chemero 等(2003), Kano(2009)认为"verb+able"本身即表现为可供性,Kordt(2016)认为具备多种语言知识、学习经验和技术的多语者在学习环境中易感知到"可学习""可理解""可迁移""可互动""可探索""可处理""可集成""可推论""可阅读""可参与""可沟通""可应用的潜力"等方面的可供性。由此语言的"可迁移性"也是学习者从个人已掌握的语言中感知到的可供性之一。Kordt(2016)提出学习者对目的语的知觉和可供性决定语言的迁移。她提出4种可能性:第一,感知到积极的可供性产生正迁移;第二,感知到消极的可供性产生负迁移;第三,积极可供性的存在,并无法感知的情况下不会产生语言迁移,但迁移的可能性还是存在;第四,感知不到任何可供性的情况下无法产生语言迁移。见表2.7。

表2.7 可供性的感知与语言迁移之间的关系(Kordt, 2016)

	+可供性	-可供性
+感知	正迁移	负迁移/干扰
-感知	没有迁移但是存在迁移的可能性	无法迁移

Odlin(1989)强调文化、社会、个体和历史因素在CLI中扮演重要的作用。Cenoz(2003)强调产生CLI的因素为二语地位(L2 Status)、语言类型(Typology)、学习近况(Recency)、语言水平(Proficiency)和语言模型(Language Mode)。[①] 顾伟勤等(2011)指出,跨语言影响的源语言选择的因素为二语地位、学习近况、学习者的语言水平、学习者的语言意识、语言习得的顺序和已经习得语言的数量。Otwinowska-Kasztelanic(2011)强调语言之间

---

① Cenoz J. Cross-linguistic Influence in Third Language Acquisition: Implications for the organization of the Multilingual Mental Lexican[J]. VALS-ASLA (Vereinigung für angewandte Linguistik in der Schweiz), 2003(78):1-11.

的类型(Typology)和心理类型(Psychotypology)并认为多语者比双语者在注意词汇的相似性上更有优势,因此他们具备的可供性比同一个语言水平的双语者广泛得多。① Jarvis & Pavlenko,2008;De Angelis,2007;Ringbom,2007 提出的 CLI 的因素如表 2.8：

表 2.8 "可迁移性"(Transferability)的因素

可迁移因素	影响因素
语言与心理因素	a. 跨语言相似性(语言距离) b. 语言习得与使用领域 c. 语言流利度、学习近况与显著语言 d. 明显与典型 e. 语境
认知、注意力及发展性因素	a. 认知度水平 b. 语言习得的发展性、普遍性进程 c. 认知语言学习能力 d. 语言意识
原有语言知识与学习经验	a. 语言学习年龄 b. 接触语言(时间、频率和强度) c. 目的语环境停留的时间 d. 语言水平 e. 多语习得的数量和顺序
学习环境和语言使用	a. 正式和非正式的学习和使用语言的环境

1. 语言与心理因素

由于学习者已掌握了 L1(L2、L3 等),学习新语言常遇到原有语言知识的影响。Kordt(2016)指出学习者感知到的信息决定正迁移和负迁移。正迁移是因为学习者从原有语言知识感知到积极性的可供性,负迁移是因为感知到消极性的可供性。

首先,语言之间的相似性影响到学习者理解、学习和语言产生的过程。比如,说话者的语言接近于目的语的学习者理解得更好(eg.Gibson & Hufeisen,2003;Singleton & Little,1984)。在学习 L3 的过程中,因为与 L1(或 L2)的形式或结构相同,学习者很容易就把原有语言知识结合到 L3 学习(R.Ellis,1994),这提高了语言产生的效率,使学习速度变快。和语际距离远的语言比,迁移更有可能发生在语际距离近的语言之间(De Angelis &

---

① Otwinowska-Kasztelanic A. Awareness and affordances. Multilinguals versus bilinguals and their perceptions of cognates[C]// G De Angelis and J-M. Dewaele (eds.) New Trends in Crosslinguistic Influence and Multilingualism Research. Bristol: Multilingual Matters, 2011:1-18.

Selinker, 2001; Ringbom, 1987),而且产出更多的显示性迁移(Kellerman, 1983; Ringbom, 1987)。Ringbom(2007)解释说,在缺乏目的语课外环境的情况下,具备类似语言的外语学习者(如荷兰语、德语、法语、西班牙语或瑞典语者学习英语)和具备完全不同语言的外语学习者(如阿拉伯语、巴斯克语、汉语或芬兰语者学习英语)在理解和产出方面存在更大的差距。Otwinowska-Kasztelanic(2011)在研究波兰的多语者和双语者学习英语中发现多语者在意识到相似(同类)词汇上更有优势,因此能大量地感知到可使用的可供性。①

其次,学习者的已经掌握的语言水平和流利度也会对学习者感知源语对目的语产生影响。学习者对语言的熟悉度影响到语音、词汇、语义、话语和语用的迁移。同时,多语习得的顺序与学习者大脑中语言之间所能建立起来的联系的类型相关,而且学习语言过程中可引起 CLI。Dewaele(1998)研究荷兰语作为母语的法语(L2)学习者学英语(L3)和英语(L2)学习者学习法语(L3)时发现前者的英语习得影响于荷兰语(L1) CLI,后者的法语习得影响于英语(L2) CLI。语言的重复率也影响到语言学习。例如,L1 的高重复率词汇很容易影响到 L2,因为大脑加工过程中经常重复的 L1 词汇会代替 L2 的词汇。根据 Dickerson(1975)所说,日本学生在学习英语中,为了解决发 /r/ 存在的困难,而改变发音。

再次,语音学中语言之间的共同发音一般都不明显而不会被注意到,但是独特的发音则很可能被注意到。在语言教学中注意不到的语言特征无法习得,所以只能用互动和迁移的方式去学习。Anderson(1987);Eckman(1977,2004);Stockman & Plutt(1992)发现不明显的语言结构被认为能方便且迅速地习得(Jarvis & Pavlenko,2008:186)。典型性(Prototypicality)是关于学习者对语言的建构和意义上的感知。Kellerman(1989)提到,语言的典型性不仅影响学习者的词义上直觉的可译性,而且也会影响语法结构。

2. 认知、注意力及发展性因素

学习者的认知发展影响他们对某个事情的了解程度。认知上的不同可以导致理解上的不同,同时也会影响到他对某个东西的注意力。

青年学习者的认知水平没有成年人高,所以一般学习语言的时候儿童无法利用存在的认知来理解新语言知识。Cenoz(2002)在研究中发现巴斯克

---

① Otwinowska-Kasztelanic A. Awareness and affordances. Multilinguals versus bilinguals and their perceptions of cognates[C]// G De Angelis and J-M. Dewaele (eds.) New Trends in Crosslinguistic Influence and Multilingualism Research. Bristol: Multilingual Matters, 2011:1-18.

青年学习者使用英语讲故事的难度比成年学习者高。因此，成年学习者因为认知方面的成熟，可以产生思维上的迁移。同样，成年学习者比年轻学习者在语义方面更加准确，所以他们能更好地选择适当的词汇进行表达。Thompson（2001）发现L2学习者在阅读时经常依赖于L1认知相关信息，且Weist（2002）提出在理解方面，L2学习者的认知成熟度影响到理解语言的概念和能力，即提取新词汇的主要概念、词义和形态语法上的信息的能力。[1]

Schumann（1986）在研究介词的过程中发现西班牙语的英语学习者在学习中忽略掉介词的频率没有汉语、日语的英语学习者高。这是因为西班牙语的介词用法与英语相同，但汉语和日语就不同。

此外，学习者的语音模仿能力（Major，1992，1993）、愈发敏感性关系（sensitivity to grammatical relationships）、归纳和分析能力、工作记忆容量（Carroll，1962；Skehan，1989；Harley & Hart，1997）和注意力控制（Segalowitz & Freed，2004）影响到学习者的语言迁移（转引自Jarvis & Pavlenko，2008：193）。

语言迁移中注意力因素包括语言意识和有意识控制语言使用的意识，元认知和元语言分析的影响也比较明显。

Cummins（1987）指出元语言意识即语言形式是注意的中心，而不是通过语言原有的含义看待它。Bialystok（1992）认为元语言意识包含两个——语言知识的分析与注意过程的控制程序性成分；其中语言知识的分析涉及对语言的内隐心理表征进行重新组织以便获得有关结构的外显表征这一过程。注意过程的控制是指在实时解决语言问题时对不同表征或某个表征的不同方面进行选择性注意（曾丽，2012：55）。[2] Malakoff & Hakuta（1991）认为元语言意识指的是能自如并抽象地思考一门语言的能力。Jessner（2006）认为元语言意识指个体的思考和反思语言特征和运作的能力，包含翻译能力、发散性思维、交际敏感性和元语用技能。[3] Van Lier（1998）也强调语言意识影响到课堂教学中的学习效果。他认为双语（多语）学习者一定比单语者有认知优势，因为双语者（多语者）具备比较高的元语言能力、元语言意识和元语言

---

[1] Weist R. Temporal and Spatial Concepts in Child Language: Conventional and Configurational[J]. Journal of Psycholinguistic Research, 2002(31): 195-210.

[2] 曾丽. 三语习得与元语言意识发展——对苗族学生的个案研究[M]. 成都：西南交通大学出版社，2012:55.

[3] Jessner U. Linguistic Awareness in Multilinguals: English as a Third Language[M]. Edinburgh, UK: Edinburgh University Press, 2006.

技能,并对元语言任务表现出更为浓厚的兴趣。①

3. 原有语言知识和学习经验

已有的知识经验对感知可供性有很大的作用。语言教学也是学习者原有语言知识和学习经验影响到语言可迁移性。影响因素包括学习的年龄,接触语言的时长、频率和强度(intensity),目的语环境停留的时间,间断时长和语言水平以及语言习得顺序等。

学习者学习语言的年龄对语言迁移有很大的影响。研究发现,在语音方面成年人比小学生产生更大的语言迁移(Flege, 1981; Flege, Schirru & Mackay, 2003; Singleton & Ryan, 2004: 122-125),而词汇和形式上小学生比成年人表现出更大的语言迁移(Harley, 1986; Jarvis, 1998, 2000; Hohenstein et al., 2006)。但是,Cenoz(2001)发现,三语习得中产生的词汇横向迁移(L2→L3 和 L3→L2)过程中成年人比小学生更明显(转引自 Jarvis & Pavlenko, 2008: 197)。

接触语言的时长、频率和强度也影响学习者对语言迁移的感知。语言接触的时间影响到学习者对于当地方言或者语言特点的感知。接触的频率越高,学习者接收语言知识越容易。学习者在目的语环境停留的时间长短也影响母语(L1 或 L2)对目的语的迁移。Hammarberg(2001)在研究英语母语者学习德语(L2)和瑞典语(L3)时发现学习者在瑞典待 4 个月的时候 L3 转换为 L2 的频率比以前降低,到一年半的时候,L3 说话过程中 L2 的转换完全没有。De Angelis(2007)强调在目的语环境停留的时间长短影响到学习第三种语言,以及 Jarvis & Pavlenko(2008)指出目的语环境停留的时间长短影响语言迁移的可能性。

4. 学习环境和语言使用

Jarvis & Pavlenko(2008: 206-209)认为学习环境和语言使用导致了语言的可迁移性。学习环境指的是学习者的正式或非正式和自然或引导的(课堂)的语言接触。语言学习与学习环境相关,语言之间迁移也受环境影响。比如课堂环境为了减少负迁移,更多地关注学习者的外显记忆,并有意地进行控制。Ellis(1994:318)指出因为针对性的学习内容,课堂教学可以控制迁移,但是自然习得中很容易感受到外在的干扰和迁移。

任吉特,石晓珞(2018)指出汉语课堂教学中教师应该具备学习者的语言有语言知识的特征,这确认汉语教学中原有语言知识的可迁移性特征的使

---

① 顾伟勤,秦悦,葛现茹,等. 多外语学习的语言习得原理、认知规律及学习方法研究[M]. 上海:上海教育出版社,2011.

用，否则教学中无法凸显出存在的可迁移性特征。

（三）可迁移性对语言学习的作用

没有人会认为自己的母语很难学，他们总是自然而然就学会。由于学习者在环境中能够感知到多模态的语言学习的可供性，所以他们能快速掌握语言并提高交际能力。同时，在目的语环境学习语言时，感知到课内和课外环境存在的学习语言的可供性影响他们对语言的掌握。但非目的语环境下如果学习者感知不到目的语和学习者具备的语言知识之间的共同特点，他们对目的语难以产生亲切感，甚至产生反感。如果学习者觉得他们学习的语言与他掌握的L1、L2等相似（语音、词汇、语法等），就容易感知到对语言的亲切感，也容易掌握目的语的知识。

在汉语教学中，很多学习者认为学汉字很难，从而放弃学习汉语。同时，拼音教学对掌握英语的学生来说有亲切感，因此初中汉语教学中大部分学校的学习者都依赖于拼音教学。

不同的语言间存在共性和个性，但语言教学中语言之间的共性特点丝毫没有得到强调，学习者只能通过自己的认知去区分。任吉特、石晓璐指出教师需要深入了解学生具备的学习能力、掌握学生所学语言的特点，进而凸显多语间的正迁移。因此，汉语教学中学习者的原有语言知识有助于感知到目的语存在的特点，凸显共性的语言特征，提供正确的语言学习可供性。同时，教师应当让学习者意识到正迁移性和负迁移性的语言信息，并且在教学中强调和凸显正迁移性语言知识。

六、汉语课堂教学的影响因素之间的关系

根据可供性理论，汉语课堂教学拥有充分的汉语学习的可供性，但是汉语课堂影响因素之间的动态性关系，以及课堂中能够感知到的汉语学习的可供性也具有动态性和多样性。Burns & Knox（2011）、郑通涛（2016）、胡兴莉、郑通涛（2016）等也提到课堂环境中教学因素之间的动态的关系导致语言教学的复杂动态性。由于时空的不同、环境因素对学习者的汉语学习影响也会不同，因此汉语课堂教学产生的可供性是复杂动态的。

汉语课堂教学要素教师、教材、课堂环境、语言和学习者之间的相互关系是复杂动态的。初级汉语学习者在这复杂动态系统中如果分别不出来汉语学习的信息，他们就无法提高学习能力，从而课堂中的语言教学的信息要按照学习者的接收能力和具备的特征而改造。为了让学习者感知到正确的汉语学习的可供性而容易地学习汉语，首先复杂动态汉语教学环境要改造而凸显出

符合学习者感知能力的汉语教学信息。学习者感知到正确可供性越多,学习者能越快学习汉语。同样,学习者在课堂上感知到的无法理解的和模糊性的信息越多,学习者掌握语言越慢。

图 2.9 表示汉语课堂教学中学习者与汉语教学影响因素互动过程中感知汉语学习的可供性。其中汉语教学影响因素的调整帮助凸显出环境中存在汉语学习的可供性,并按照学习者本身具备的学习特征和能力获取它。由于初级学习者无法感知存在学习的可供性,所以物理环境、教师和教材付出重要的角色,凸显出环境中存在的汉语学习的可供性。教学中课堂物理设备的适当使用、教材的本土化、使用多媒体和多模态教材、汉语特征的凸显、强调可迁移特征和教师的配合可以凸显出汉语学习的信息,以及鼓励学习者通过自己具备的学习特征(学习风格)获取课堂环境中凸显出的汉语学习的信息。学习者具备的原有语言知识对于理解目的语的语言结构和意义提供很重要的作用,甚至他们的语言学习经验和具备的知识也提供他们快速掌握目的语的知识。

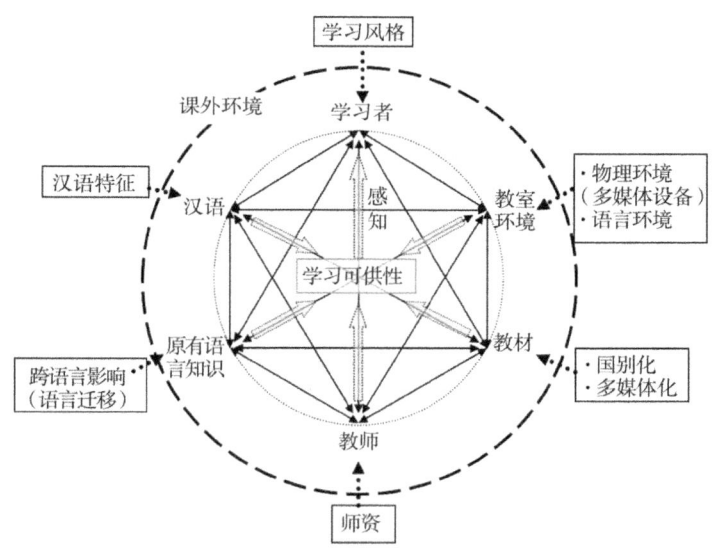

图 2.9　汉语课堂影响因素提供的汉语学习的可供性

汉语课堂教学的影响因素在汉语教学进行的角色对不同学习风格的学生应该是不同的。反而汉语课堂教学模式的目标应该是提供给不同学习风格的学生,能够使用自己具备的特征去感知、接收和吸纳汉语的信息。

第四节　学习者对汉语课堂教学的感知研究

Nguyen(2015)强调:"感知不仅塑造知识,而且知识也塑造感知。"Robbins & Judge(2012)解释说,感知是一种认知过程,人类根据自己的兴趣、历史背景、知识、经验和态度来学习和解释感官接触的信息,从而提出意义,并采取相应的行动。感知产生了人类对环境的体验,同时也使他们能够在相同的环境中互动。①

外语教学中课内环境很重要。由于课外环境提供的语言信息有限,学习者应该依赖于课内的学习信息的感知。上述的汉语教学的因素对学习者有一定的影响以及学习者与这些影响因素的互动过程产生课堂上汉语教学的感知。Brown(2006:19)提出学习者和教师在学习上的感知可以从3个层面进行理解:语言教学中有效的教学行为、感知到有效教学的频率以及教师表现出的有效教学行为。同时,Horwitz(1988)在学习者学习外语的感知上提到以下影响因素,包括语言学习的难度、外语的才能、语言学习的本质、学习与交际策略、动机与期望(Brown,2006:98)。在技术强化语言学习(Technology-enhanced language learning -TELL),Stepp-Greany(2002)把研究目标集中在学习者对指导者的角色和他在学习中的作用,学习过程中技术的可用性和技术对外语学习经验的影响的看法。Seidel(2007)把学习者在课堂教学环境上能感知到的信息分为:教学内容的相关性(Relevence of Content)、教学品质(Quality of Instruction)、教师的兴趣(Teachers Interest)、社会的准备度(Social Readiness)、能力支持(support of Competence)和自主性支持(Support of Autonomy)。②

Peng(2016)研究了学习者课堂的4个维度:物理环境(包括光线、教学设备、课堂大小和座位编排等)、教学环境(包括师生关系、学生数量、课堂活动、师生互动、学生为中心教学、教学法、教学模式等)、学习环境(学习积极性、自主学习、使用语言能力、学习气氛和教材的选择)以及激励型环境(包括参与及学习的意愿、对考生的态度、对目的语与文化的兴趣等)。Kardash & Wallace(2001)指出学习者对理科学(Science)课堂感知包括以下6个方

---

①　Nguyen T P L et al. Perceiving to learn or learning to perceive? Understanding farmers' perceptions and adaptation to climate uncertainties [J]. Agricultural Systems, 2016(143): 205-216.

②　Seidel T. The Role of Student Characteristics in Studing Micro Teaching-learning Environment[J]. Learning Environment Res, 2006(9): 253-271.

面:教育对策、教师对教学的兴趣、学习者对课程的兴趣和感知能力、被动学习、成绩作为反馈和实验的经验。后来 Bernardo 等(2008)完善分类 5 个方面:以学习者为中心的教学、教学与实验探究活动、积极的情感和态度、成绩作为反馈,以及支持性自主学习。①

这些课堂环境的不同维度对学习有很大帮助,是课堂教学中必不可少的部分。在课堂教学中课堂环境符合学习者的特征,学习过程就会顺利。

一、以学习者为中心的教学

马燕华利用 Leo Lionni 的 *Fish is Fish* 试图解释学生的学习过程不是那么简单,而是在已有的经验和基础上,通过师生和学生之间互动而重新建立新的意义的过程。她认为:"语言教学既是一个复杂的教的过程,同时又是一个复杂的学的过程;既是一个复杂的接触语言知识的过程,又是一个复杂的语言技能习得和运用的过程;既是一个复杂的'输入'过程,又是个复杂的'输出'过程;既是一个内化的教学过程,又是一个外化的教学过程。"(马燕华,2014:4)② Wohlfarth 等(2008)认为"以学习者为中心教学"指的是"与知识和学习者连接在一起的过程"。

李如龙(2016:4)也强调在第二语言教学中要让学生"授人以渔",让他们自觉地学,才能学得快。③ 他认为教师不应该一直牵着学生走,而是要教学生如何自己走。每个学生都有自己的学习方式,教师应该更多地教授他们学习方法和技巧,而不是一个字一个字地教。这种方法已经把教学过程变成人们的交际过程,而这些交际手段带有一定的虚假性。④

Keengwe 等(2009)指出"以学习者为中心的教学"该强调学习者具备的独特性,提供积极性学习环境,以及课堂教学中使用技术融合的方式教学。因此教师应该了解学习者的学习方式、文化知识、不同教学方法,并且具有师生合作学习能力和新技术和设备的使用能力以有效教学。教师为了创造以学习者为中心的教学环境应该设计课堂互动、提供教学任务、鼓励学习者积极地参与课堂互动,同样,使用新技术和设备也会给学习者更多的学习机会。

Brown(2008)认为以学习者为中心的教学提供学习者对学习的自主权,并帮助他们对内容的相关性和对他们适合和感兴趣的教学方法做出需要的决

---

① Bernardo A B I et al. Students' Perceptions of Science Classes in the Philippines[J]. Asia Pacific Review, 2008, 9(3): 285-295.
② 马燕华. 汉语作为外语教学研究 [M]. 北京:北京师范大学出版社,2014.
③ 李如龙,郑通涛. 汉语特征与国际汉语教育 [M]. 广州:世界图书出版广东有限公司,2016.
④ 孟国. 对外汉语教学求索集 [M]. 成都:电子科技大学出版社,2014:5.

定和评价。Weimer（2002）；Kayler（2009）强调从传统教学转向"以学习者为中心教学"，应该从5个方面进行改变：第一是权力平衡，即课堂教学从传统的教师对课堂的控制改为学习者自己掌控；第二是内容的功能，即提供适合学习者的可理解性、可以内化的和多媒体的内容；第三是教师的任务，即教师应该是学习的促进者、指导者和设计者；第四是学习的责任，即发展学习技能与意识，使其成为独立自主的学习者；第五是评价的目的和流程，即自我评价为提高学习而不是提升学习压力。①②Ramsey & Fitzgibbons（2005）将"以学习者为中心的教学"理解为"为学习者做事"、"跟学习者做事"和"与学习者在一起"的过程。崔彦，代中现（2010）指出，以学习者为中心的教学不是运用某种单一的教学方法，而是运用多种教学途径和手段创造对学生有利的学习环境。③

"以学习者为中心的教学"尤其适用于帮助学习者处理来自许多学科的复杂和具有挑战性的信息；综合应用知识解决问题；考虑个体的不同观点、文化和环境；确定他们自己的个人道德、态度和期望与环境相关的行为。学习者为了获得成功，需要有目的的、深思熟虑和高度投入的参与。（Kober，2015；Byrne，2016:5）。

语言教学中"以学习者为中心的教学"探究教师在课堂提供的学习信息，在教师的帮助下促进学习者的理解和学习。这也涉及教师提供的信息和学习者接收能力的匹配。从这可理解教师在课堂中如何表现，而学习者怎么感知到他对学生提出的帮助。比如教师是否重视提供的主要知识，是否考虑学习者对知识的掌握，是否能够使用新方法提供学习信息，是否能够使用疑问的方式鼓励学生理解得清楚，是否使用更多的教学方式给学习者提供可理解性的信息等。

二、语言与文化探究活动

Bernardo 等（2008）在"科学探究活动（Science Inquiry Activities）"强调学习者对教学活动（试验）的看法。这包括学生对教师在课堂进行活动，活动的兴趣感、活动是否能改变对教学的看法等的感知。

马燕华（2014）认为汉语是用来了解中国和中国文化、跟中国人交流的

---

① Weimer M. Learner-Centered Teaching: Five Key Changes to Practice[M]. Jossey-Bass, 2002.
② Kayler M A. Teacher Development and Learner-centered Theory[J].Teacher Development: An International Journal of teachers' Professional Development, 2009, 13(1):57-69.
③ 崔彦，代中现. 以学习者为中心的教学设计与实践 [J]. 全球教育展望，2010, 6(275): 36-49.

工具，但在汉语教学过程中应该教汉语而不是教文化。语言和文化具有相互载体的功能，所以语言教学过程中文化探究能提供学习者应用目的语的机会，甚至也能提高对汉语学习的兴趣。

在研究初中汉语教学中，学者强调语言与文化教学的重要性。初中汉语教学中文化教学方面提到"兼并模式"，即语言和文化一起在课堂的"融合模式"，即语言和文化的混合教授（高珊珊，2015）。吴佳丽（2013）在新西兰初中汉语教学也强调语言和文化知识结合起来。邓恩明（1983）指出学习者对文化教学的积极性有利于提升他们对汉语的兴趣。

王静（2013）和徐世俊（2013）在研究中发现初中汉语学习者的文化差异对汉语教学的影响，指出汉语教学应该强调共同的文化因素，因为不了解学习者的文化（如宗教、习俗、节日、生活习惯等），教师也很难进行汉语教学。

由此可知，初中汉语教学中语言和文化的探究活动对汉语教学存在积极性影响。

三、积极情感和信念

根据 Bernardo 等（2008），"积极情感和信念（Positive Affect and Beliefs）"表示学生对老师、学习活动和课程的情感态度。由"积极情感和信念"，可以了解到学生如何理解整个教学过程，包括学生是否对学习有自信、兴趣，教师对他们的友善，以及是否在生活中感知到教学的实用性。

语言教学中学习者的情感和态度对语言习得有很密切的关系。Brown（1987）认为情感因素是影响二语习得的关键因素而情感障碍是二语习得失败的主要原因。刘珣（2000）强调内部和外部动机，对目的语、目的语社团和文化、课程、教师和教材的态度，学习者的内向和外向、自尊心和抑制、焦虑和移情等学习者的性格是第二语言习得的情感因素。学习者的情感分为两个方面，一是学习者自身的个体因素，包括学习者学习动机（Motivation）、学习态度（Attitude）、焦虑（Anxiety）、抑制（Inhibition）、自信（Self-confidence）等；二是师生及学生与学生之间的情感因素，包括移情（Empathy）、思想交流（Spirit Communication）、课堂互动（Classroom Interaction）、合作意识（Cooperation）、跨文化意识（Cross-cultural Consciousness）等（郭伟伟，2016:4）。[①]

Lavidge & Steiner（1961）强调个体的认知、情感和行为之间的联系。他们研究广告的效率指出，意识（Awareness）和知识（knowledge）是产品的信

---

① 郭伟伟. 小学英语教学中的情感因素研究 [D]. 山东师范大学，2016.

息和想法,即思维方式产生于个人认知;喜欢(Liking)和偏爱(Preference)是个体对产品的态度和感情,产生于个人对产品的情感,以及确信(conviction)和购买(Purchase)是产品的获取即行为的产生。从此可知,认知影响情感,而情感影响行为。在汉语课堂教学,根据 Lavidge & Steiner 的"认知→情感→行为"模式,课堂学习环境的创造要考虑学习者的认知特征,而学习者很容易接收符合他们认知的信息。这提高学习者对汉语的积极情感,以及鼓励行动。①

汉语教学中学习者对汉语的情感影响汉语学习。中小学汉语教学中发现学习者对文化和拼音有积极情感,因此很容易接受它。汉字方面屈哲(2014)和孙晓飞(2014)发现尼泊尔学习者对汉字学习存在恐惧感,所以常常出现偏误。

四、成绩作为反馈

语言教学中学习者在课堂中获得的成绩代表他们对语言知识的习得。Bernardo 等(2008)在"成绩作为反馈"强调学生是否认为他们所获得的学习成绩反映他们的正确学习水平。同时,这表示学习者为了获得高成绩是否愿意付出努力。汉语教学中设有成年人考汉语水平考试(1~6级)和中小学生考 YCT 考试(1~4级)。除此以外,还有期中和期末考试。语言教学研究中通过考试成绩决定学习者的汉语水平,表示他们掌握的汉语能力或知识。

五、支持性自主语言学习

根据 Bernardo 等(2008),"支持性自主学习(Support for Self-Learning and Effort)"指的是教学过程中教学环境如何支持学习者自主学习。Sousa(2005:55)指出,支持性学习环境不仅指教学氛围,也包括教室的物理环境,通过鼓励学习者的责任心和自主性,强调学习者的实力,估计每个学生的个体需要,来维持一种富有挑战性的学习环境。

童一秋(2003)指出学习资源、学习意志、学习动机、学习时间、学习计划和交互活动是汉语学习的6个支持性条件。杨心德,徐钟康(2008:201)指出学习的支持性条件是影响学习效果的因素,引起和激发这些条件加强教学

---

① Lavidge R J & Steiner G A. A Model For Predictive Measurements of Advertising Effectiveness[J]. Journal of Marketing, 1961(25): 59-62.

效果,从而保证学生有效地学习。① 学习者在支持性教学环境中采取有效的措施去激发学习动机,发动并维持学习行为,学习动机分析有助于教师引导学生对学习产生适当的预期,引发学生追求学习目标的行为,并有可能持续地发生这样的行为而排除与目标无关的行为,产生注意力。他们也强调学习动机、注意和认知策略等条件的分析,有助于教师在教学过程中更好地增强学习的努力程度、集中注意和产生选择性知觉。

社会文化学家 Vygotsky(1981)指出最近发展区(Zone of Proximal development-ZPD)在外在因素(教师)的辅助下,创造适合他们能够接收信息的环境。ZPD 强调支架式学习而指出在教师或者有经验的同学的支持和帮助下做到自己做不到的事情,而逐渐习得知识。②Gibson & Pick(2000)也强调个体通过他人(教师或者同学)的经验感知到可供性,同样 Kordt(2016)指出教师通过学习支架(Scaffold)提供学习者可见的学习可供性。为了让学习者感知环境中存在的汉语信息,教学环境的不同要素都可以进行调整而辅助学习的效果。

Zeng & Zheng(2017)强调课堂物理环境支持学习者的积极探索能力。Sridhar(2009),Liaw(2010),Churchill 等(2012),余可华(2017)等强调现代技术对语言教学的支持。Hall & Rudkin(2013)强调教师的重要性,指出教师创造团体合作环境,提高个体在单独或者与他人的支持下克服问题以及取得成功,提问的形式驱动互动或谈话环境。这说明教师对学习环境也起到支持性作用。Berge(2002)认为支持性学习环境提供学习者构建知识的机会,并增加学习相关知识、促进理解和记忆的活动。这提供的环境是协作、活动、反思和反馈的结合,并使学习者能够从内容中获得意义。③

---

① 杨心德,徐钟庚.教学设计中的任务分析[M].杭州:浙江大学出版社,2008.
② 芮茵.扶助式对外汉语教学模式的理论与实践[D].厦门大学,2008.
③ Berge Z L. Active, interactive, and reflective elearning[J]. The Quarterly Review of Distance Education, 2002, 3(2):181-190.

第五节 本章小结

本章首先介绍了可供性理论的概念。可供性理论在汉语教学中还是新概念，目前汉语教学领域中从可供性理论视角进行的研究还很薄弱。本章通过对国内外文献的梳理，讨论可供性理论的概念、内涵以及可供性的特征。

笔者认为可供性的特征是动态性、多样性和应用性。可供性的动态性是由于环境的变化、接收的信息不同、个体差异以及经验和观点的不同，感知到的可供性会发生变化。可供性的多样性特征在于环境中感知到的信息包括信息的性质、信息接受者、信息来源、信息的形式、信息的发现的不同，可供性就会不一样。同样，环境中存在的产品（事物）之间的关系、个体的创造力和行为影响到可供性的应用。

其次，本章探讨可供性在课堂教学中的作用，并解释语言教学影响因素之间的互动中产生学习的可供性。本章强调在汉语教学中学习者、环境和汉语之间的互动中产生汉语学习的可供性。在这里，环境指的是汉语课堂影响因素，如课堂物理环境、教师、教材、其他语言等。

再次，指出可供性理论下汉语课堂影响因素之间的关系。由于汉语课堂影响因素之间不断地互动，课堂上凸显出的汉语学习的可供性是动态而复杂的。在复杂动态的汉语学习的可供性中学习者通过自己的能力和学习特征自觉摄取环境中的学习信息。本章在复杂动态的汉语课堂教学中强调通过教学因素的调整而创造学习者能够感知到的可供性。

最后，本章在文献梳理之后发现汉语课堂中学习者应该感知到"以学习者为中心的教学"、"语言与文化活动探究"、"积极情感和信念"、"成绩作为反馈"和"支持性自主学习"的信息。

第三章 尼泊尔初中汉语课堂教学模式组成因素间的关系

第一节 学习者、环境与语言之间的关系

课堂的物理情况的改善有助于提高学习者可感知的汉语学习的信息。就尼泊尔各地如加德满都、帕坦、巴德岗和博卡拉等私立学校而言，汉语课程的开设使学校与"国际化"接轨，但基础设施却不尽如人意。各地教学条件大同小异，尽管有一些学校在教学中提供多媒体设备，但使用的频率极低。对一些学校来说，一个月安排一次多媒体课也是比较困难的。

教室面积也影响提供学习信息。小教室无法进行教学内容要求的活动，中文教师一般会把知识点写在黑板上，或者进行一些简单的师生互动，以达到知识运用的目的。中文教室的设立之初是为了提供一个良好的交互环境，提高教学效率，但收效甚微。课外，除了华人聚居区以外，学生很少有机会见到汉字，即使看到周围中国制造产品上的汉字也不明其义。汉语教学仅限于课堂，与学生的生活关联不大。

一、学习者接触的课堂环境

尼泊尔的学校可以分为公立学校和私立学校。尼泊尔汉语教学选择的学校中大部分都是私立学校。为了了解尼泊尔初中汉语课堂环境，本书选择了8所私立学校，并观察初中课堂的物理环境、学校周围的汉语环境、师资队伍情况、考试、课时、教学活动、教学材料等方面的观察。详见表3.1。

表3.1 尼泊尔汉语课堂环境的条件

要素	内容	NA	EES	PNF（A）	PNF（B）	DAV	AK	SKI	LRI
	中文教室	没有	没有	没有	没有	没有	没有	有	没有
	课堂条件（光线、卫生、桌椅情况）	一般	一般	好	一般	好	一般	好	好

续表

要素	内容	NA	EES	PNF（A）	PNF（B）	DAV	AK	SKI	LRI
物理环境	课堂大小	小	小	大	小	大	小	大	大
	教室互动空间	很少	很少	有	很少	有	很少	有	有
	教室有无挂字母表	没有	没有	没有	有	没有	没有	有	没有
	课堂设备	没有	有	有	有	有	有	有	有
	多媒体设备（或电脑室）	有	有	有	有	有	有	有	有
周围的语言环境	校外有明显的汉字或者带汉字的广告	没有	没有	没有	没有	没有	没有	没有	没有
	学内有汉字标注	没有	没有	没有	没有	没有	没有	没有	没有
	学校1公里内能接触中国人的地方	没有	有	有	有	有	有	有	没有
师资队伍	中国籍教师	有一位	有一位	有一位	有一位	有两位	有一位	有一位	有五位
	本土汉语教师	没有	没有	没有	没有	没有	没有	没有	有
	助理老师（课堂控制）	有	有	有	有	有	有	有	没有
考试	学校考试	有	有	有	有	有	没有（刚开设）	没有	有
	YCT考试（2017）	有	有	没有	没有	有	有	没有	有
课时	一周课时	三节课	三节课	一节课	一节课	两节课	一节课	一节课	两节课
活动	汉语活动	有	有	有	有	有	有	有	有
	文化活动	有	有	有	有	有	有	有	有
	汉语比赛（2017）	有	有	有	有	有	没有	有	有
	语言使用区域	没有	没有	没有	没有	没有	没有	没有	没有
学习材料	快乐汉语	有	有	有	有	有	有	有	有
	图片/卡片	有	有	有	有	有	有	有	有
	音频	没有	有	有	有	有	有	有	有
	视频	有	有	有	有	有	有	有	有
	网络授课	有	有	没有	没有	没有	没有	有	有

（一）学校的位置

调研中涉及的 8 所学校均位于尼泊尔的三大主要城市，加德满都、帕坦和巴德岗。其中 LRI、SKI、AK 和 PN（B）在加德满都，NA、PN（A）和 DAV 在帕坦，EES 在巴德岗。EES 和 AK 两所学校都靠近世界文化遗产，学生有机会遇到来自中国的游客，容易感知到课外的汉语环境，其他学校离汉语环境比较远。据 EES 教师所说，学生住在古城（景点），他们偶尔会跟中国游客交流，练习中文。

（二）物理环境

就课堂物理环境而言，LRI、DAV、PN（A）和 SKI 三所学校的教室条件要好于其他学校，且具备完善的多媒体教学条件，教师可根据需要调度。尤其是 LRI，作为孔子课堂，该校不仅设立了单独的中文教师办公室和图书馆，而且有专门的管理教师负责规划和指导。NA、EES 和 PA（B）的课堂环境一般，教室比较窄，且光线不足。教室里没有足够的师生互动空间。AK 学校的教学条件比较简陋，学生也比较少。

这些校园里很难看到与汉语有关系的信息，个别学校如 PN（B）和 SKI 会用字母表或挂图装饰中文教室，NA 和 EES 偶尔会把学生写的汉字贴到海报上。NA 和 SKI 设立了中文教室，教室里挂着春联、灯笼，贴着"福"字。

这些学校都可以申请多媒体设备如电脑、电视等用于汉语教学。但是由于学习者的汉语水平比较低，教师多以传播中华文化和介绍中国为目的，让学习者观看中国电影和纪录片。偶尔用于观看 PPT 课件。但这些多媒体设备都不是可移动的，教师要提前和管理老师商量好使用时间，偶尔也会使用自己的笔记本电脑。

（三）时空

尼泊尔的课时安排是 40～45 分钟一节课。NA 和 EES 每周上三节汉语课，LRI 和 DAV 是两节课，大部分学校一周只有一节。尼泊尔大部分学校把幼儿园、小学和中学安排在一起，教师需针对不同年龄采用不同的教学方法，授课是频繁和不规律的。

观察中发现，初中的班级容量都超过 20 人（AK 约 10 人除外），但教室的互动空间都很小，狭窄阴暗，很难进行课堂活动。NA 和 AK 的教室光线还不足。教室的前排桌子与黑板的距离一般不超过 1 米，教师的活动受限。课堂上没有多媒体设备，只能申请学校公共的多媒体室。

（四）教师数量

在教师数量这方面，LRI 和 DAV 的教师数量超过其他学校，LRI 有 5 位志愿者教师，一位管理教师，以及一名本土汉语教师（汉语国际教育硕士研究生）。LRI 的汉语教学效果比其他学校好，学校要求每个学生都要参加 YCT 考试。教师数量多，所以安排的课时也比较多。DAV 有两位志愿者教师，其他学校都只有一位老师。教师忙于备课、安排文化体验活动和比赛排练、设计期中和期末考试题，以及给 YCT 考生进行课外辅导，工作压力很大，根本没有时间做教学以外的事情。然而，尽管教师已经付出了很大的努力，但还是达不到理想的教学效果（李加方，2015）。在这些学校只有汉语考试成绩比较好的学生，教师才会鼓励他们进行 YCT 考试。

由于缺乏教学经验，汉语教师在课堂管理方面能力稍显不足，通常很难管控，因此，EES、NA、SKI 等学校开始安排助理教师。加德满都大学孔子学院每年都举办本土汉语教师培训班，汉办也经常邀请这些学校的教师来华参加汉语教学培训课，不过学校里还是没有任何会说汉语的助理教师。

（五）活动

加德满都大学孔子学院，尼泊尔志愿者之家和 LRI 孔子课堂以及中国驻尼泊尔大使馆合作举办的如"大使杯"、"中华才艺大赛"、演讲比赛、孔子学院日等活动，以及校内的各种演讲比赛、朗诵、唱歌、中国舞、书法、中国结、画脸谱等活动，都旨在丰富汉语教学内容，促进学习者的积极性，帮助学生提高对汉语教学的兴趣。

据教师所说，学生非常喜欢参与文化交流活动以及准备各种比赛。正因为这些活动，部分学生才对汉语教学开始好奇并产生了兴趣，但大部分志愿者教师认为，学生对汉语教学普遍有畏难情绪，态度不明确或消极。所以大部分学生都喜欢教师的游戏教学法和多媒体教学法，如在教学中插入音频或视频，观赏中文电影等。

2018 年春节期间，NA、EES、PN（A）和 LRI 等学校都举办了"欢乐春节进校园"活动，还邀请了其他学校的老师和学生进行互动交流。除此以外，为了使更多的人了解中华文化和汉语，孔子学院和志愿者之家每年都举办针对小学生的"夏令营"和"冬令营"活动。

（六）教材

《快乐汉语》和《汉语乐园》是尼泊尔汉语教学采用的主要教材。但由于教材不包含当地文化内容，有些教师自己编写教材用于教学。大部分学校使用的是复印的《快乐汉语》教材。SKI 有自己编的教材，但本校中文教师认为此教材不符合初中生学习，所以她教学中不用教材。因为学生没有教材，PN（A）的教师也不重视教材内容。教学中教师常用卡片、视频和网络上搜集的资料来丰富课堂内容。但一般情况下学习者接触的都是关于中国文化的英文视频或者功夫电影。以电影明星为例，除了"Jackie Chen（成龙）"和"Jet Lee（李连杰）"以外，相比于印度、美国，甚至是韩国明星，尼泊尔学生对中国明星并不熟悉。

虽然尼泊尔的学校都希望把自己的学生变得多元化，因此开设汉语课，邀请志愿者教师，但却无法提供给学习者一个恰当的汉语学习环境。要发展语言教学，首先要建立语言环境，但是尼泊尔初中学生无法从学校和课堂等物理环境中感知到足够的语料信息，且课堂学过的内容无法在课外接触到。虽然参加语言和文化活动提高了学习者对汉语的兴趣，但由于缺乏适当的语言环境，学习者只能机械性地记忆课堂上学到的套句，这种不能提供可感知语料的活动对学习者提供不了可持续的帮助。

尽管个别学校对汉语比较重视，比如为表示汉语在生活中的重要性，有的学校在校园里贴着标语"Learn Chinese, double your world"，但当地教师本身对汉语很陌生，因此他们无法改善汉语环境。整体上来说，学校还是支持汉语教师的工作的，提供课堂设备并鼓励和支持汉语教师开展多种汉语和文化活动。事实上，初中教学环境是可以改善的，但是由于志愿者教师的教学负担，助理教师和管理老师对汉语的陌生，以及缺乏适合当地环境的汉语教学模式等因素，汉语信息更丰富的教学环境难以实现使得该愿景难以实现。

二、学习者的语言学习特征

为了了解学生的学习特征，笔者在8所学校分发了3种问卷，共计收回351份（208位男生和143位女生）。研究对象的年龄从11到15岁（均值12.14岁）不等，6年级的学生有216名，7年级有104名，8年级有31名。详见表3.2。

表3.2 研究对象的数量分布

学校	NA		EES		PNF(A)		PNF(B)		DAV		AK		SKI		LRI		Total
性别	男	女	男	女	男	女	男	女	男	女	男	女	男	女	男	女	
年级 6	20	11	41	44	10	8	16	13	0	0	7	1	10	3	16	16	216
年级 7	16	9	0	0	3	7	32	16	12	5	3	1	0	0	0	0	104
年级 8	0	0	0	0	0	0	0	0	18	8	4	1	0	0	0	0	31
Total	36	20	41	44	13	15	48	29	30	13	14	3	10	3	16	16	351

351 位研究对象完成填写问卷，其中关于"语言使用"的问卷收回了 232 份，"学生学习风格"的问卷收回了 210 份，"汉语课堂感知"的问卷收回了 342 份。由于期末考试和学校放假等原因，一部分学生没有按时填写问卷。

（一）学习者的语言及使用区域

尼泊尔的汉语学习者在家里使用尼泊尔语（尼语）或者民族语（与尼语不同），从幼儿园开始同时使用尼语和英语学习。尼泊尔分布最广泛的语言属于印欧语系（尼语、英语和印度语），少部分属于汉藏语系（少数民族语如尼瓦尔语、Tamang 语、藏语等）。

受访学生中有 232 个学生填了多语能力表，以此可发现学生的不同语言使用领域。调查内容包括语言使用环境、对语言的态度、社会语言使用环境和多媒体接触的语言。

学校使用语言环境方面，40% 的学生使用尼语和英语、30% 只说英语。与教师交流时，52% 的学生使用英语和尼语交流、39% 只用英语。在汉语教学中，56% 的学生使用英语和汉语，35% 只用英语。39% 的学生希望汉语老师只用英语，17% 的学生希望教师使用尼泊尔语，另有 17% 希望教师使用英语和汉语。53% 的学生参加过尼语和英语比赛而 12% 的学生参加过英语、尼语和汉语比赛。

学生在社会和家庭中使用尼语和英语最为频繁。电视媒体（42%）、电影（49%）和音乐（31%）等娱乐活动中学生最多使用英语、尼语和印度语。对于最常看的电视频道，学生们都选了印度频道（40%），新闻媒体语言倾向于尼语和英语（54%）。

表 3.3 显示 76% 的学生认为汉语是他们接触过的语言中最难的语言，5% 的学生认为自己的民族语比汉语还要难，而 4% 的学生认为汉语和民族语是最难学的语言。对于语言使用区域，表 3.3 显示学习者在社区中频繁使用尼语（与长辈、父母、兄弟姐妹、朋友和邻居经常说尼语），教学方面多使用英语（与教师和同学交流和上课的时候说英语和尼语的多），娱乐媒体方面多使用印度语和英语。学习者接触的语言环境中汉语的覆盖率几乎为零。在汉语课堂中与教师交流方面也基本使用英语，学生甚至希望汉语教师多用英语和尼语授课。

表 3.3　学习者的语言使用区域

语言领域	学校的语言环境					态度	社会语言环境					多媒体接触				
	参加活动%	教授语言%	与教师交流%	与CT交流%	希望CT使用%	与同学交流%	最难的语言%	与朋友交流%	与父亲交流%	与母亲交流%	与兄妹交流%	与长辈交流%	与邻居交流%	电视媒体%	电影与娱乐%	音乐%	常看的频道%	新闻%
尼	10	0	0	0	17	6	3	38	31	34	34	50	50	1	1	1	3	11
尼英	53	41	52	0	15	41	0	38	28	25	29	15	17	6	0	17	3	54
尼英印	4	3	7	0	0	6	0	6	9	8	7	5	7	42	49	31	8	7
英	10	31	39	35	36	25	0	0	0	0	0	0	0	4	5	10	19	20
尼英*	1	0	0	0	0	1	0	2	5	5	6	4	2	0	0	1	0	1
中英	0	1	0	56	17	0	0	0	0	0	0	0	0	1	0	1	0	0
英印	0	1	1	0	1	1	0	2	1	0	2	0	1	12	13	13	13	4
中	2	0	0	9	4	0	76	0	0	0	0	0	0	0	0	0	1	0
印	0	0	0	0	2	0	4	4	7	9	7	3	5	9	11	4	40	0
中英印	1	0	0	0	0	0	0	0	0	0	0	0	0	1	0	0	0	0
民族语（*）	0	0	0	0	0	5	0	2	3	1	6	0	0	0	0	0	0	0
尼*	0	0	0	0	0	1	0	2	5	6	1	5	7	0	0	0	0	0
尼中	1	0	0	0	0	0	1	0	0	0	0	0	0	0	0	0	0	0
尼中印	0	0	0	0	0	0	0	0	0	0	0	0	0	0	0	0	0	0
尼英中	12	17	0	0	5	6	0	2	2	1	0	0	1	2	1	2	0	0
尼英中*	0	0	0	0	0	2	0	0	1	2	1	0	0	0	0	0	0	0
尼英中印	2	3	0	0	1	5	0	1	2	0	4	1	0	6	7	10	1	0
尼英中印*	1	1	0	0	0	0	0	0	0	0	0	0	0	0	1	2	0	0
尼英印*	2	0	0	0	0	1	0	2	4	2	3	0	3	6	0	3	2	0
尼印	1	0	0	0	1	0	0	2	1	1	1	3	5	8	8	4	7	1
尼印*	0	0	0	0	0	0	0	0	0	0	0	0	0	0	0	0	1	0
印*	0	0	0	0	0	0	1	0	1	1	1	2	0	0	0	0	0	0
中*	0	0	0	0	0	0	4	0	0	0	0	0	0	0	0	0	0	0
中印	0	0	0	0	0	0	5	0	0	0	0	0	0	0	0	0	0	0
总数	164	232	232	232	230	232	232	232	232	232	232	223	232	232	220	232	231	217

通过表 3.3 可以看出，尼泊尔的语言环境并没有提供给学习者学习汉语或者使用汉语的可能性。周围环境没有目的语的氛围，学习者无法感知到足够的语料信息，学习汉语也变得枯燥和艰涩，76% 的学生因此认为汉语是他们学过的语言中最难的。

（二）学习者的语言能力

学习者的语言能力是通过听、说、读和写四个方面体现的。图 3.1 显示，在"读"的方面，29.3% 的学生会读尼语和英语，23.3% 会读英语、尼语和印度语。在"写"的方面，43.4% 的学生写尼语和英语，22.4% 认为他们会写尼语、英语、印度语和中文（拼音）。

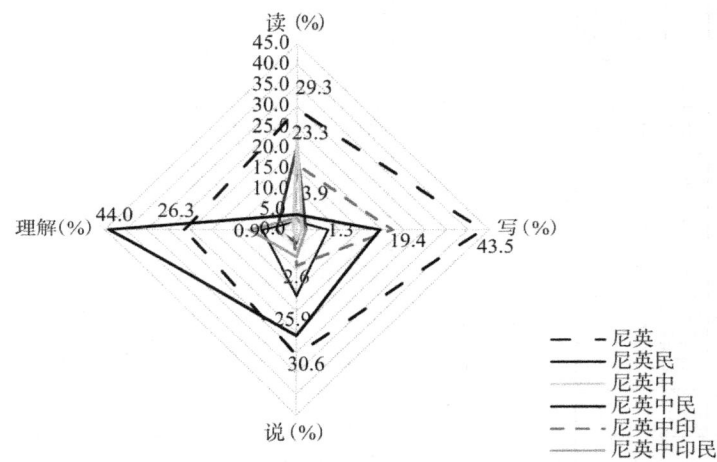

图 3.1　初中生的读写说和理解能力方面的语言分布

在"听"和"说"方面，44% 学生可以"理解"尼语、英语、印度语和民族语，26.3% 学生只会说尼语和英语。同样，在"说"的方面，30.6% 的学生认为自己只会尼语和英语，29% 的学生会说尼语、英语、印度语和民族语。学生喜欢看英语、印度语和尼语电影（49%）和听音乐（31%），而 54% 的学生使用英语和尼语收听新闻。以此可以得出学生在他们的生活中的语言使用情况。

实际上，大部分尼泊尔初中汉语学习者（76%）认为汉语很难学，而对它产生刻板印象。不过，有一部分学习者对汉语的信心越来越高。如图 3.1 所示，20.3% 的学生认为他们会读英语、尼语和中文，15.9% 的学生认为自己会读英文、尼文、印度文和中文；22.4% 的学生认为他们会写尼文、英文、印度文和中文；9.1% 的学生认为他们会说尼语、英语、印度语和汉语、6.9% 会说尼语、英语、印度语、民族语和汉语。11.2% 的学生认为自己能理解尼、英语、印度语、民族语和中文。这说明,尼泊尔的一部分学生对汉语持有积极的态度。

(三)学习者的学习风格

学习者的学习风格指的是学习者在学习中呈现出的学习特征。Cohen, Oxford & Chi(2009)在学习风格指标中提出了11个维度,这些维度作用于学习者的学习方式和内化的过程。学生的学习风格不同,对某个东西产生的看法就不同,理解过程和结果也不一致。Cohen, Oxford & Chi(2009)为了了解学习者的学习风格,设计了110条问题。本研究共有210位初中生填写了问卷。

1. 学习者呈现的学习风格

不同学习者在汉语教学过程中呈现的学习风格都不一致。本研究试图显示初中学习者之间许多学习者具有的学习风格的情况。如图3.2所示,具备视觉型、内向型、随意—直觉型、封闭型、个别处理型、综合型、尖锐型、演绎型、场独立型、反思型和隐喻型学习风格的学习者的数量多于听觉型、外向型、具体—线性型、开放型、整体处理型、分析型、齐平型、归纳型、场依存型、冲动型和逐文型学习风格。

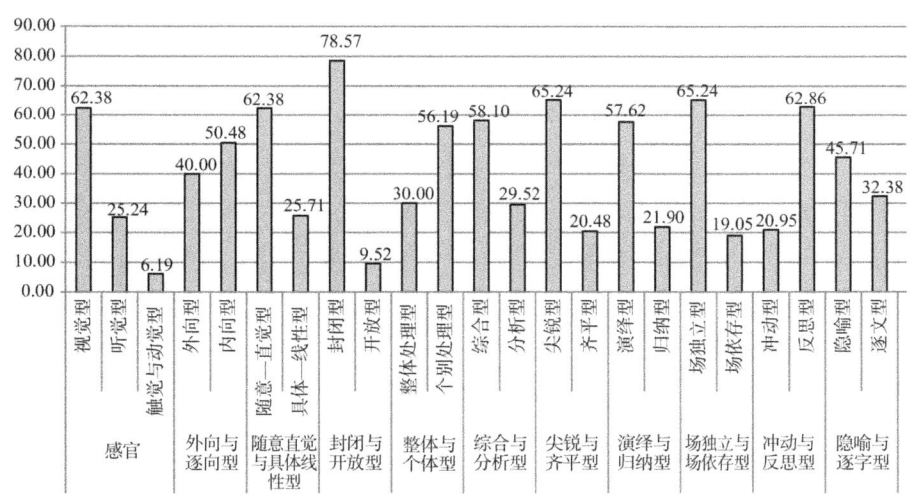

图3.2 汉语学习者呈现出的学习风格

从图3.2可知,尼泊尔初中汉语学习者的学习风格按照性别的分布情况如下:

经分析,62.38%的学生属于视觉型,他们的特点是看到图片或者图表能够较快速地记忆和学习，50.48%的学生属于内向型，他们一般喜欢思考，并按照自己的理念自学。随意—直觉型的学生有62.38%，他们的思维方式是抽象的、未来主义的、大规模和非连续性的，并且产生的行为倾向于创造理论、机会，经常有突然的见解，以及引导自己的学习。78.57%的学生是封闭型的，试图快速判断或完成任务，而表现为很认真、勤劳，喜欢按照自己的计划进行学习，不过在语言学习中倾向于封闭自学，他们在流利度上存在问题。

个别处理型的学生有56.19%，他们关注细节，记住某一主题的具体信息。在加工信息方面，综合型学习风格的学生（58.10%）喜欢总结和猜测意义，并预测结果，在这过程中他们很容易摸索到规律。尖锐型的学生占到了65.24%，他们会意识到不同之处并寻求材料之间的区别而进行记忆，他们喜欢与原有经验和记忆进行对比而区分细微的差别。演绎型的学生占57.62%，他们喜欢从表面挖掘出关键的信息，将归纳应用于经验（=57.62%）。场独立型的学生占65.24%，他们不易受到环境的干扰。

62.86%的学生是反思型，他们更多的是在思考之后才行动，所以对任何事情都不会有即时反应。隐喻型的学生占45.71%，他们的思想作用于行动，擅于使用比喻把学习材料简化成更容易理解的信息。

2. 不同年级的学生呈现出的学习风格

数据分析中发现，不同年级的学生呈现的学习风格是不同的。同样，同一个年级的男性和女性同学具备的学习风格也不一致。图3.3表示初中学习者6年级和7年级学生具备的学习风格有所不同。

6年级学生之间男性学生具有的学习风格的分布相似于女性学生，但是7年级的学生之间学习风格的分布不同性别有差异。6年级的男性和女性学生之间综合型和个别处理型学习风格上存在不同，但7年级的男性和女性学生之间综合型、个别处理型、外向型、内向型和逐字型学习风格方面存在不同。

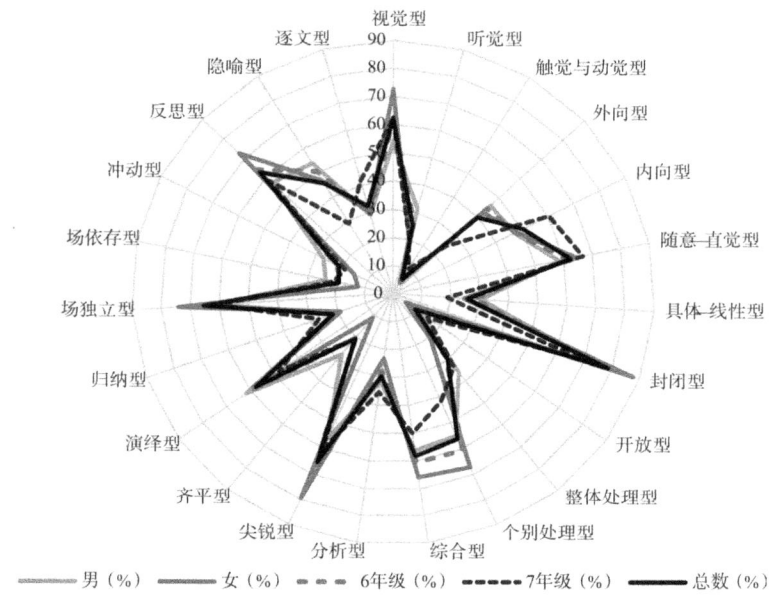

A. 6年级的学生与7年级和总数学生的学习风格

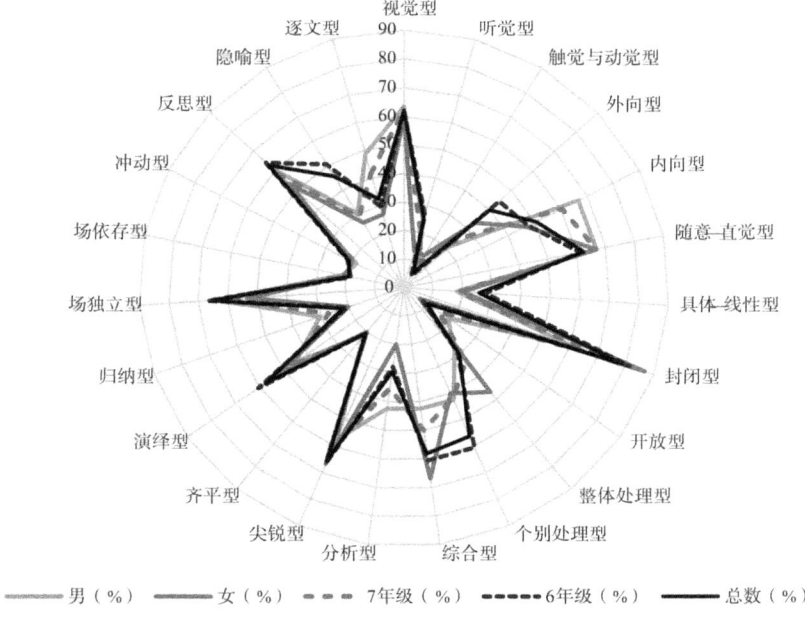

B. 7年级的学生与6年级和总数学生的学习风格

图 3.3　初级汉语学习者呈现出的学习风格

3. 不同学校的学生呈现出的学习风格

按学校区分，尼泊尔初中汉语学习者的学习风格可分为：

表 3.4 按学校分布汉语学习的学习风格

学习风格		NA	EES	PNF(B)	AK	Sans	LRI	Total
感官	视觉	23	46	24	7	7	24	131
	听觉	19	23	1	1	5	4	53
	触觉与动觉	7	4	0	0	0	2	13
	视觉与听觉	4	1	0	0	1	1	7
	视觉与触觉和动觉	0	1	0	0	0	1	2
	听觉与触觉和动觉	1	2	0	0	0	0	3
	视觉与听觉与触觉和动觉	0	1	0	0	0	0	1
外向与内向	外向	22	35	7	3	5	12	84
	内向	27	34	16	4	6	19	106
	外向与内向	5	9	2	1	2	1	20
随意与具体	随意—直接的	32	48	16	5	8	22	131
	具体—线性的	14	21	6	1	2	10	54
	随意-直接的与具体-线性的	8	9	3	2	3	0	25
封闭与开放	封闭型	47	66	13	5	8	26	165
	开放型	4	4	6	1	2	3	20
	封闭与开放型	3	8	6	2	3	3	25
整体与个别处理	整体处理	17	16	7	3	5	15	63
	个别处理	28	58	11	4	5	12	118
	整体与个别处理	9	4	7	1	3	5	29
综合与分析	综合	34	49	9	3	6	21	122
	分析	15	23	12	4	3	5	62
	综合与分析型	5	6	4	1	4	6	26
尖锐与齐平	尖锐型	40	54	13	4	5	21	137
	齐平型	11	13	5	2	3	9	43
	尖锐与齐平型	3	11	7	2	5	2	30
演绎与归纳	演绎	34	44	11	4	8	20	121
	归纳	13	15	6	2	4	6	46
	演绎与归纳型	7	19	8	2	1	6	43

续表

	学习风格	NA	EES	PNF(B)	AK	Sans	LRI	Total
场独立与场依存	场独立型	35	58	15	3	8	18	137
	场依存型	12	9	4	3	2	10	40
	场独立与场依存型	7	11	6	2	3	4	33
冲动与反思	冲动型	13	20	4	0	2	5	44
	反思型	35	46	13	7	6	25	132
	冲动与反思型	6	12	8	1	5	2	34
隐喻与逐字	隐喻型	30	32	7	2	5	20	96
	逐文型	12	31	11	4	2	8	68
	隐喻与逐文型	12	15	7	2	6	4	46

表3.4和图3.4所示,大部分尼泊尔初中汉语学习者都偏向于视觉、随意-直接、封闭型、尖锐型、演绎型、场独立型和反思型。除了EES的学生以外,其他学校的学生都趋于内向。NA、EES、PN(B)和AK的学生偏向于个别处理型,但LRI的学生偏向于整体处理型。NA、EES、SKI和LRI更趋向于综合型,PN(B)和AK趋向于分析型。NA、EES和LRI学生更多的是偏向于隐喻型,PN(B)和AK的多数学生偏向于逐字型。

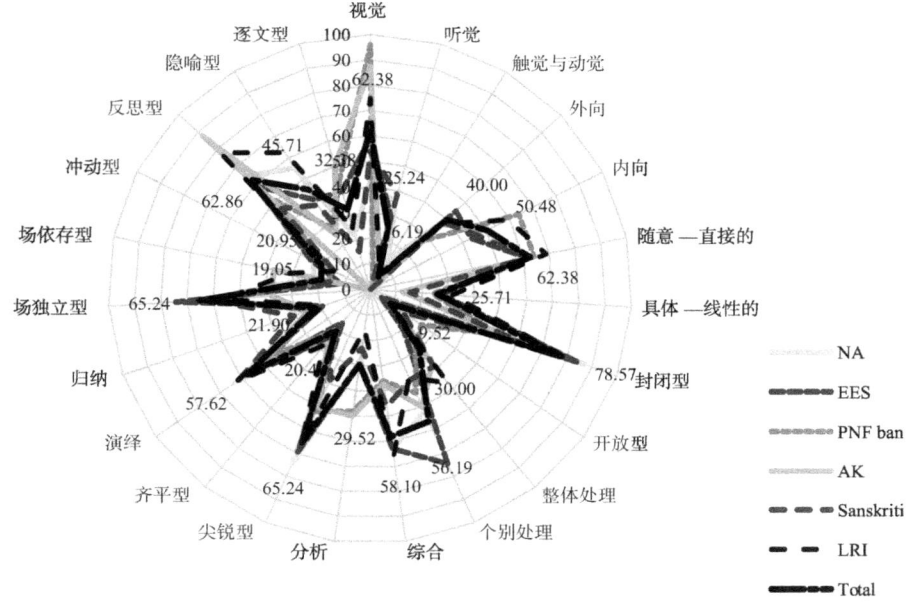

图3.4 六所学校的学习风格分布雷达图

这并不代表这些学生的学习风格是固定的，上表中呈现出的只是学习过程中表现出的最明显的风格而已。图 3.3 表示，尼泊尔的绝大多数学生具有共同的学习风格，即视觉型、随意-直觉型、封闭型、尖锐型、演绎型、场独立型和反思型。

尼泊尔初中汉语教学对于学习环境、学习者的多语能力和他们具备的学习特征表示毫无关联。研究中没有发现汉语教学考虑到教学环境和学习者具有的特征而进行汉语教学。学习者的语言学习风格表示他们对环境中接触的语言信息的处理而接收的方式，所以如果环境能够提供符合他们的语言信息，学习者很容易接受它。

第二节　学习者、教师与教室环境之间的关系

一、汉语教师情况

国家汉办每年派遣许多志愿者教师出国任教。2005 年 8 月，汉办向尼泊尔派遣了首批 21 位志愿者开展初中汉语教学；到 2013 年，共有 71 所学校开设中文课，志愿者老师也增加到了 81 位。2014 年，学校的数量达到 95 所，而志愿者教师的数量增加到历史最高的 135 位。目前尼泊尔的主要机构如志愿者之家、加德满都孔子学院和 LRI 孔子课堂负责管理志愿者教师并分派至各初中任教。2017 年间，志愿者之家共接收 60 位志愿者教师，加都孔院接收 17 位，LRI 学校接收 5 位。

到尼泊尔任教的志愿教师均为本科毕业生或硕士生（王俊英，2016），大部分没有教学经验（赵勋，2014；赵勋，张玲艳；2014）。本研究在加德满都、帕坦和巴德岗这 3 个城市找了 8 所属于 3 个机构的初中。在各学校任教的志愿者教师的基本情况如表 3.5 所示：

表 3.5　志愿者教师的简介

志愿者教师	HYH	YQ	DYR	WY	ZXL	XWT	GZQ	WSY
性别	男	女	女	女	女	女	女	女
年龄	21～25	21～25	21～25	21～25	26～30	21～25	21～25	21～25
学历	本科	本科	本科	本科	本科	本科	本科	本科
毕业年份	2017	2017	2017	2017	2012	2017	2017	2016

续表

志愿者教师	HYH	YQ	DYR	WY	ZXL	XWT	GZQ	WSY
英语水平	英语六级	英语四级	专业八级	专业四级	英语六级	专业八级	专业四级	英语四级
专业培训	修过专业课	修过专业课	修过专业课	汉办培训	修过专业课	汉办培训	汉办培训	修过专业课
专业	汉语国际教育	汉语国际教育	英语	英语	汉语国际教育	英语	英语	汉语国际教育
使用的教材	快乐汉语	快乐汉语	汉语乐园；快乐汉语	汉语乐园；快乐汉语	快乐汉语	快乐汉语	快乐汉语	快乐汉语；自己编教材
尼语知识	学了一个月，但不会说	学了一个月，但不会说	学了一个月，会说一点	学了一个月，但不会说	懂一点点，但不会说	学了一个月，但不会说	学了一个月，但不会说	学了一个月，但不会说

这 8 所学校的教师中只一位男老师,其他都是女老师,年龄均在 21～25 岁之间,均为本科生(其中 6 位为应届毕业生,其余为往届毕业生)。4 位教师是英文专业,其他 4 位为汉语国际教育专业。志愿者教师的英语水平不一致,两位教师是专业八级,两位为专业四级,两位是英语六级,还有两位是英语四级。

此外,汉语国际教育专业的学生对语言教学理论和教学法已经有了基础知识,但是英语专业的学生对语言教学理论很陌生,对教学法的知识也比较有限。志愿者教师出国之前会接受汉办的统一培训,可以掌握基本的尼泊尔语知识。其中 7 位教师在去尼泊尔之前没有教学经验,一位教师在去尼泊尔之前已经在泰国当过一年志愿者教师。

教师的教学经验与对任教环境的了解对汉语教学有很大的帮助。第二年任教的志愿者教师的教学方式比新教师教学效果要好很多。他们基本掌握了学生存在的问题继而改进教学方法。同时,生活经验丰富的教师也掌握了一定的尼语知识,他们经常会用一两句尼语来鼓励学习者。学生认为频繁换老师影响他们学习汉语。他们发现新教师在英语发音、使用的教学方法方面都有不同,所以老师的变化影响他们适应教学环境。同样,教师换另一所学校也面对适应新学校环境、管理老师对志愿者老师的态度、学校对汉语教学的态度、教学任务、课程安排等方面的问题。

二、学习者、汉语教师与教室环境之间的关系

研究者在对尼泊尔初中进行的研究中也提到过尼泊尔初中汉语教学缺乏适当的教学环境。这里的环境包括物理环境与语言环境。

（一）教师、学习者与教室物理环境

就物理环境而言，尼泊尔汉语教学的物理环境普遍没有中国的初中条件好，除了一些私立学校，大部分学校的情况都比较简陋。学校的多媒体设备（如电脑）都是英文版，因此教师一般选择使用自己的笔记本电脑。学习者很喜欢汉语教师使用多媒体设备进行上课，但是在学生多（20个学生以上）的情况下教师还是主要采用传统的教学方法。

课堂管理方面，大部分学校（EES、NA、SKI等）都安排了助理教师。助理教师不参与教学只负责管理学生的课堂纪律，比如，学生不听教师讲课开始胡闹的时候她"哼"一下，课堂就变得安静了。为了方便汉语教师与管理者沟通，一些学校（SKI、DAV）安排了协调者，教师如果需要任何东西或者需要办活动，需要提前和协调者商量。

（二）教师、学习者与课堂语言环境

就语言环境而言，尼泊尔初中的学校语言以英语为主。对于汉语教师，学生会使用"你好 Mam/sir""你好老师""Good Morning 老师"来打招呼，除此以外，在课外接触不到任何与汉语有关的信息。在课内，外向型的学生会主动和教师互动，内向型的学生则喜欢安静地坐着，直到教师点名才开口。教师都很惊讶于尼泊尔的学生的课堂参与度，因为他们发现中国的小学生在课堂一般不会主动去参与互动。学习者主动地使用英语与教师交流，并喜欢问很多问题，如"老师，How to say this（or that）in Chinese?"

在校外也没有任何使用汉语的环境（表3.3）。汉语教学中经常举办的汉语大赛会对学生学习汉语起到鼓励作用。参加汉语班的初中生都会唱三四首中文歌。同时，也有许多学生会中国舞和武术（太极拳）。这些活动有助于提高学习者对汉语和中国文化的兴趣，但教师认为这些活动只强调中国文化而体现不出他们对学习汉语的积极性。有很多小学生在演讲比赛中有出色的表现，但演讲所学知识在课堂教学和生活中无法应用。学习者为了获得奖品花了很多工夫，汉语水平却得不到提高。

（三）教师和学习者之间的媒介语

尼泊尔学习者具有多语能力，在语言学习中他们无法避免受跨语言影响。采访发现，6位老师感觉到汉语学习者的英语口音很重，3位老师认为学

生说英语的速度比较快，1所学校的老师认为他们学校的学生英文说得挺标准的。5位老师认为由于口音很重（母语的影响），她们刚开始听不懂学生的英语，但后来接触的多了就慢慢习惯了。1位老师开始通过揣测来理解学生的语义，两位老师觉得自己能够适应语言环境而与学生进行无障碍的沟通。由于小学生的英语水平有限，以及母语的影响，教师很难与年纪小的学生交流。5年级以上的学生的英语水平能够基本交流，但由于母语的影响和说话风格，师生之间仍然有交流障碍。

教师们认为学习者因为具有多语能力，能快速掌握新语言知识，理解能力强。但同时学生因此会依赖其他语言，从而受到强烈的跨语言影响。老师们认为由于多语能力，学生对汉语理解能力变强，尤其是在语法习得方面优势凸出。不过老师发现学生的理解过程比想象中要复杂，因此为了匹配学生的能力，需要修改教学内容。此外，教师由于缺乏学习者的母语（尼语）能力因而经常会忽略学习者的母语对汉语学习的影响。沈娟（2012）；李欢（2013）；张梦渔（2013）；何晓娟（2015）；窦子建（2015）和张宝（2016）在研究尼泊尔初中学生的汉语教学中发现学习者的原有语言知识对汉语习得有影响，尤其是在语音习得方面比较明显。但教师因为不了解学生的原有语言知识，所以无法判断其母语对汉语教学是有正迁移还是负迁移。

第三节　学习者、教材与语言之间的关系

一、教材的词汇内容

教师一般以《汉语乐园》《快乐汉语》《跟我学汉语》作为教材，学习者一般使用《汉语乐园》和《快乐汉语》作为课本。《汉语乐园》是小学生刚接触汉语的时候使用的教材，共有92个汉语词汇；《快乐汉语》是初中使用的教材，共有171个汉语词汇。

表3.6　《快乐汉语》与《汉语乐园》教材中的词汇

《快乐汉语》的词汇（171个）		B.《汉语乐园》的词汇（92个）	
第一单元第一课	你、好、吗、我、很	第一课	你、好、再见、你们、老师
第一单元第二课	叫、什么、是、哪、国、人、中国、尼泊尔、美国	第二课	欢迎、谢谢、我、叫、什么、他、杰克、她、芳芳

续表

	《快乐汉语》的词汇（171个）		B.《汉语乐园》的词汇（92个）
第一单元第三课	家、在、哪儿、北京、上海、香港、他	第三课	一、二、三、四、五、六、七、八、九、十
第二单元第四课	这、那、爸爸、妈妈、哥哥、姐姐、不	第四课	多大、岁、十二、十三、十四、十五
第二单元第五课	有、猫、狗、只、小、一、二、两、三、四、五、六	第五课	我的、头发、耳朵、眼睛、嘴、脸、鼻子
第二单元第六课	房子、大、个、房间、厨房、七、八、九、十	第六课	个子、长、短、手、大、小、高、矮
第三单元第七课	面包、鸡蛋、牛奶、咖啡、吃、吃什么、吃面包、喝、不喝、不喝咖啡、你吃什么？我吃鸡蛋。	第七课	是、谁、爸爸、妈妈、哥哥、妹妹、姐姐、弟弟
第三单元第八课	水果、苹果、果汁、汽水、茶、要、呢	第八课	这、那、桌子、椅子、床、灯、电视、沙发
第三单元第九课	喜欢、海鲜、也、菜、鸡肉、鱼、米饭、面条	第九课	请、对不起、没关系、进、坐、安静、举手、看
第四单元第十课	星期、中文、英文、尼泊尔文、体育、课、没有	第十课	有、书包、笔、本子、书、橡皮、尺子
第四单元第十一课	我们、班、男、女、学生、十一、二十、二十一	第十一课	喝、我们、水、茶、可乐、咖啡、牛奶、果汁
第四单元第十二课	去、运动场、图书馆、教室、礼堂、体育馆	第十二课	吃、好吃、很、吗、米饭、包子、面条、春卷
第五单元第十三课	现在、几、点、半		
第五单元第十四课	的、我的、生日、月、号、岁、你的		
第五单元第十五课	昨天、冷、今天、热		
第六单元第十六课	医生、画家、工程师、教师、商人、工人		
第六单元第十七课	工作、医院、护士、司机、校长、售货员、商店、工厂		
第六单元第十八课	您、演员、想、做、作家、科学家、吧		
第七单元第十九课	爱好、音乐、电脑、游戏、上网、运动、他的、我们的		
第七单元第二十课	会、打、网球、篮球、游泳、运动员		
第七单元第二十一课	看、电视、电影、天天、好看、节目		

续表

《快乐汉语》的词汇（171 个）		B.《汉语乐园》的词汇（92 个）
第八单元 第二十二课	火车、火车站、飞机、飞机场、电影院、饭店、天安门广场	
第八单元 第二十三课	怎么、坐、汽车、汽车站、开车、印度、日本、广州	
第八单元 第二十四课	请问、旁边、前边、后边、左边、右边、往、走	

两种教材的内容都以交际为目的，但《汉语乐园》课堂互动的设计对象为小学生，不适合再应用到初中学生；且教材的互动内容大部分都是中国文化，没有涉及学习者熟悉的互动内容。同样《快乐汉语》也只适合给初级学生，不适合小学生。另外，初中汉语教学中使用的词汇都是针对学生的生活、家庭、爱好等方面，接触的汉字都不容易记住，所以只能使用拼音。生活中没有使用汉语的环境，而日常生活中使用的词汇也很难真正在课堂中使用。见图 3.5。

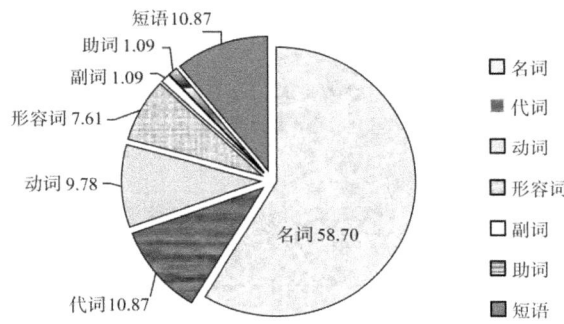

图 3.5 《汉语乐园》教材中的词汇分类

初级中学（6～8 年级）的学生都以《快乐汉语》为教材。该教材的词汇可以分为以下几类（见图 3.6）：

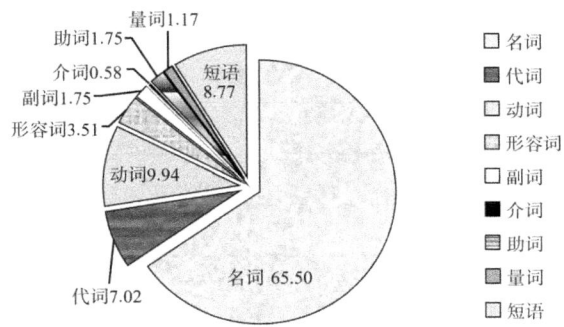

图 3.6 《快乐汉语》教材中的词汇分类

在词汇方面，有两所学校的汉语教师认为学生只能按照教师的指导来理解汉语词汇，另有 6 所学校的老师认为学生都是直接通过英语翻译来理解汉语词汇的。学生一般在上课时把学过的汉语词汇用英语或者尼语进行标注，课后再进行记忆。

史有为（1987）曾经指出汉字存在的缺点而建议借用拼音字母为汉字教学服务，以此辅助汉字教学。汉字与汉语拼音相结合，就像"两条腿走路"，有助于汉字教学。柯彼德（2003）也曾说过，拼音是汉语的第二种文字。戴汝潜（1999：213）在研究中国小学生识字的时候发现，虽然拼音作为小学生学习汉语的"拐杖"提高了学生的书面和口头语言表达能力，但他们难以扔掉拼音。

尼泊尔的汉语教学中，初中汉语教学对拼音的依赖性很强，很多初中学生忽视汉字而重视拼音，所以只用一条腿也走不了很远。此外，教材提供的汉语词汇在使用汉字的机会方面有限。他们接触的汉字是以交际目的而设计的，忽视了汉字本身"形"和"义"相结合特征而没有在学习者的认知基础上设计。

同时，学习者在汉语教学中接触的某些汉语词汇与他们具备的语言（英语和尼语）相同或者接近。在学习者的认知里这些词汇的音（类似的）已经存在，但是在教学中教师无法注意到。

在课堂互动中，让学习者写与接触到的汉语词汇发音相似或者接近的其他语言的词具体如表 3.7：

表 3.7　学习者认知中的汉语词汇

类型		英语	汉语	学生数量	总数
意义和发音相似的词汇	产品	Coffee	咖啡	12	40
		Sofa	沙发	6	
		Ham Burger	汉堡包	3	
		Coca-cola	可口可乐	3	
		Mango	杧果	2	
		Litchi	荔枝	2	
	地名	Beijing	北京	6	
		Guangzhou	广州	2	
		Shanghai	上海	2	
		Nepal	尼泊尔	1	
		Kathmandu	加德满都	1	

续表

类型		英语	汉语	学生数量	总数
发音或拼音相似,但意义不同的词汇	与英语词汇相似的发音	You	有	12	47
		Men	们	8	
		How	好	6	
		The	的	4	
		He	和	4	
		Women	我们	3	
		Long	龙	2	
		Song	送	2	
		Now	脑	2	
		Hi	海	1	
		Rain	人	1	
		New Road	牛肉	1	
		She	是	1	

类型		汉语	尼语	学生数量	总数
意义和发音相似的词汇	与尼语词汇相似的发音	爸爸	वावा	29	38
		茶	चिया	3	
		猫	म्याउ	3	
		打	त	3	

类型		汉语发音	尼语发音	尼语意义	学生数量	总数
发音相似但意义不同词汇	汉语和尼语的发音相似但是意义上不同	妈妈	मामा	舅舅	29	61
		弟弟	दिदी	姐姐	20	
		奶	नाई	不	5	
		小	स्याउ	苹果	3	
		我	ओ!	感叹词	2	
		看	खान	伊斯兰教的姓名	1	
		来	लाई	为了	1	

学生在上课时经常接触的汉语外来词如汉堡包、可口可乐、咖啡等,地名如上海、广州、美国、日本、印度等对汉语学习的意义不大。不同名词(地名、产品)的汉化,对初中学生有很深刻的影响。他们认为汉语中每个东西都有自己的发音,所以他们都好奇并想知道他们的名字在中文里如何发音。由于教师也记不住尼泊尔学生的当地名字,所以他们也给每个学生取了中文名字。中国文化中人的姓名有固定的汉字,不能乱用汉字来代替汉字的姓,所以学生的名字就变得很复杂。而学生除了自己的名字以外也记不住其他同学的名字,甚至教师自己都记不住。

二、教材的语法内容

3所学校的老师发现她们学校的学生直接使用英语翻译来理解语法,4所学校的老师认为学生是通过教师的指导去理解汉语语法,1所学校的教师认为学生通过英语和尼语的语法对比而理解汉语语法。学习者使用的教材设计的语法结构如表3.8:

表3.8 《快乐汉语》教材的句子

单元	课时	句子
第一单元 我和你	第一课 你好	你好! 你好吗? 我很好。
	第二课 你叫什么	你叫什么? 我叫李小龙。 你是哪国人? 我是中国人。
	第三课 你家在哪儿	你家在哪儿? 我家在北京。
第二单元 我的家	第四课 爸爸、妈妈	这是我爸爸。 那是我妈妈。
	第五课 我有一只小猫	我有一只小猫。 他有两只小狗。 哥哥有一只猫、两只狗。 爸爸、妈妈有猫吗?
	第六课 我家不大	他家很大。 我家不大。 你家大吗? 厨房不很大。 他家有十个房间。

续表

单元	课时	句子
第三单元 饮食	第七课　喝牛奶,不喝咖啡	早上好! 你喝什么? 我喝牛奶。 我不喝咖啡。
	第八课　我要苹果,你呢	你要什么? 你要水果吗? 我要苹果,你呢? 我不要苹果。
	第九课　我喜欢海鲜	我喜欢海鲜、也喜欢菜。 我喜欢鸡肉,他也喜欢鸡肉。 我不喜欢面条,姐姐也不喜欢面条。
第四单元 学校生活	第十课　中文课	星期一我有中文课。 星期一我没有英文课。 星期四你有体育课吗? 星期六我没有课。
	第十一课　我们班	我们班有二十五个学生。 我们班有十个男学生,十五个女学生。 我们班有三个中国人 我喜欢我们班。
	第十二课　我去图书馆	你去哪儿? 我去图书馆。 你去运动场吗? 我不去运动场。
第五单元 时间和天气	第十三课　现在几点	现在几点? 现在十二点。 现在五点半。
	第十四课　我的生日	你的生日是几月几号? 我的生日是一月二十四号。 你几岁? 我十四岁。
	第十五课　今天不冷	今天冷吗? 今天不冷。 昨天很冷。

续表

单元	课时	句子
第六单元 工作	第十六课　他是医生	他是不是画家？ 他是画家。 妈妈不是医生。 你喝不喝咖啡
	第十七课　他在医院工作	你在哪儿工作？ 我在医院工作。 爸爸在哪儿喝茶？ 爸爸在厨房喝茶。
	第十八课　我想做演员	我想做演员。 哥哥不想做演员。 您是科学家吗？ 你想做画家吗？
第七单元 爱好	第十九课　你的爱好是什么	你的爱好是什么？ 我的爱好是音乐。 你喜欢电脑游戏吗？ 我喜欢电脑游戏。
	第二十课　你会打网球吗	你会打网球吗？ 我会打网球。 我不会打篮球。 他是篮球运动员
	第二十一课　我天天看电视	我天天看电视。 今天的电视节目好看吗？ 电视节目很好看。 我不想看电影。
第八单元 交通和旅游	第二十二课　这是火车站	这是火车站。 那是飞机场。 你在哪儿？ 我在天安门广场
	第二十三课　我坐飞机去	你怎么去上海？ 我坐飞机去。 哥哥开车去印度。 姐姐想坐火车去广州。
	第二十四课　汽车站在前边	请问，汽车站在哪儿？ 汽车站在前边。 往前走。 飞机场在左边吗？

教材的每节课都会给学习者介绍句子结构，帮助学生记忆。《快乐汉语》

中一共有 89 个句子结构，而句子的形式都是对话式的。课堂互动中教师也让学生跟读几遍，再让他们看着课本读。图 3.7 和 3.8 显示教材中最多次出现的"是"和"在"的句子结构，图中点线表示疑问句子结构，实线表示回答。

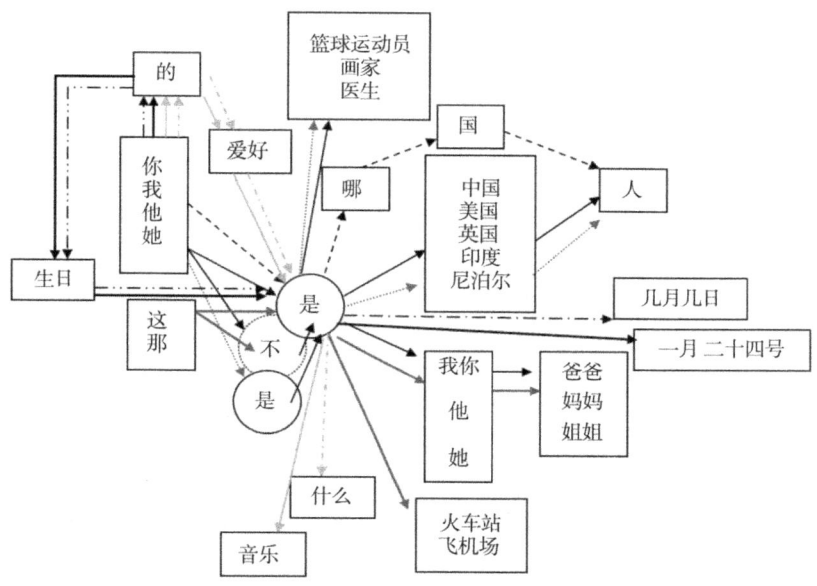

图 3.7　学习者接触的"是"的语法结构

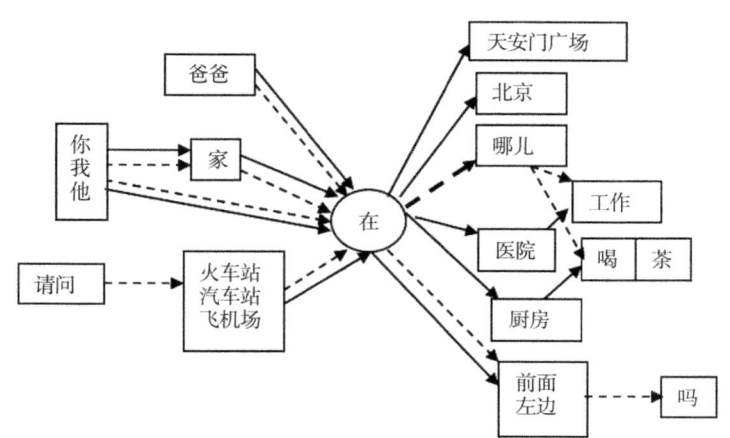

图 3.8　学习者接触的"在"的语法结构

汉语课堂教学中一般都使用"随老师跟读→老师提问，学生回答→学生和学生之间互动"的方式重复练习。这样模式比较单调，学习者很少能表现自己的创意。

NA 的老师在表扬 6 年级学生时说:"这学生很有创造力,因为他说'他喜欢喝奶咖啡',但我从来没有教过'奶咖啡'这个词。"尼泊尔人喜欢喝加牛奶的咖啡或者奶茶,所以学生通过自己的经验而创造了这个词。

课本没有提供句子的意义,教师在课上使用翻译法,用英文提供句子的含义。学生把教师提供的翻译写在本子或者书上,教师给他们的作业是重复写课堂上学的句子。

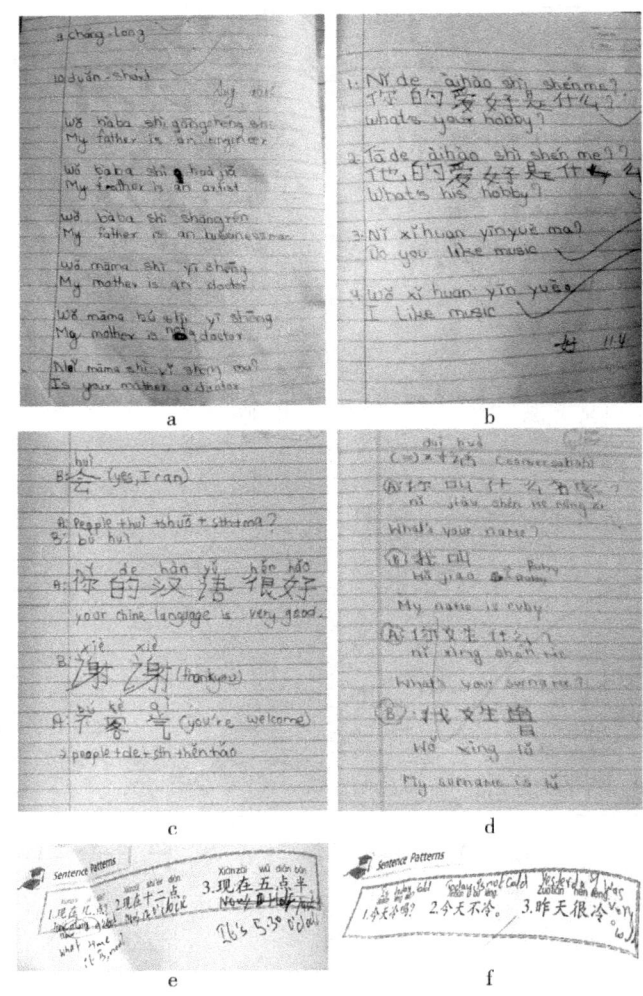

图 3.9 学习者在课堂上理解汉语句子

三、本土化教材

尼泊尔汉语教学使用的《汉语乐园》《快乐汉语》《跟我学汉语》都有尼

泊尔语版。大部分学习汉语的初中学生都是私立学校的,且大部分都在使用英文版《汉语乐园》和《快乐汉语》的复印件。

应用学习者的母语翻译的教材对学习者学习汉语有一定的帮助。但是教材的编写没有考虑到学习者的原有语言知识、学习特征和文化特征。不仅如此,一些中文翻译成尼语也不规范。对私立学校的学习者而言,尼语翻译版教材对他们的汉语学习没有很大的作用,因为他们已经掌握了英语的基础知识。设计教材的过程中没有强调本地语言的知识对汉语教学的作用而直接翻译意义,因此无法提供学习者更清楚的学习信息。

尼泊尔初中汉语学习者使用的汉语教材在词汇、语法、教学内容等方面没有凸显出本土化特征,甚至忽略了汉语本身存在的特征,所以不易提供更多的汉语学习的信息。因为教材没有按照学习者的特征而设计,学习者也难以感知教材提供的汉语学习的知识。

尼泊尔汉语教材中无感知、未发现和未开发的信息多于可感知的汉语学习信息。因此,可感知的信息有限,并难以感知正确的汉语学习信息。感知不到正确的汉语学习信息表示无法进行汉语学。

第四节 学习者的原有语言知识与汉语之间的关系

一、学习者对汉语的态度

在汉语教学过程中学习者对汉语呈现积极性或者消极性的态度。对汉语的消极性态度影响学习者产生反感或者畏难行为,然而积极性态度影响学习者提升对汉语学习的兴趣和动机。

(一)对汉语的消极性态度

通过对8所学校的课堂调查,能够理解尼泊尔初中学生是如何感知汉语的。见表3.9。

表3.9 对汉语的消极性态度

问题	极度不同意	不同意	有点不同意	有点同意	同意	非常同意
即使我付出了很多努力,我也记不住汉语声调	76个	51个	61个	62个	42个	41个
	22.82%	15.31%	18.31%	18.61%	12.61%	12.31%

续表

问题	极度不同意	不同意	有点不同意	有点同意	同意	非常同意
中文发音听起来很有趣，其实很难学	78个	52个	54个	62个	44个	45个
	23.28%	15.52%	16.11%	18.50%	13.13%	13.43%
我喜欢与教师使用英语交流而不是中文	22个	20个	34个	69个	66个	124个
	6.56%	5.97%	10.14%	20.59%	19.70%	37.01%

就学习者对汉语的消极性态度而言，43.54%（12.31%非常同意、12.61%同意和18.61%有点同意）的学生认为汉语声调难掌握，他们认为即使自己付出了很多努力，仍然记不住声调。在发音掌握的难度方面，45.07%（13.43%非常同意、13.13%同意和18.50%有点同意）的学生认为汉语的发音听起来很有趣，但是很难掌握。同样，在课堂语言使用方面，77.3%（37.01%非常同意、19.70%同意和20.59%有点同意）的学生喜欢使用英语和教师交流，只有22.68%（10.14%非常同意、5.97%同意和6.56%有点同意）的学生喜欢使用汉语和教师交流。

因为学习者常用的语言与汉语不同，所以大部分学生很难感知到汉语的声调和发音的信息。

（二）对汉语的积极性态度

从表3.10可知，在汉字和拼音之间76.72%（46.87%非常同意、17.61%同意和12.24%有点同意）的学生认为使用拼音比汉字容易。在理解汉语方面，80.12%（43.67%非常同意、17.47%同意和18.98%有点同意）的学生认为如果教师能够使用英语和尼语给他们指导，会加快对汉语的理解。65.47%（23.12%非常同意、18.32%同意和24.02%有点同意）的学生认为可以从汉字的"形式"去理解汉字。

表3.10 对汉语的积极性态度

提问	极度不同意	不同意	有点不同意	有点同意	同意	非常同意
用拼音学习汉语比用汉字简单得多	38个	14个	26个	41个	59个	157个
	11.34%	4.18%	7.76%	12.24%	17.61%	46.87%
当我得到英语和尼语的指导时，我可以很容易地学习中文	16个	21个	29个	63个	58个	145个
	4.82%	6.33%	8.73%	18.98%	17.47%	43.67%
我能理解汉字的意思，因为它们就像图画	27个	26个	62个	80个	61个	77个
	8.11%	7.81%	18.62%	24.02%	18.32%	23.12%

续表

提问	极度不同意	不同意	有点不同意	有点同意	同意	非常同意
写汉字很有趣	18个	24个	25个	52个	78个	137个
	5.39%	7.19%	7.49%	15.57%	23.35%	41.02%
如果汉语老师会讲尼语，学习汉语就会更容易	23个	20个	19个	56个	61个	154个
	6.91%	6.01%	5.71%	16.82%	18.32%	46.25%

其实，79.94%（41.02%非常同意、23.35%同意和15.57%有一点同意）的学生认为写汉字很有趣。学习者都把汉字理解为图，所以他们写汉字的时候，有在绘画的感觉。

同时，81.38%（46.25%非常同意、18.32%同意和16.82%有一点同意）的学生认为汉语教师具有尼语能力会有助于他们学汉语。因为如果教师使用他们熟悉的语言给他们解释新的知识，他们会理解得很快，尤其是介绍中华文化的时候。

四、汉语拼音受其他语言的影响

尼泊尔初中汉语教学重视拼音教学，导致学习者接触汉字的时很容易忽视汉字本身。学习者对拼音不陌生但常常分辨不出是拼音还是英语。从对"用拼音学习汉语比用汉字简单得多"的反应，可以看出学习者对拼音具有积极性态度。见图3.10。

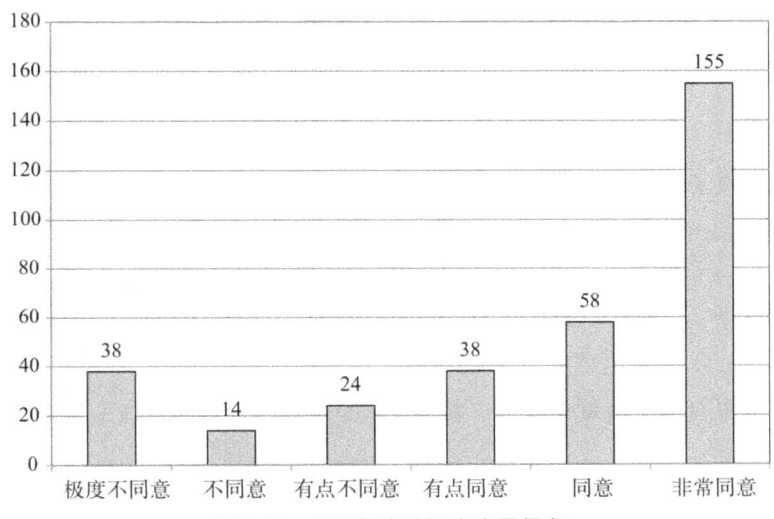

图3.10 使用拼音比汉字容易得多

在与汉语教师交流中发现，尼泊尔初中学生常常把汉语拼音误解为英文字母，读的时候也常常读成英文。5所学校的老师认为他们的学生经常把拼音读成英语，而且读的时候也受尼语发音的影响。以往的研究也同样提到了这一点。学生也认为使用拼音读写汉语像学习英语一样简单，因此学习者毫不犹豫地选择拼音学习汉语。

五、对汉字（词）的影响

从学生对"我能理解汉字的意思，因为它们就像图画"和"写汉字很有趣"的反应，可以看出学习者在汉字理解方面有一定困难，但还是有着积极的兴趣和态度。

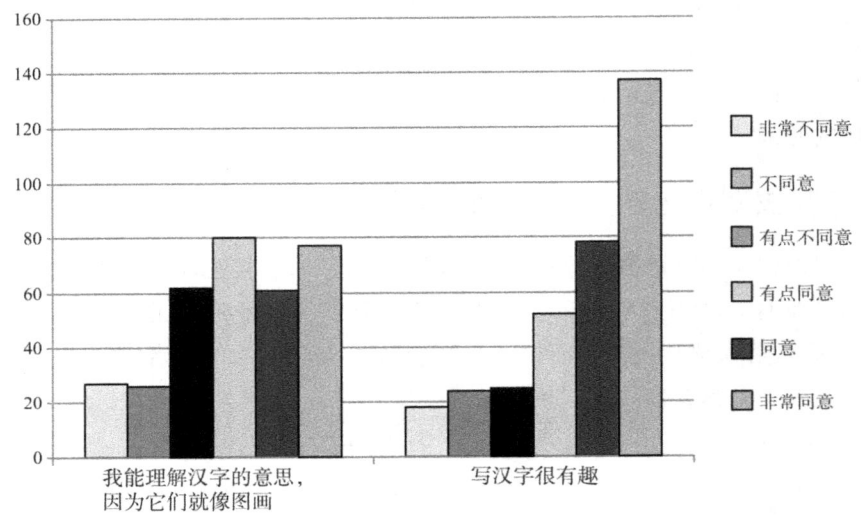

图 3.11　学习者对汉字的感知

据教师介绍，很多学习者把汉字理解为有意义的图像，而且是很复杂的意义图像。由于汉字的复杂性，学习者不想理解汉字，甚至对汉字产生反感。这与图 3.11 的学生对汉字的态度是相反的。由于时长限制，教师在课堂上重视拼音教学，只让学习者简单地写几个汉字。有一些学生认为汉字是有意义的图像。一半学校的老师认为她们的学生对汉字没有兴趣，另一半学校的老师认为学生对汉字有好奇心和兴趣，所以愿意学习并了解汉字。

六、学习者在汉语拼音和发音的感知上原有语言知识的可迁移性

尼泊尔汉语学习者在汉语发音中跨语言知识的可迁移性是很明显的。目

的语中可迁移性的产生是因为学习者具备的语音系统不包含目的语的语音，因此学习者自己具备的语音系统中最近似的语音自然替代缺乏的语音，而产生语音迁移。尼泊尔汉语学习者在学习汉语的语音系统便开始激活，并且该语音系统与单独尼语或英语不同。

（一）韵母的可迁移性

韵母方面，汉语语音系统有 39 个韵母，而英语有 5 个韵母（a、e、i、o、u），尼语有 12 个韵母（अ、आ、इ、ई、उ、ऊ、ए、ऐ、ओ、औ、अं、अः）。英语和尼语都比汉语的韵母数量少很多，所以学习者在掌握汉语韵母时也会遇到困难。英语和尼语的韵母都具有与另外韵母组合而产生新语音的可能性。比如英语中的 a 和 e/i/o/u 组合成 ae/ai/ao/au，e 和 a/i/o/u 组合而产生 ea/ei/eo/eu 等。同样，尼泊尔语中 12 个韵母（अ、आ、इ、ई、उ、ऊ、ए、ऐ、ओ、औ、अं、अः）也可以重新组合为 अइ、अए、आऊ、आइ、आई 等新发音，但汉语韵母不会和另一个韵母组合在一起。此外，尼泊尔学习者很难发"ü"音，因为英语和尼语语音系统中不存在"ü"音。由于学习者本身不具备接收"ü"音的特征，他们无法感知到发"ü"音的信息，所以让他们发"ü"音的时候经常常用"u"或者"ऊ"来代替。

同时，由于英语的影响，学生无法正确地发出汉语的 e、ue、ie、iu 等韵母。英文的"be""he""blue""due""lie""die""calcium""aquarium"的发音与汉语的了（le）、喝（he）、学（xue）、列（lie）、蝴蝶（hu die）和六（liu）的发音完全不同。尼泊尔初中汉语学习者已经掌握英语中 e、ue、ie、iu 字母的发音，在读汉语拼音的时候常常受到英语的干扰。如果能使用尼语文字表音，学习者对 e、ue、ie、iu 不会有发音问题，比如"了"直接用"ल"，"喝"直接用"हः"，"列"直接用"लिए"，"六"直接用"ल्य"。汉语具有的一些语音可以使用尼语发音发得更准确，如"e"是"अ"、"ue"是"यूए"、"ie"是"इए"等。

（二）声母的可迁移性

尼语的声母（36 个）多于英语（26 个）和汉语（23 个）。曾经在研究汉语发音中发现尼泊尔初中汉语学习者产生语音偏误，但是学者对尼语的知识有限，因此无法解释原有语言知识的可迁移性特征，并理解为学习者的偏误。同时也忽略学习者的正迁移知识。

如表 3.11 所示，汉语（上）、英语（中）和尼语（下）有不同声母发音系统，这可以解释尼泊尔学生无法发出一些汉语语音的原因。

表 3.11 汉语（上）、英语（中）和尼泊语（下）声母语音对比

发音部位	语言	塞音清不送气	塞音清送气	塞音浊不送气	塞音浊送气	擦音清不送气	擦音清送气	擦音浊送气	塞擦音清不送气	塞擦音清送气	塞擦音浊不送气	塞擦音浊送气	鼻音清送气	鼻音浊	颤音	过渡音	边音浊
双唇音（上唇下唇）	汉	b[p]	p[pʰ]														
	英	[p]		[b]										[m]			
	尼	प[p]	फ[pʰ]	ब[b]	भ[bʱ]									म[m]			
唇齿音（上齿下唇）	汉					f[f]											
	英						[f]	[v]								[w]	
	尼																
舌尖前音（舌尖上齿后）	汉					s[s]			z[ts]	c[tsʰ]							
	英																
	尼					स[s]											
舌间齿间（舌尖齿间）	汉																
	英						[θ]	[ð]									
	尼																
舌尖中音（舌尖上齿龈）	汉	d[t]	t[tʰ]														
	英	[t]		[d]			[s]	[z]						[n]			[l]
	尼	त[t]	थ[tʰ]	द[d]	ध[dʱ]						ज[dz]	झ[dzʱ]		न[n]			ल[l]
卷舌音（舌尖前硬腭）	汉																
	英																
	尼	ट[ʈ]	ठ[ʈʰ]	ड[ɖ]	ढ[ɖʱ]									ण[ɳ]	र[r]	[r]	ल[l]

续表

辅音	发音部位	语言	塞音 清音 不送气	塞音 清音 送气	塞音 浊音 不送气	塞音 浊音 送气	擦音 清音 不送气	擦音 清音 送气	擦音 浊音 不送气	擦音 浊音 送气	塞擦音 清音 不送气	塞擦音 清音 送气	塞擦音 浊音 不送气	塞擦音 浊音 送气	鼻音 清音 不送气	鼻音 清音 送气	颤音	过渡音	边音 浊音
	舌尖后音 齿龈后	汉					sh[ʂ]		r[ʐ]		zh[tʂ]	ch[tʂʰ]							
		英																	
		尼																	
	舌叶音	汉																	
		英					[ʃ]		[ʒ]			[tʃ]	[dʒ]						
		尼																	
	舌面音 齿龈后	汉					x[ɕ]				j[tɕ]	q[tɕʰ]							
		英																[j]	
		尼																	
	舌面后音 软腭	汉	g[k]	k[kʰ]			h[x]												
		英	[k]		[g]										[ŋ]				
		尼	क[k]	ख[kʰ]	ग[g]	घ[gʰ]									ङ[ŋ]				
	喉音	汉																	
		英							[h]	x[ɦ]									व[w]

· 143 ·

1. b[p]、p[pʻ]、f[fʻ] 的可迁移

b[p]、p[pʻ] 和 f[fʻ] 是尼泊尔初中汉语学习者很难掌握的声母，在学习汉语时经常发错音。由于学习者在接触 b[p]、p[pʻ]、f[fʻ] 之前已经掌握了与这些音接近的尼语和英语的发音，所以会误将尼语的 प[p]、फ[pʰ]、ब[b] 或英语的 [p]、[b] 代替汉语的发音。

在语音系统中，由于汉语、英语和尼语的发音位置不一样（部分接近），所以学习者借用已有的尼语的发音方式来理解汉语的发音。此外，汉语的拼音提供的发音与听觉的发音也不一样，因此学习者经过产生发音错误。图3.12 显示，尼泊尔的汉语学习者在发 b[p] 的时候发成 ब[b]，发 p[pʻ] 时发成 प[p]，以及发 f[fʻ] 时发成 फ[pʰ]。

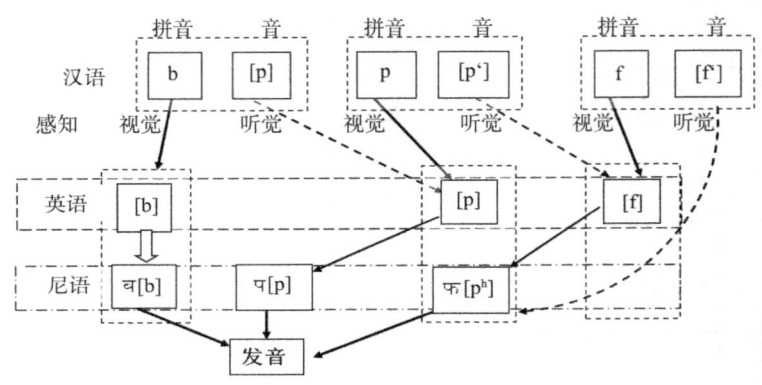

图 3.12　语音的可迁移性现象

图 3.12 中的虚线代表听觉，实线代表拼音提供的视觉影响。汉语的 p[pʻ] 和 f[fʻ] 在尼语中的发音是 फ[pʰ]，而 फ[pʰ] 送气和不送气对尼语没有多少影响，如：फलफूल、फलाम 等，但是在汉语里有很大的区别。因此尼泊尔的学生很难正确读出"朋友""漂亮"等词。

2. z[ts]、c[tsʻ]、zh[tʂ]、ch[tʂʻ]、j[tɕ] 和 q[tɕʻ] 的可迁移

图 3.13 中的虚线代表听觉，实线代表拼音提供的视觉影响。在尼泊尔语音系统中 z[ts]、zh[tʂ] 和 c[tsʻ]、ch[tʂʻ] 分别可以用尼语的 च[ts] 和 छ[tsʰ] 代替，j[tɕ] 和 q[tɕʻ] 也可以用尼语的 चि[ts i] 和 छि[tsʰ i] 来代替。但读拼音的时候接受英语和尼语的影响，如 z[ts]、zh[tʂ] 受英语的 zoo[zu:] 影响而发成 ज[dz]。

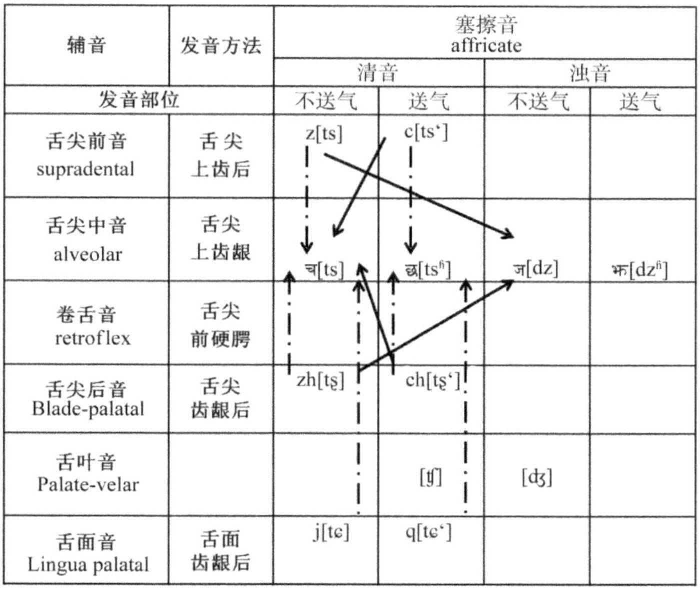

第三章　尼泊尔初中汉语课堂教学模式组成因素间的关系

辅音	发音方法	塞擦音 affricate			
		清音		浊音	
发音部位		不送气	送气	不送气	送气
舌尖前音 supradental	舌尖 上齿后	z[ts]	c[tsʻ]		
舌尖中音 alveolar	舌尖 上齿龈	ञ[ts]	छ[tsʰ]	ज[dz]	झ[dzʱ]
卷舌音 retroflex	舌尖 前硬腭				
舌尖后音 Blade-palatal	舌尖 齿龈后	zh[tʂ]	ch[tʂʻ]		
舌叶音 Palate-velar			[ʧ]	[dʒ]	
舌面音 Lingua palatal	舌面 齿龈后	j[tɕ]	q[tɕʻ]		

图 3.13　中英尼中 z、c、zh、ch、j、q 的可迁移性过程

3. g[k]、k[kʻ] 和 h[x] 的可迁移

拼音的视觉和发音的听觉对于尼泊尔学习者掌握汉语发音有影响。汉语的 g[k] 和 k[kʻ] 在听觉上提供 क[k] 和 ख[kʰ] 的感觉，但是拼音读的时候拼音的"g"与英语的 [g] 混合而发音的时候学习者选择 ग[g]。同样，k[kʻ] 的拼音"k"提供英语的 [k] 的视觉影响而发音是 क[k]。

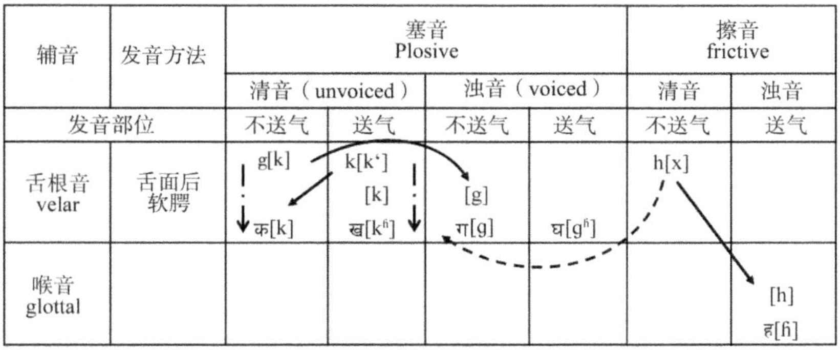

辅音	发音方法	塞音 Plosive				擦音 frictive	
		清音（unvoiced）		浊音（voiced）		清音	浊音
发音部位		不送气	送气	不送气	送气	不送气	送气
舌根音 velar	舌面后 软腭	g[k] क[k]	k[kʻ] [k] ख[kʰ]	[g] ग[g]	घ[gʱ]	h[x]	
喉音 glottal						[h]	ह[ɦ]

图 3.14　中英尼中 g、k 和 h 的可迁移性过程

汉语的 h[x] 与尼语的 ह[ɦ] 之间送气和不送气的区别影响到初中汉语学习者的发音，所以学习者一般说成 ख[kʰ]。图 3.14 中的虚线代表听觉，实线代

表拼音提供的视觉影响。

4. d[t] 和 t[t'] 的可迁移

图 3.15 中的虚线代表听觉,实线代表拼音提供的视觉影响。学习者对 d[t] 和 t[tv] 的发音也存在原有语言的影响。在尼泊尔语音系统 d[t] 表示两种音,त[t] 和 ट[t],但是拼音中的"d"激活学习者在英语掌握的 [d],而读成尼语的 द[d]。同样,t[t'] 在听觉上同 थ[tʰ],但在拼音中视觉上是 [t] 而发成 त[t] 音。

辅音	发音方法	塞音 Plosive			
		清音(unvoiced)		浊音(voiced)	
发音部位		不送气	送气	不送气	送气
舌间齿间 InterDental	舌尖齿间	त[t]	थ[tʰ]	द[d]	ध[dʰ]
舌尖中音 Alveolar	舌尖上齿龈	d[t] [t]	t[t']	[d]	
卷舌音 Retroflex	舌尖前硬腭	ट[t]	ठ[tʰ]	ड[d]	ढ[dʰ]

图 3.15 中英尼中 d 和 t 的可迁移性过程

5. s[s]、sh[ʂ']和 x[ɕ] 的可迁移

尼泊尔语音系统中 s[s]、sh[ʂ'] 和 x[ɕ],都用 स[s] 来代替,所以学习者刚开始学习汉语的时候,无法分辨汉语拼音的"s"和"sh"以及"x"。

辅音	发音方法	擦音 frictive	
		清音	浊音
发音部位		不送气	送气
舌尖前音 supradental	舌尖上齿后	s[s] स[s]	
舌尖中音 alveolar	舌尖上齿龈	[s]	[z]
卷舌音 retroflex	舌尖前硬腭		
舌尖后音 Blade-palatal	舌尖齿龈后	sh[ʂ']	r[z]
舌面音 Lingua palatal	舌面齿龈后	x[ɕ]	

图 3.16 中英尼中 s、sh、x 的可迁移性过程

第三章　尼泊尔初中汉语课堂教学模式组成因素间的关系

尼泊尔语中的"श"和"ष"可以应用为分辨"s"和"sh"的发音。"x"与"s"和"sh"之间发音的不同也可以用尼语表示，如："下"可以用"स्या"学习发音。见图 3.16。

从表 3.12 可知，尼泊尔初中汉语学习者在听教师的发音和看拼音阅读的时候经常出现发音输出的不同。学习者经常把拼音读成英文，而听到的发音理解为另一种发音。此外，发音英文的时候也产生尼语的影响。这种现象影响学习者在掌握汉语时导致发音上的阻碍。教师在课堂互动过程中在黑板上写一些汉语词和拼音，再让学习者使用尼语字母表音。学习者的接收汉语发音为：

表 3.12　尼泊尔学习者的汉语发音中英语和尼语的影响

发音中受到的跨语言影响	学生对汉语发音的偏误图
"中"的拼音"zh"（应该是尼语的"च-"音）发音为 ["ज"]	
"图书馆"的拼音中"t"（应该是尼语的"थ"音）发音为"त"	
拼音"g"（应该是尼语的"क"音）发音为 ["ग"]	
"文"的拼音"wen"（应该是尼语的"वन"音）发音为 ["वेन"（像英语的 pen）]	

· 147 ·

续表

发音中受到的跨语言影响	学生对汉语发音的偏误图
"尼泊尔"的"bo"（尼语应该是"पो"），因为英语的影响而发音成"बो"。	（学生手写偏误示例图）
"在"的"zai"（尼语应该是"चाई"），因为英语的影响而发音成"जाई"。	（学生手写偏误示例图）

七、学习者记忆汉语发音的策略

尼泊尔初中汉语学习者在课堂学习汉语时一般都使用拼音记下汉字的发音，所以课堂活动中让学习者自己选记忆汉字发音的方式。

为了记住17个汉字，学习者选了3个方式：拼音、尼语发音以及直接用汉字。78名学生中67.3%的学生使用拼音记下来，28.2%的学生使用尼语发音记下来，而4.4%的学生使用汉字直接记下来。

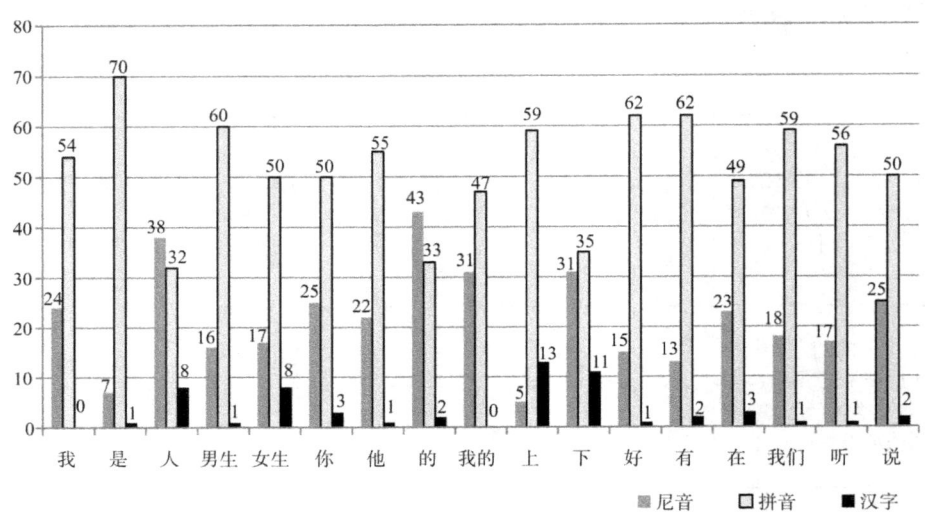

图 3.17　学习者在学习汉字（词）过程中选择发音音标

如图 3.17 所示，学生为了记住不同字使用不同的发音系统。因为大部分学生都在使用拼音学习汉语，所以 67.3% 的学生使用了拼音系统，但是有一些词，如"人""的""下"等汉字使用尼语记忆会比较快。还有一部分学生直接用汉字（如人、女生上和下等）进行标注。汉语词"女生"的拼音中 nǚ shēng 的"ǚ"不符合英语读音习惯，而学习者只具备英语和尼语文字的知识来表达，所以有一些学生觉得使用尼语的"नू सङ"记住发音就比较简单。汉语教学中如果学习者有选择自己掌握汉字发音的方式，他们能感知到更多的学习汉语的信息。

老师分享教学经验的时候说，她在课堂上强调课堂纪律而提醒他们如果要进教室，首先要说"我可以进来吗？"才能进来，否则只能待在门外了。当时有一位学生在本子上记下来他的发音为"wo ke e chin lai ma？（May I come in?）"。其中学生利用他本身具有的语言知识而注意汉语发音。学生把"可以"中"以"的发音使用英文字母"e"来代替，同样"进来"的"进"的发音使用英文词"chin（下巴）"来代替。学生使用原有语言知识可以注意到汉语的正确发音以及应用在课堂上。

同样，课堂师生互动中使用听写方式老师一个一个地读汉字（词）而让学习者（不同班的 100 位）自己选择容易感知到的发音形式。学习者对汉语语音感知结果是：

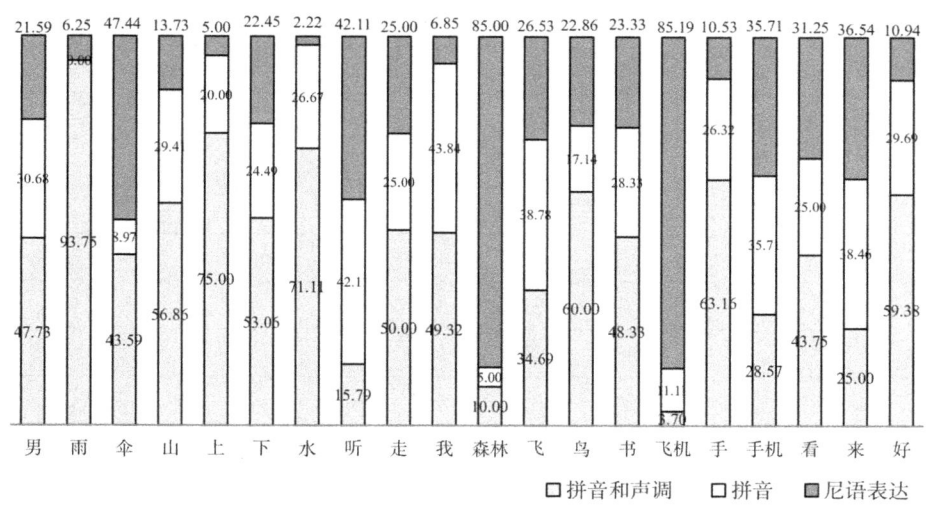

图 3.18　学习者使用拼音和尼语表达感知到的发音

图 3.18 显示，学习者对伞（47.44%）、听（42.11%）、森林（85%）、飞机

(85.19%)、手机(35.71%)、看(31.25%)、来(36.54%)等几个字是用尼语表示发音的。如：伞—सान；听—थिइ；森林—सन लीन；飞机—फे ची；手机—शी ची；看—खान；伞—लाई。学生认为使用尼语读这些汉字(词)比使用拼音容易得多。第一个原因是尼语发音不变所以表音可以提供正确的发音，第二是学生很难发一些拼音。

从图3.18可知，尼泊尔初中生有潜力利用他们具备的尼语的发音方式清楚地理解汉语的发音。但是汉语教师不理解尼语，所以这一学习者可以掌握的语音的可能性就无法呈现。结果在课堂教学中这信息作为隐藏的信息，因此学习者无法使用。

八、学习者的原有语言知识对听觉上的可迁移性影响

汉语教学中学习者因为原有知识，听觉方面会产生错误。在尼泊尔汉语课堂中教师进行的听写任务，学习者原有语言知识会导致学习者的听写错误。

100个学生做完了20个汉字的听写任务。1953个答案中有866个发音正确，1087个发音有误。错误的1087个发音中有121个(11.13%)是受英语词的影响，有87个(8%)是受尼语词的影响。

表3.13 学习者的原有语言知识影响汉语语音的感知

汉字	英语词的影响	数量	尼语词上的影响	数量	汉字	英语词的影响	数量	尼语词上的影响	数量
男	Nine	2			森林	san living	1		
	Nile	1				sail	2		
	Man	1				sun lean	1		
雨	You	11				sal lay	1		
	Way	1			飞	Fake	9		
伞			साल	2		Fery	1		
			साउ	1	鸟	New	1	न्याउ	1
山	Sham	2	सायान	1	书	So	1		
			साल	2		Fatch	1		
上	Sung	1	स्याम	2	飞机	fai tea	1		
	Shaw	1	साग	2		fak tea	1		
	Sang	6	साम	1		fanty	1		

续表

汉字	英语词的影响	数量	尼语词上的影响	数量	汉字	英语词的影响	数量	尼语词上的影响	数量
下	Saw	1	स्य	1	手	so	1	स्याउ	3
水	Sary	1	सुइ	4		show	4	साव	1
	Shaw	2	सवे	1		sow	1	शौ	4
听	Thing	8	थियो	12				श	2
	Thin	5						स्व	1
	Tin	3						स्याव	1
	Teak	1			手机	show che	1	साउ जी	8
	Think	1				show e	1	सौ ची	3
走			जाऊ	3		sho tea	1	साव जी	1
			साउ	2		sauge	1		
			जो	3	看	Cut	1	खाट	3
			चाउ	10		Chat	1	कान	1
我	Walk	3	वा	1				खा	7
	Wow	1	वआ	1	来	Lie	24	लय	1
好	Who	1						लाए	1
	How	11							

从表3.13可知,学习汉语时学习者原有语言知识影响他们的听觉。学习者会把听到的汉语语音自然而然地理解成他已经掌握的词汇。比如由于学习者已掌握英语的 Nine、Nile 等词汇或尼语的 न जी,所以刚开始听"男"或"手机"的时候,他们就会感知到听力的错觉。

九、语法上原有语言知识提供的学习汉语的可迁移性影响

语序分类是根据语言中主语(S)、谓语动词(V)和宾语(O)的位置关系而进行的语言分类。一般语言分类为6种语序:SVO、SOV、VSO、OSV、VOS、OVS。其中,SVO 和 SOV 语序的语言占90%。尼泊尔语属于 SOV 语序结构,汉语和英语属于 SVO 语序结构。语序的不同导致句子结构形式不同。汉语及英语的语序相同,所以理解简单句会比较简单。比如不同于尼语,汉语和英语的动词位于宾语的前面。

就语序而言，汉语与尼语完全不同，学习者很容易出现偏误。但是英语与汉语的语序较为一致，所以初级学习者通过英语语序来理解汉语句法会很快。因为英语的语序比尼泊尔语更能提供学习的"积极性"。如：

  汉语：SVO 我   是   学生。
  英语：SVO I   am   student.
  尼语：SOV म   विद्यार्थी हुँ।

不过助词（吗、呢、吧）方面，尼语能提供更多的学习信息，因为尼语也具备助词，且尼泊尔学习者在尼语中经常使用这种句型。如：

  你呢？（तिमी नि？）
  是吗？（हो र？）
  好吧。（हुन्छ त।）

尼语中的"नि""र""त"与汉语的"呢""吗""吧"的用法在意义上相似，而且这些词汇在尼语和汉语中经常出现。若使用英语，这些词汇将很难解释。

除此以外，在尼语中，量词的使用也很频繁。如：

  1. 一个（एक वटा），两个（दुई वटा），三个（तीन वटा）……．
  2. 一块（एक टुका），两块（दुई टुका），三块（तीन टुका）……．
  3. 一张（एक पन्ना），两张（दुई पन्ना），三张（तीन पन्ना）……．
  4. 一箱（एक बट्टा），两箱（दुई बट्टा），三箱（तीन बट्टा）……．
  5. 一滴（एक थोपा），两滴（दुई थोपा），三滴（तीन थोपा）……．

尼语与汉语的相似特征可以变成学习汉语的正迁移性特征，但是汉语教师本身缺乏尼语知识的情况下所具备的尼语的可迁移性特征就无法运用到学习过程中，所以尼泊尔初中汉语学习者无法发现存在的学习可能性而成为隐藏的信息。尼泊尔汉语教学需要开发及利用对学习者有帮助的学习汉语的未开发或未发现的可迁移性信息，从而给学习者提供更多的学习汉语的机会。

第五节 学习者对汉语课堂的感知

一、8所学校的学习者对汉语课堂的感知

该汉语课堂感知的量表在Bernardo等使用的课堂感知变量的基础上修改后，再应用为研究尼泊尔初中汉语教学的课堂感知。笔者通过该调查问卷收集了数据后进行信效度检验。Kaiser-Meyer-Olkin检验结果显示

KMO=0.834（0.5<KMO<1）接近于1,说明变量间的相关性很强。Bartlett的球形度检验结果具有显著（sig.=0.000<0.05）,显示各变量间具有相关性。同样,Cronbach's alpha=0.801（23项）说明收集的数据是可靠的。

表3.14 不同学校的学生对课堂的感知的描述统计量

课堂感知		N	均值	标准差	标准误	表均的90%置信区间		极小值	极大值
						下限	上限		
以学习者为中心的教学	NA	56	4.84	0.750	0.100	4.638	5.040	2.71	6.00
	EES	81	5.30	0.711	0.079	5.139	5.454	1.71	6.00
	PNF (A)	25	4.83	0.795	0.159	4.505	5.161	2.57	6.00
	PNF(B)	76	5.05	0.644	0.074	4.899	5.193	2.86	6.00
	DAV	42	5.21	0.628	0.097	5.019	5.410	3.43	6.00
	AK	17	4.68	1.055	0.256	4.133	5.218	2.29	5.71
	Sanskriti	13	4.82	0.765	0.212	4.362	5.287	3.43	5.86
	LRI	32	5.13	0.621	0.110	4.910	5.358	3.71	6.00
	Total	342	5.06	0.734	0.040	4.980	5.136	1.71	6.00
语言与文化探究活动	NA	56	4.26	0.803	0.107	4.050	4.480	2.50	5.67
	EES	80	4.50	0.848	0.095	4.315	4.693	2.50	5.83
	PNF (A)	24	4.20	0.921	0.188	3.810	4.587	1.50	5.50
	PNF(B)	76	4.39	0.739	0.085	4.217	4.555	2.00	5.83
	DAV	42	4.63	0.754	0.116	4.397	4.867	2.83	5.83
	AK	17	4.41	1.205	0.292	3.794	5.033	2.17	5.83
	Sanskriti	13	4.18	0.771	0.214	3.714	4.646	3.00	5.33
	LRI	32	4.57	0.799	0.141	4.285	4.861	3.00	5.83
	Total	340	4.42	0.829	0.045	4.334	4.511	1.50	5.83
积极情感和信念	NA	56	4.89	0.869	0.116	4.660	5.126	2.83	6.00
	EES	80	5.04	1.131	0.126	4.790	5.293	1.33	6.00
	PNF (A)	23	4.45	1.211	0.253	3.923	4.970	1.00	6.00
	PNF(B)	76	4.88	0.928	0.106	4.664	5.088	1.50	6.00
	DAV	42	5.28	0.758	0.117	5.042	5.515	3.33	6.00
	AK	17	4.67	0.923	0.224	4.198	5.147	1.83	5.67
	Sanskriti	13	4.77	0.964	0.267	4.187	5.352	3.33	6.00
	LRI	32	5.12	1.081	0.191	4.730	5.510	1.00	6.00
	Total	339	4.95	1.001	0.054	4.840	5.054	1.00	6.00

续表

课堂感知		N	均值	标准差	标准误	表均的 90% 置信区间		极小值	极大值
						下限	上限		
成绩作为反馈	NA	56	4.79	1.107	0.148	4.498	5.091	1.50	6.00
	EES	80	5.09	1.201	0.134	4.820	5.355	1.00	6.00
	PNF (A)	23	4.74	0.915	0.191	4.343	5.135	3.00	6.00
	PNF(B)	76	4.74	1.034	0.119	4.501	4.973	2.00	6.00
	DAV	42	5.24	0.806	0.124	4.987	5.489	2.50	6.00
	AK	17	4.41	1.406	0.341	3.689	5.135	1.50	6.00
	Sanskriti	13	4.88	1.121	0.311	4.207	5.562	2.00	6.00
	LRI	32	5.11	1.169	0.207	4.688	5.531	1.00	6.00
	Total	339	4.92	1.104	0.060	4.798	5.034	1.00	6.00
支持性自主学习	NA	56	4.16	1.415	0.189	3.782	4.540	1.00	6.00
	EES	79	4.05	1.612	0.181	3.690	4.412	1.00	6.00
	PNF (A)	22	4.09	0.826	0.176	3.725	4.457	3.00	6.00
	PNF(B)	76	4.83	1.295	0.149	4.533	5.125	1.00	6.00
	DAV	42	4.77	1.149	0.177	4.416	5.132	1.50	6.00
	AK	17	2.85	1.477	0.358	2.094	3.612	1.00	6.00
	Sanskriti	13	4.08	1.618	0.449	3.099	5.055	1.00	6.00
	LRI	32	4.61	1.190	0.210	4.181	5.038	2.00	6.00
	Total	337	4.33	1.437	0.078	4.177	4.485	1.00	6.00

表 3.14 显示，学习者在汉语课堂中能感知到"以学习者为中心的教学"（均值 =5.06，标准方差 =0.734），说明教师经常关心学习者的学习情况，为学习者考虑，并找出适合的学习方式来授课。但表 3.15 的 ANOVA 结果显示，8 所学校的学生在课堂感知"以学习者为中心的教学"方面存在显著差异（F=3.626，P=0.001<0.05，）。这是因为每个学校的教师不同，使用的教学法不同。

"积极情感和信念"表示学习者对教师和教学产生的情感，如对课堂教学的兴趣、与教师的关系以及对语言的反感等。表 3.14 示"积极情感和信念"的均值 =4.95，标准方差 =1.001，而表 3.15 显示，不同学习者在"积极情感和信念"上有显著差异（F=2.086，P=0.045<0.05）。"支持性自主学习"表示学习者能自主学习（均值 =4.33，标准方差 =1.437），显示不同学校的学生在支持性自主学习的感知上有显著差异（F=5.836，P=0.000<0.05）。

表 3.15 学习者对课堂的感知与学校之间的单因素方差分析（One-way ANOVA）

因变量	组类型	平方和	df	均方	F	Sig.
以学习者为中心的教学	组间	12.963	7	1.852	3.626	0.001
	组内	170.569	334	0.511		
	总数	183.531	341			
语言与文化探究活动	组间	7.638	7	0.937	1.376	0.215
	组内	242.639	332	0.681		
	总数	250.277	339			
积极情感和信念	组间	14.294	7	2.042	2.086	0.045
	组内	324.078	331	0.979		
	总数	338.372	338			
成绩作为反馈	组间	17.619	7	2.517	1.939	0.063
	组内	418.169	331	1.263		
	总数	435.788	338			
支持性自主学习	组间	76.64	7	10.949	5.836	0.000
	组内	617.219	329	1.876		
	总数	693.859	336			

同样，在"语言与文化探究活动"方面，8所学校的学生感知的（均值=4.42，标准方差=0.829）不存在显著差异（F=1.376，P=0.215>0.05）。在"成绩作为反馈"方面，这些学校的学生感知的（均值=4.92，标准方差=1.104）不存在显著差异（F=1.939，P=0.063>0.05）。见表 3.15。

二、6、7和8年级的学习者对汉语课堂的感知

表 3.16 显示了初中 6、7、8 年级的学生在汉语课堂感知的分布。从表 3.16 所知，在"以学习者为中心的教学"的感知方面 6 年级学生的均值（M）为 5.05（标准方差 SD=0.73），7 年级为 M=4.94（SD=0.69），8 年级为 M=5.06（SD=0.90）；在"语言与文化探究活动"的感知方面，6 年级为 M=4.46（SD=0.85），7 年级为 M=4.29（SD=0.72），8 年级为 M=4.58（SD=1.00）；在"积极情感和信念"的感知方面，6 年级为 M=4.96（SD=1.05），7 年级为 M=4.83（SD=0.95），8 年级为 M=5.30（SD=0.74）；在"成绩作为反馈"的感

知方面，6年级为 M=4.97（SD=1.18），7年级为 M=4.78（SD=0.90），8年级为 M=5.02（SD=1.20），以及在"支持性自主学习"的感知方面，6年级为 M=4.16（SD=1.50），7年级为 M=4.44（SD=1.31），8年级为 M=5.10（SD=1.16）。

表 3.16 不同年级的学生对课堂的感知的描述统计量

课堂感知		N	均值	标准差	标准误	表均的 90% 置信区间		极小值	极大值
						下限	上限		
以学习者为中心的教学	6	208	5.05	0.73	0.05	5.02	5.22	1.71	6
	7	104	4.94	0.69	0.07	4.81	5.07	2.86	6
	8	30	5.06	0.90	0.16	4.72	5.40	2.29	6
	总数	342	5.06	0.73	0.04	4.98	5.14	1.71	6
语言与文化探究活动	6	206	4.46	0.85	0.06	4.35	4.58	1.5	5.83
	7	104	4.29	0.72	0.07	4.15	4.43	2	5.83
	8	30	4.58	1.00	0.18	4.21	4.96	2.17	5.83
	总数	340	4.42	0.83	0.04	4.33	4.51	1.5	5.83
积极情感和信念	6	205	4.96	1.05	0.07	4.81	5.10	1	6
	7	104	4.83	0.95	0.09	4.64	5.01	1.5	6
	8	30	5.30	0.74	0.14	5.02	5.57	3.33	6
	总数	339	4.95	1.00	0.05	4.84	5.05	1	6
成绩作为反馈	6	205	4.97	1.18	0.08	4.81	5.13	1	6
	7	104	4.78	0.90	0.09	4.60	4.95	2.5	6
	8	30	5.02	1.20	0.22	4.57	5.46	1.5	6
	总数	339	4.92	1.10	0.06	4.80	5.03	1	6
支持性自主学习	6	203	4.16	1.50	0.11	3.96	4.37	1	6
	7	104	4.44	1.31	0.13	4.18	4.69	1	6
	8	30	5.10	1.16	0.21	4.67	5.53	1.5	6
	总数	337	4.33	1.44	0.08	4.18	4.48	1	6

表 3.17 的单因素方差（ANOVA）分析结果显示，初中不同年级（6、7 和 8 年级）的学生在汉语课堂的"支持性自主学习"感知存在显著差异

（F=6.159，P=0.002<0.05）。这说明，这三个年级的学生在汉语课堂的"支持性自主学习"感知上有不同，但是"以学习者为中心的教学"（F=2.045，P=0.131>0.05）、"语言与文化探究活动"（F=2.061，P=0.129>0.05）、"积极情感和信念"（F=2.609，P=0.075>0.05）和"成绩作为反馈"（F=1.181，P=0.308>0.05）的感知上就不显著明显的差异。

表3.17 6、7、8年级的学生与对课堂的感知之间的单因素方差分析（One-way ANOVA）

因变量	组类型	平方和	df	均方	F	Sig.
以学习者为中心的教学	组间	2.188	2	1.094	2.045	0.131
	组内	181.343	339	0.535		
	总数	183.531	341			
语言与文化探究活动	组间	2.812	2	1.406	2.061	0.129
	组内	229.959	337	0.682		
	总数	232.771	339			
积极情感和信念	组间	5.175	2	2.588	2.609	0.075
	组内	333.197	336	0.992		
	总数	338.372	338			
成绩作为反馈	组间	2.874	2	1.437	1.181	0.308
	组内	408.980	336	1.217		
	总数	411.854	338			
支持性自主学习	组间	24.680	2	12.340	6.159	0.002
	组内	669.179	334	2.004		
	总数	693.859	336			

表3.18的分析结果显示，在汉语课堂的"以学习者为中心的教学"感知，6年级与7年级之间存在显著差异（均值差=0.177、P=0.044<0.05）；"积极情感和信念"感知上8年级与7年级之间具有显著差异（均值差=0.468，P=0.024<0.05）和"支持性自主学习"感知方面8年级与6年级（均值差=0.937，P=0.001<0.05）并且8年级与7年级（均值差=0.468，P=0.662<0.025）之间存在显著的差异。

表 3.18 初中不同年级的课堂感知的多重比较

LSD

因变量	（I）年级	（J）年级	均值差（I-J）	标准误	Sig.	95% 置信区间 下限	95% 置信区间 上限
以学习者为中心的教学	6	7	0.17762*	0.088	0.044	0.005	0.350
	6	8	0.055	0.143	0.701	−0.226	0.336
	7	6	−0.17762*	0.088	0.044	−0.350	−0.005
	7	8	−0.123	0.152	0.419	−0.421	0.175
	8	6	−0.055	0.143	0.701	−0.336	0.226
	8	7	0.123	0.152	0.419	−0.175	0.421
语言与文化探究活动	6	7	0.168	0.099	0.092	−0.028	0.363
	6	8	−0.122	0.161	0.451	−0.439	0.196
	7	6	−0.168	0.099	0.092	−0.363	0.028
	7	8	−0.290	0.171	0.092	−0.626	0.047
	8	6	0.122	0.161	0.451	−0.196	0.439
	8	7	0.290	0.171	0.092	−0.047	0.626
积极情感和信念	6	7	0.131	0.120	0.275	−0.105	0.367
	6	8	−0.338	0.195	0.083	−0.721	0.045
	7	6	−0.131	0.120	0.275	−0.367	0.105
	7	8	−0.46895*	0.206	0.024	−0.875	−0.063
	8	6	0.338	0.195	0.083	−0.045	0.721
	8	7	0.46895*	0.206	0.024	0.063	0.875
成绩作为反馈	6	7	0.192	0.133	0.149	−0.069	0.453
	6	8	−0.046	0.216	0.831	−0.470	0.378
	7	6	−0.192	0.133	0.149	−0.453	0.069
	7	8	−0.238	0.229	0.299	−0.688	0.212
	8	6	0.046	0.216	0.831	−0.378	0.470
	8	7	0.238	0.229	0.299	−0.212	0.688

续表

因变量	（I）年级	（J）年级	均值差（I-J）	标准误	Sig.	95% 置信区间	
						下限	上限
支持性自主学习	6	7	−0.275	0.171	0.108	−0.611	0.061
		8	−0.93744*	0.277	0.001	−1.482	−0.393
	7	6	0.275	0.171	0.108	−0.061	0.611
		8	−0.66250*	0.293	0.025	−1.240	−0.086
	8	6	0.93744*	0.277	0.001	0.393	1.482
		7	0.66250*	0.293	0.025	0.086	1.240

* 均值差的显著性水平为 0.05

由表 3.17 和表 3.18 可知，尼泊尔初中学生在汉语教学的课堂感知上不存在很明显的差异，但是在"以学习者为中心的教学""积极情感和信念""支持性自主学习"方面不同年级的学生感知具有差异。

三、学习者的课堂感知的因素之间的相关性

从表 3.19 可知，学习者在课堂上感知到的"以学习者为中心教学"与"语言与文化探究活动"（$0.3</r/=0.498<0.5$，$P=0.000<0.05$）；"积极情感和信念"（$0.3</r/=0.350<0.5$，$P=0.000<0.05$）和"成绩作为反馈"（$0.3</r/=0.456<0.5$，$P=0.000<0.05$）之间具有显著的相关性，即显示了中度正相关。这说明，课堂上能感知以学习者为中心的汉语学习环境也会影响学习者在语言与文化探究活动、积极情感和信念和成绩作为反馈方面提升感知。同样，"语言与文化探究活动"与"以学习者为中心的教学"（$0.3</r/=0.498<0.5$，$P=0.000<0.05$）、"积极情感和信念"（$0.3</r/=0.310<0.5$，$P=0.000<0.05$）和"成绩作为反馈"（$0.3</r/=0.408<0.5$，$P=0.000<0.05$）之间具有显著的正相关。这显示，学习者在汉语课堂上能感知语言与文化探究活动会影响他们在课堂上感知以学习者为中心的教学、积极情感和信念以及成绩作为反馈方面的环境。

表 3.19 学习者的汉语课堂感知之间的相关性研究

课堂感知		以学习者为中心的教学	语言与文化探究活动	积极情感和信念	成绩作为反馈	支持性自主学习
以学习者为中心的教学	Pearson Correlation Sig. (2-tailed) N	1	0.498** 0.000 340	0.350** 0.000 339	0.456** 0.000 339	0.040 0.466 337

续表

课堂感知		以学习者为中心的教学	语言与文化探究活动	积极情感和信念	成绩作为反馈	支持性自主学习
语言与文化探究活动	Pearson Correlation Sig. (2-tailed) N	0.498** 0.000 340	1	0.310** 0.000 338	0.408** 0.000 339	−0.067 0.219 336
积极情感和信念	Pearson Correlation Sig. (2-tailed) N	0.350** 0.000 339	0.310** 0.000 338	1	0.345** 0.000 337	0.292** 0.000 337
成绩作为反馈	Pearson Correlation Sig. (2-tailed) N	0.456** 0.000 339	0.408** 0.000 339	0.345** 0.000 337	1	0.060 0.269 336
支持性自主学习	Pearson Correlation Sig. (2-tailed) N	0.040 0.466 337	−0.067 0.219 336	0.292** 0.000 337	0.060 0.269 336	1

注：* 在 0.05 水平（双侧）上显著相关，** 在 0.01 水平上显著相关

"积极情感和信念"与"以学习者为中心的教学"（$0.3</r/=0.350<0.5$，$P=0.000<0.05$）、"语言与文化探究活动"（$0.3</r/=0.330<0.5$，$P=0.000<0.05$）、"成绩作为反馈"（$0.3</r/=0.345<0.5$，$P=0.000<0.05$）和"支持性自主学习"（$0.3</r/=0.292<0.5$，$P=0.000<0.05$）之间具有显著的正相关，这说明汉语课堂的积极情感和信念会影响其他课堂感知因素。同样，"成绩作为反馈"与"以学习者为中心的教学""语言与文化探究活动""积极情感和信念"存在显著的相关性。"支持性自主学习"只与"积极情感和信念"具有显著正相关。

从表 3.19 可知，课堂上的"以学习者为中心的教学"和"积极情感和信念"的感知与"语言与文化探究活动"和"成绩作为反馈"存在显著性的相关性，而且具有中度正相关。汉语课堂中"积极情感和信念"的感知与"支持性自主学习"方面的感知上只有弱度正相关，所以为了让学习者更好地学习汉语，汉语课堂中学习者应该能感知到"以学习者为中心的教学"环境、"积极情感和信念"态度和"支持性自主学习"的自信。

四、学习者的学习风格与对汉语课堂的感知之间的关系

如表 3.20 所示，在汉语课堂上能感知到"以学习者为中心的教学"与学习者的视觉型与听觉型（$/r/=-0.213<0.3$，$P=0.004<0.05$）、整体处理型与个别处理型（$/r/=0.175<0.3$，$P=0.019<0.05$）、综合型与分析型（$/r/=-0.158<0.3$，

表 3.20 学习者呈现的学习风格与对课堂的感知之间的相关研究

学习风格 课堂感知		听觉型=2 视觉型=1	内向型=2 外向型=1	具体线性型=2 随意知觉型=1	开放型=2 封闭型=1	个别处理型=2 整体处理型=1	分析型=2 综合型=1	齐平型=2 尖锐型=1	归纳型=2 演绎型=1	场依存型=2 场独立型=1	反思型=2 冲动型=1	逐字型=2 隐喻型=1
以学习者为中心的教学	Pearson Correlation	-0.213**	-0.029	0.064	-0.125	0.175*	-0.158*	-0.170*	-0.099	-0.125	-0.028	0.068
	Sig. (2-tailed)	0.004	0.694	0.384	0.09	0.019	0.032	0.023	0.201	0.097	0.708	0.386
	N	184	190	185	185	181	184	180	167	177	176	164
语言与文化探究活动	Pearson Correlation	-0.123	-0.237**	0.143	-0.07	0.109	-0.231**	-0.046	-0.089	-0.117	-0.006	-0.013
	Sig. (2-tailed)	0.096	0.001	0.052	0.345	0.144	0.002	0.545	0.251	0.123	0.941	0.872
	N	183	189	184	185	181	183	179	167	176	175	163
积极情感和信念	Pearson Correlation	-0.041	-0.180*	0.039	-0.181*	0.327**	-0.105	-0.158*	-0.175*	-0.105	0.104	-0.078
	Sig. (2-tailed)	0.585	0.013	0.602	0.014	0	0.156	0.035	0.024	0.167	0.17	0.323
	N	183	189	185	184	180	183	179	166	176	175	163
成绩作业反馈	Pearson Correlation	-0.031	-0.144*	0.03	-0.075	0.127	-0.187*	-0.039	-0.128	-0.229**	-0.088	0.054
	Sig. (2-tailed)	0.679	0.048	0.685	0.31	0.09	0.011	0.6	0.1	0.002	0.248	0.494
	N	183	189	184	185	181	183	179	167	176	175	163
支持性自主学习	Pearson Correlation	-0.200**	-0.012	-0.06	-0.061	0.155*	-0.078	0.004	0.023	-0.071	0.034	-0.077
	Sig. (2-tailed)	0.007	0.875	0.419	0.413	0.038	0.295	0.959	0.772	0.347	0.659	0.328
	N	183	189	185	184	180	183	179	166	176	175	163

注：* 在 0.05 水平（双侧）上显著相关，** 在 0.01 水平上显著相关

P=0.032<0.05）和尖锐型与齐平型（/r/=−0.170<0.3，P=0.023<0.05）具备显著相关性。由此可以理解视觉型、个别处理型、综合型、尖锐型学习风格的学生在课堂上能感知到学习者为中心的教学环境，但听觉型、整体处理型、分析型和齐平型学习风格的学生感知不到者学习环境。

在汉语课堂上感知"语言与文化探究活动"的学习者具备外向型与内向型（/r/=−0.237<0.3，P=0.001<0.05）和综合型与分析型（/r/=−0.231<0.3，P=0.002<0.05）学习风格。这说明外向型和综合型学习风格的学生只能感知语言与文化探究活动的环境，而内向型和分析型学习风格的学生就感知不到此环境。

汉语课堂的"积极情感和信念"表示学习者对教学的态度。在汉语课堂能感知到"积极情感和信念"与学习者具备外向型与内向（/r/=−0.180<0.3，P=0.013<0.05）、封闭型与开放型（/r/=−0.181<0.3，P=0.014<0.05）、整体处理型与个别处理型（0.3</r/=0.327<0.5，P=0.000<0.05）、尖锐型与齐平型（/r/=−0.158<0.3，P=0.035<0.05）和演绎型与归纳型（/r/=−0.175<0.3，P=0.024<0.05）之间存在显著相关。这说明，外向型、封闭型、整体处理型、尖锐型和演绎型学习风格的学生在汉语课堂上能感知到积极情感和信念，而内向型、开放型、个别处理型、齐平型和归纳型学习风格的学生感知不到目前汉语课堂教学中的积极情感和信念的环境。

汉语课堂上感知"成绩作为反馈"的学生认为他们在课堂上获得的考试成绩能测量他们的汉语能力。外向型与内向型（/r/=−0.144<0.3，P=0.048<0.05）、综合型与分析型（/r/=−0.187<0.3，P=0.011<0.05）和场独立型与场依存型（/r/=−0.229<0.3，P=0.002<0.05）学习风格的学生与汉语课堂上感知"成绩作为反馈"之间具有显著的相关性，表示外向型、综合型和场独立型学习风格的学生在汉语课堂上认为成绩可以表示他们的学习成果。感官（视觉型与听觉型）（/r/=−0.200<0.3，P=0.007<0.05）和整体处理型与个别处理型（0.3</r/=0.155<0.5，P=0.038<0.05）学习风格的学生与汉语课堂上感知"支持性自主学习"之间具有显著的相关性，说明视觉型和个别处理型学生在课堂中感知到"支持性自主学习"的环境，但听觉型和整体处理型学生就感知不到。

五、学习者的汉语成绩与对汉语课堂感知的相关分析与回归分析

（一）相关分析

本研究为了了解汉语课堂的感知对汉语学习的影响，对 EES 学校和 NA

学校的 6 年级学生（45 名学生）的汉语考试成绩（期中和期末考试的均值）与对汉语课堂感知因素进行相关分析。

表 3.21　汉语成绩与对汉语课堂的感知的相关分析

检验类型	汉语成绩	以学习者为中心的教学	语言与文化探究活动	积极情感和信念	成绩作为反馈	支持性自主学习
Pearson Correlation	1	0.306*	0.023	0.391**	0.092	0.434**
Sig. (2-tailed)	—	0.039	0.878	0.007	0.544	0.003

注：* 在 0.05 水平（双侧）上显著相关
** 在 0.01 水平上显著相关

从表 3.21 来看，学习者获得的汉语成绩与"以学习者为中心的教学"（$0.3</r/=0.306<0.5$，$P=0.039<0.05$）、"积极情感和信念"（$0.3</r/=0.391<0.5$，$P=0.007<0.05$）和"支持性自主学习"（$0.3</r/=0.434<0.5$，$P=0.003<0.05$）具有显著中度正相关。

（二）回归分析

相关分析后把没有显著相关的汉语课堂感知删除（见表 3.22），然后继续进行回归分析。分析中，汉语成绩是因变量，"支持性自主学习""以学习者为中心的教学""积极情感和信念"是预测变量。

表 3.22　汉语成绩与汉语课堂感知的回归模型汇总

模型	R	R 方	调整 R 方	标准估计的误差
1	0.605[a]	0.366	0.320	9.43962

注：a. 预测变量：（常量），支持性自主学习，以学习者为中心的教学，积极情感和信念

从表 3.22 的汉语成绩与汉语课堂感知的回归模型汇总可知，调整 R 方为 0.320，表示变量"支持性自主学习""以学习者为中心的教学""积极情感和信念"一共可以解释因变量汉语成绩 32% 的变化。

表 3.23　汉语成绩与汉语课堂感知的回归 ANOVA[b]

模型	平方和	df	均方	F	Sig.
Regression	2156.438	3	718.813	8.067	0.000[a]
Residual	3742.467	42	89.106	—	—
Total	5898.905	45			

注：a. 预测变量：（常量），支持性自主学习，以学习者为中心的教学，积极情感和信念，语言与文化探究活动
b. 因变量：汉语成绩

从表 3.23 来看，回归平方和（Regression）表示汉语成绩变量的变异中的回归模式中所包含的自变量所能解释的 2156.438，而残差（Residual 平方和）表示汉语成绩变量的差异中没有被回归模型所包含的变量解释的 3742.467。另外，sig. 值 P=0.000<0.05，说明自变量和因变量之间存在线性关系。

表 3.24 汉语成绩与汉语课堂感知的回归系数（Coefficients）[a]

模型	非标准化系数		标准系数	t	Sig.
	B	标准误差	Beta		
(Constant)	11.690	11.811		0.990	0.328
以学习者为中心的教学	4.107	2.047	0.259	2.006	0.051
积极情感和信念	2.980	1.459	0.265	2.042	0.047
支持自主学习	3.296	0.976	0.421	3.377	0.002

注：a. 因变量：汉语成绩

如表 3.24 所示，sig. 值少于 0.05，表明这些自变量对因变量有显著预测作用。

非标准化回归方程而言，汉语成绩 =11.690+4.107*"以学习者为中心的教学"+2.980*"积极情感和信念"+3.296*"支持性自主学习"。回归非标准化系数意义表明，当"以学习者为中心的教学"变量增加一个单位时，成绩增加 4.107 单位；"积极情感和信念"变量增加一个单时，成绩增加 2.980 单位，以及"支持性自主学习"变量增加一个单时，成绩增加 3.296 单位。

标准回归方程而言，汉语成绩 =0.259*"以学习者为中心的教学"+0.265*"积极情感和信念"+0.421*"支持性自主学习"，即如果"以学习者为中心的教学"变量增加一个单位标准差，成绩增加 0.259 单位标准差；"积极情感和信念"变量增加一个单位标准差，成绩增加 0.265 单位标准差和"支持性自主学习"变量增加一个单位标准差，成绩增加 0.421 标准差。

第六节 本章小结

本章通过对 8 所尼泊尔初中的汉语教学情况的实证研究探讨学校的汉语教学环境、学习者的学习风格，以及学习者在汉语课堂的感知。本章整理了汉语学习者在课堂物理环境、教师、教材、已掌握的语言中汉语教学的信息凸显的可能性而发现尼泊尔现有环境不利于汉语学习，因为学习者很难感知到环境中存在的汉语学习的信息。由于教材、教师和物理环境忽视了学习者的学习特征,环境中存在的汉语学习的信息都处在隐匿状态。对学习者而言,目前汉语学习信息是未发现和未开发的。

就学习者对汉语课堂感知而言,他们的学习风格与"以学习者为中心的教学""语言与文化活动探究""积极情感和信念""成绩作为反馈"同"支持性自主学习"之间存在显著相关性。学习者的汉语成绩与他们在课堂的"以学习者为中心的教学""积极情感和信念"和"支持性自主学习"感知之间具有显著相关性,而且回归分析结果显示"以学习者为中心的教学""积极情感和信念"和"支持性自主学习"对汉语成绩产生直接影响。

第四章　尼泊尔初中汉语教学模式研究

第一节　汉语课堂教学模式的设计

根据可供性语言教学理论，语言学习是学习者能够结合自己具备的学习特征感知环境中存在的不同语言信息，如果感知不到环境提供的语言信息，就会无法学得目的语。

本研究强调课堂教学的物理环境、语言环境、教师、教材、目的语等语言教学要素与学习者具备的学习风格和多语能力之间的互动凸显出语言学习信息，并总结出学习者能够感知课堂上产生的语言信息才能学到那种语言。本研究也提出学习者在课堂中感知到适合自己的"以学习者为中心的教学"环境，提高学习中参与的"语言与文化探究活动"，能够提高语言教学的趣味的"积极情感的信念"，对自己的语言学习评估的"成绩作为反馈"，和教学的满意和自我自信的"支持性自主学习"与不同学习风格的学生是不一样的，而这五个课堂感知要素对学习效果有影响。因此，下面从教学目标、汉语课堂教学要素的设置、教学影响因素所应完成的任务、教学模式的操作等四个方面对汉语学习信息充足的课堂教学模式进行具体的描述。

一、教学目标

本研究的汉语教学目标是使学习者在环境中感知到学习汉语的信息而激活和发展所具备的认知领域。学习者的学习特征不同导致在课堂上能感知的学习信息也不同，因此教学的目标是设计适合学习者的环境。汉语课堂教学环境应该设置为"以学习者为中心的教学"环境，以及根据学习者的学习特征决定教学内容和教学安排。以学习者为中心的教学中教师、教材、教学法要配合学习者的特征，甚至也要意识到学习者的原有语言知识、文化背景、生活习惯和学习经验。教学中这些要素有助于扩展学习者的认知领域。

从技能领域而言，每个学生都具备学习特征，并且在学习环境互动过程中都发挥本身具备的学习特征，为感知环境提供了的学习信息，从而逐渐地发展环境中感知学习汉语信息的技能。这包括学习者接触学习环境时意识到存在的语言信息，判断正确的学习信息，以及内化和找出语言信息凸显的意义。

语言教学中情感领域扮演很关键的作用。从心理语言学的角度而言，学习者对语言的态度影响到他将如何学习目的语。学习者对语言的反应（觉得简单或者难）、语言的价值、语言的社会地位、语言使用的普遍性、语言教材的可理解性、教学设备多样性、教师对教学的重视和与学生的关系影响学生对汉语教学的看法和态度。

学习策略指的是学生接触语言信息的时候提出的学习方法，而学生的学习特征（学习风格）确定他如何接收环境中能感知到的信息。学习者感知环境中存在的多样性和可用性的语言信息，是依赖于他本身具备的能力和学习经验，以及发展适当的学习策略而产生学习行为。

根据表4.1进一步分析初中汉语学习者的学习风格和他们对汉语课堂信息的感知发现，在不同的课堂中，具备不同学习风格的学习者在课堂中感知到的他们适当的教学环境、教学活动、教学内化、自我评估和学习态度的变化等因素会影响他们在课堂教学环境中感知到的信息，而且不同学习风格的学生接收与处理教学环境中存在的信息是不同的，具体如下表所示。由此，我们可以归纳什么样的环境是"以学习者为中心的教学"环境、什么样的活动适合学习者学习汉语、什么样的环境信息最容易被内化、如何评估自己和学习态度的变化的具体学习模式。

表4.1 提高学习者课堂感知的教学目标

课堂感知	学习者的学习风格	教学条件	模式应提供的条件
以学习者为中心的教学	感官、整体与个别处理型、综合与分析型、尖锐与齐平型	学习者适当的教学环境	学习信息流动的环境
语言与文化探究活动	外向与内向型、综合与分析型	教师设计的语言和文化活动	教学活动
积极情感和信念	外向与内向型、整体与个别处理型、封闭与开放型、尖锐与齐平型、演绎与归纳型	学生对教师、课程和教学活动和自己的评价	态度的变化
成绩与反馈	外向与内向型、综合与分析型、场独立与场依存型	对自己的评估	评估
支持性自主学习	感官、整体与个别处理型	信息接收的满意度和自己的自信度	教学内化

二、汉语课堂教学要素的设置

初级汉语教学模式的重要环节是教学程序和教学活动,初级汉语教学模式中教学程序应该把教师和学习者在教学中扮演的角色分清楚。汉语教学是教师"教"和学生"学"的互动过程。其中教师、学习者、教材、语言环境、物理环境等学习汉语的影响因素也不断地影响"教"和"学"的互动。对学习者来说,上述的影响因素都属于学习环境,而学习者与环境要素互动过程中感知汉语学习信息的存在。学习者在环境中利用本身具备的学习特征而获得环境提供的学习信息。如果学习者不具备感知信息的能力(可感知的特征),他们就无法学习汉语。

(一)尼泊尔初中汉语课堂教学影响因素之间的互动关系

研究中发现初中汉语教学的影响因素之间的互动过程中提供学习者学习汉语的信息。

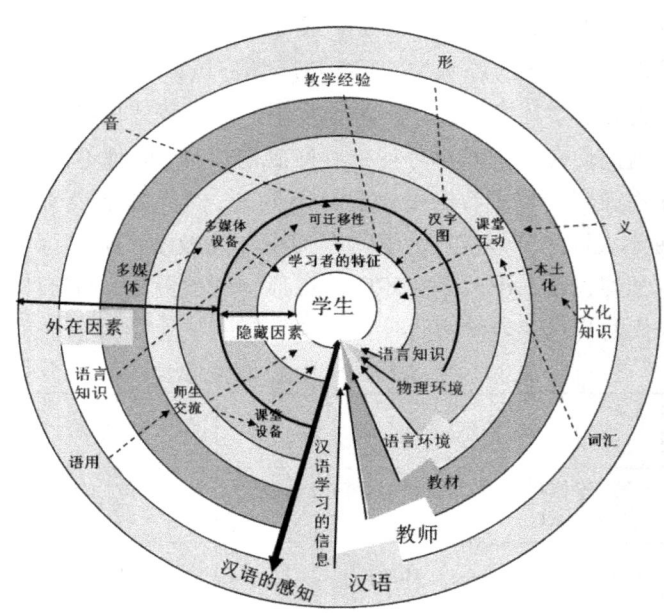

图 4.1 汉语课堂教学中教学影响因素之间的互动关系

图 4.1 表示初中汉语教学中产生的课堂影响因素之间的互动。为了实现汉语教学目标,汉语教学中学习者不断地与课堂中围绕着提供学习信息的要素包括物理环境、语言环境、教材、教师和汉语互动。在课堂互动中这些要素之间的关系影响学习者的学习。汉语教学的目标是使外环的汉语知识与语言

教学环境的不同要素互动而往中心(学习者)的方向流动。

课堂环境中汉语学习的信息无所不在,但是只有具备信息接收能力的学习者才能够感知到环境中存在的信息。学习者通过参与教学活动的方式感知到课堂环境中存在的汉语学习的信息。课堂中汉语教学影响因素都提供汉语学习的信息,而学习者拥有潜力感知环境所提供的信息,不过这依赖于学习者具备的学习特征。

课堂中汉语学习信息的设计是最关键的任务。本来汉语学习信息是无所不在的,但不凸显汉语的信息等于没有学习的可能性。因而,为了突出汉语教学影响因素提供给学习者的学习信息,教学要素要按照学生的感知能力来设计。

(二)尼泊尔汉语教学影响因素提出的学习信息的设置

课堂汉语教学要素提供的信息可以按照三个方面来设计。

1. 汉语学习信息的动态性

汉语学习信息的动态性影响环境中产生的汉语学习的可能性,所以课堂上学习汉语的机会和可能性可以通过学习信息的动态要素的设置而增加。见表4.2。

表4.2 提高汉语学习的信息

影响学习信息的要素		汉语学习中信息的使用	要素的设计
学习信息的动态性	接收信息的不同	• 让学习者接触许多汉语的信息	• 强调汉语特点 • 注意原有语言知识 • 编写国别化和多媒体教材 • 设置物理环境 • 提高语言环境
	环境的不同	• 创造学习汉语的环境	• 创造汉语使用的环境 • 设置物理环境的实用性(汉字指示牌的使用)
	个体差异	• 提供学习者匹配的学习信息	• 关注学习者的学习风格 • 了解学习者的多语能力
	个体经验的不同	• 教师的教学经验 • 学习者的语言学习经验	• 语言认知的发展 • 看他人的动作去学习 • 从他人的指导去学习 • 从自己以前做过的动作去学习
	个体观点的不同	• 对学习环境的看法 • 学生在汉语课堂的感知	• 了解学习者的文化背景 • 辅助学习者提高对汉语的态度 • 在学习环境中提升汉语的价值

在课堂上,增加汉语教学的信息、改善教学环境、按照学生的学习特征和学习经验设计教材和试图改进学生对汉语教学的观点和课堂感知。

2. 调整汉语学习的信息

汉语学习信息的多样性直接或间接的影响学习者在汉语教学感知正确的信息。由于存在的学习信息的感知、性质、接受者、来源和形式不同,学习者接收信息量也不同,从而学习者感知汉语学习的机会和学习的可能性也会不同。见表4.3。

表 4.3 调整汉语学习的信息

影响学习信息的要素		汉语学习中信息的使用	管理措施
学习信息的多样性	信息的感知	• 正确的信息 • 可感知的信息 • 错觉的信息 • 正确的排斥	• 教师的参与和调整 • 避免错觉的信息
	信息的性质	• 积极性学习信息 • 消极性学习信息	• 信息的简单化 • 提高兴趣感 • 强调认知符合的信息
	信息接受者	• 个人学习信息 • 社会学习信息	• 初级阶段提供共同能用的信息(强调社会上感知的信息) • 中级和高级开始提供个人实用信息(强调个人感知的信息)
	信息的来源	• 自然信息 • 文化信息 • 物理信息 • 认知信息	• 环境的设置 • 文化互动 • 物理环境与语言环境的融入 • 汉字的更多的使用
	信息的形式	• 外显式学习信息 • 隐藏式学习信息	• 汉字的使用 • 使用自己熟悉的语言理解意义
	信息的存在	• 有目标的(Goal)学习信息 • 发生的(Happening)学习信息 • 确信的(sure-fire)学习信息 • 有可能的(Probability)学习信息	• 课堂的汉语教学设计成有目标的学习信息 • 课外环境提供发生的学习信息 • 能够提高课堂汉语的环境,自然地课堂就变成确信的学习信息 • 提供更多学习机会

因此,汉语教学中信息的突出、提供正确的信息、限制消极性的学习信息、多模态信息资源等可以管理课堂上学习者能感知到的汉语教学的信息。

3. 应用汉语学习的信息

环境要素不会单独地提出学习信息,个体与环境要素互动才产生能够感知的信息。因此，在汉语课堂教学过程中创造学习者与课堂环境要素互动的机会，以及提出理解学习者具备的特征而扩展汉语学习的范围。见表4.4。

表4.4 应用汉语学习的信息

影响学习信息的要素		汉语学习中信息的使用	环境中产生的信息
学习信息的应用性	产品之间的关系	课堂教学要素之间的互动而凸显出汉语学习的信息	• 学习者、环境与语言 • 学习者、教师与环境 • 学习者、教师与语言 • 学习者、环境与教材 • 学习者、语言与原有语言
	学习信息的创造性	• 凸显隐藏的信息 • 开发和发现学习信息	• 使用学习者具备能力 • 使用可迁移性语言知识 • 学习信息要针对学习者具备的学习风格 • 使用多媒体技术辅助汉语学习
	学习行为的可能性	体现学习信息的网状特征	字→词汇→句子（短语）

为了提高学生学习上的感知，课堂中学习信息的充足，以及教学要素的调整，在课堂互动中凸显学习者能感知的学习信息是很重要的。教师在参与课堂活动过程中具有管理信息的准确性的任务，而保证学生感知到的学习汉语的信息是正确性的。教师也可以创造感知学习信息的环境。

三、教学影响因素所应完成的任务

（一）教学的任务

为了获得有效的语言教学模式，教学一定有任务。Walqui（2004）把教学任务理解为明确的始终，明确的规则的教学活动、能够产生教学成果、教师提供帮助，学生相互扶助的过程（转引自：芮茵，2008:81）。本研究的教学任务设计为创造学习者适合学习和能够接收学习信息的教学环境，并使用环境中存在的语言教学影响因素的互动而接收语言学习的信息，以及理解语言知识和利用它。

（二）教师的任务

教师在教学环境的任务为理解学生和学习环境。教师的任务不仅是"教"，而最关键的是要理解学习者的"学"的过程。对学习者如何学习、具备什么学习特征和掌握的语言知识与学习经验等的了解，对于教师来说是很重要的。教师的任务是在他们具有的学习语言的基础上发展新语言知识。教师也有责任督促学生如何表现。此外，教师要提供更多的激活学习者学习语言和提升兴趣的信息，以及凸显环境中存在的学习信息，让他们更容易地解释和接收学习的信息。

本书强调教师在课堂上的任务是理解学生和学习环境，创造学生适当的学习环境，提供学生可接收的信息。换句话说，教师的任务是要提供学习者创造学习环境、在学习环境中凸显更多的学习信息和鼓励学生参与学习互动，而师生互动中调整学生接触的信息为正确信息。

（三）学习者的语言特征

1. 学习者的多语能力

从图 3.1 的初中学生的多种语言的读写说和理解能力研究所示，尼泊尔初中汉语学习者中 100% 都会读、说和写尼语和英语。在理解不同语言的方面，100% 都具备理解尼语和英语的能力，其中 44% 的学生能理解尼语、英语、印度语和民族语。从表 3.3 中发现在学校大部分都使用英语、在社会中使用尼语的多，而且在新闻多媒体中，英语和尼语使用频繁。在电影、电视剧等娱乐活动，印度语、尼语和英语的使用比较多。据此可以理解为尼泊尔初中汉语学习者在生活中尼泊尔语、英语和印度语的使用很频繁。

2. 学习者的学习风格

从图 3.2 的汉语学习者呈现出的学习风格研究中发现，大部分学习者偏向于视觉型、内向型、随意-直觉型、封闭型、个别处理型、综合型、尖锐型、演绎型、场独立型、反思型和隐喻型，而且少数学习者具备听觉型、外向型、具体-线性型、整体处理型、分析型、齐平型、归纳型、场依存型、冲动型和逐文型。

学习者通过自己本身具备的特征而去感知环境中存在的信息。因此学习者具备的学习特征决定他们在环境中所感知到的信息，所以汉语教学的设计一定要考虑到学习者的特征。

（四）教材的设计

教材对汉语教学有很重要的作用。语言教学中教材可以融合物理环境与语言环境，甚至也是多模态（图示、文字视频和音频）信息的结合。教材作为学习媒介（工具），它凸显出的学习信息是它与学习者之间互动而产生的语言学习信息【（学习者-教材）→语言】。教材的国别化（本土化）、多媒体化和多模态化可以增加可理解性的学习信息。因此，教材内容、图片等的选择符合学习者的认知领域，学习者能很容易感知到存在的信息。

（五）物理环境的设置

物理环境可以分为教学使用设备和环境中除了教材以外的语言教学使用

设备如电脑、电视、收音机、汉字指示牌、海报等。课堂物理环境指的是桌子、椅子、黑板的设置、光线、空气、时空等影响学习的东西。汉语教学中使用现代设备提供和强化教学内容和学习信息,以及课堂上内化的信息通过汉字指示牌、海报、地标等方式传播给课外环境,而扩展学习汉语的环境。学习者通过环境中存在物理环境提供的语言学习信息的感知和使用,能提高语言学习的效果。

(六)语言环境的设置

教师在课堂互动中重复已经接触的汉语信息而刺激学习者的记忆力。师生互动中增加汉语的使用率,而逐渐减少媒介语的依赖性,同时也增加学生之间使用汉语的环境。课堂环境中经常讨论汉语的内容而保持课堂中汉语教学的环境。

(七)汉语课堂的感知

学习者在汉语课堂中能感知到"以学习者为中心的教学",说明他们认为课堂中教师为了学习者的学习而付出很多的力气,教师在课堂中试图搭配学习者的要求而教汉语。教师使用学习者具有的知识的基础上解释新知识而强化教学的重点。教师对学习者很耐心和善良等。能感知到"语言与文化探究活动"的学习者认为他们对教师在课堂中进行的活动有兴趣以及参与课堂活动能改变对教学的看法。在汉语课堂中能感知"积极情感的信息"的学生能理解整个教学过程而对汉语学习有自信、感兴趣,对教师友善,并相信他们在生活中能用上学过的东西。能感知到"成绩与反馈"的学生认为所获得的成绩反映他们的学习水平而为了获得高成绩他们愿意付出努力。能感知到"支持性自主学习"的学习者都认为他们的学习依赖于自己的能力,并且通过他人的支持可以提高直接的能力。

学习者的学习风格而言,据表 3.20 知,"以学习者为中心教学"与学习者具备感官、整体与个别处理型、综合与分析型、尖锐与齐平型之间存在显著的相关性。同样,具备外向与内向型和综合与分析型学习风格的学生与汉语课堂中"语言与文化探究活动"之间具有显著的相关性。学习者的外向与内向型、整体与个别处理型、封闭与开放型、尖锐与齐平型和演绎与归纳型学习风格与课堂"积极情感和信念"之间具有显著的相关性。具备外向与内向型、综合与分析型和场独立与场依存型学习风格的学生与"成绩与反馈"存在显著的相关性。同时,学习者具备感官和整体与个别处理型学习风格的学生与"支持性自主学习"也存在显著的相关性。

四、初中学习者的汉语课堂教学模式的设计

尼泊尔初中汉语学习者的汉语课堂教学模式强调创造对学习者友善的物理和语言环境。表 3.20 表示,"语言与文化探究活动"和"成绩作为反馈"各自与"以学习者为中心的语言教学"和"积极情感的信念"具有显著中度正相关,并且据表 3.25,汉语成绩受课堂上"以学习者为中心的语言教学"(beta=0.259)、"积极情感和信念"(beta=0.265)和"支持性自主学习"(beta=0.421)要素的影响。因此,本研究在设计汉语教学模式时,强调在汉语课堂教学环境中大多数学生都能感知"以学习者为中心的语言教学""积极情感和信念""支持性自主学"的信息。

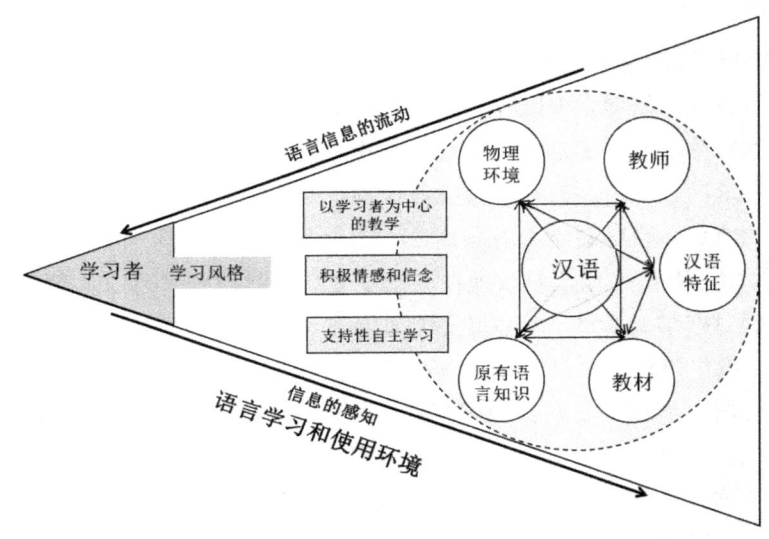

图 4.2　学习者汉语学习的可能性

通过数据分析能总结,为了学习者能很容易地感知到课堂中汉语学习的信息,汉语课堂教学模式需要强调三种课堂感知要素,而这些要素对学习者的学习风格应该有所配合。第一,以学习者为中心的教学;第二,积极情感和信念;第三,支持性自主学习能力。见图 4.2、图 4.3。

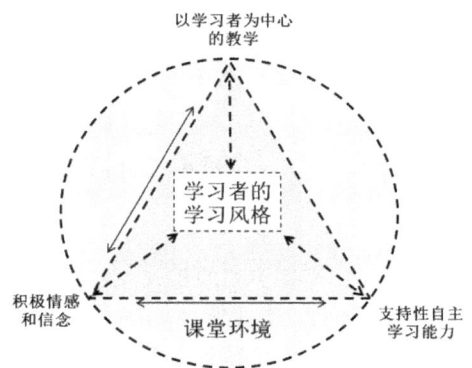

图 4.3 课堂环境中学习者的学习风格与积极情感和信念、
以学习者为中心的教学、支持性自主学习能力之间的关系

这三种汉语课堂感知要素之间存在相互影响（表 3.20），如课堂中"以学习者为中心的教学"影响到"积极情感和信念"的提升，"积极情感和信念"的提升影响自主学习能力，而且也影响课堂中以学习者为中心所设计的教学。模式中，"以学习为中心的教学"是针对教学环境中存在的汉语教学的影响因素提供的信息量的提升而增加汉语学习的机会；"积极情感和信念"是针对提高和培养学习者对汉语学习的积极情感而提出汉语学习的积极性，以及"支持性自主学习"是针对提高学习者对汉语学习的自信而提出可使用的信息，然而这要素与学习者的学习风格具有显著关联性（表 3.21）。

表 4.5　尼泊尔初中汉语学习者学习风格与课堂感知之间相关

汉语信息	学习风格				
以学习者为中心的教学	感官 −0.213** 0.004 184	整体与个体型 0.175* 0.019 181	综合与分析型 −0.158* 0.032 184	尖锐与齐平型 −0.170* 0.023 180	—
积极情感和信念	外向与内向型 −0.180* 0.013 189	整体与个体型 0.327** 0 180	封闭与开放型 −0.181* 0.014 184	尖锐与齐平型 −0.158* 0.035 179	演绎与归纳型 −0.175* 0.024 166
支持性自主学习能力	感官 −0.200** 0.007 183	整体与个体型 0.155* 0.038 180	—	—	—

本研究把"汉语学习教学模式"分成三个。第一是"以学习者为中心的

汉语教学模式",第二是"汉语积极情感提升模式",第三是"支持性自主汉语学习模式"。

第二节 以学习者为中心的汉语教学模式

"以学习者为中心的教学"重视学习者的学习,所以教学过程中教学要素要与学习者的学习特征有所配合,才能使他们顺利地进行教学。学习者为中心的教学应该注重学习者具备的独特特性,提供积极性学习环境,并在课堂教学中融合技术的方式进行教学。教学过程中不是运用某种单一的教学方法,而是运用多种教学途径和手段创造对学习者有利的学习环境。

"以学习者为中心汉语教学模式"强调创造符合学习者的学习特征的汉语教学环境,而该教学模式的目标是利用课堂教学因素提升课堂中汉语教学的信息量,以及鼓励学习者在教学活动的参与中感知存在的汉语学习的信息。

一、理论基础

Wilson(1998)认为在学习者为中心的环境中,学习者自己去构建知识而不是由教师传递或引导。[①] 通过文献梳理和尼泊尔初中的数据分析发现,"以学习者为中心的汉语教学"的特征如下:

1. 学生处于教学活动的中心,以平等方式与教师互动;
2. 学习者是主动信息探索者,为了信息的深层理解而主动地学习;
3. 适合学习者的教学内容,即可理解、可内化和多模态的内容;
4. 教师是学习环境的创造者,扮演咨询者、辅导者、促进者、指导者、设计者和学习动机激发者的角色;
5. 教学评价是为了促进学习者的学习而不是提升学习压力(Weimer,2002;Kayler,2009)。

本研究把初中初级汉语学习者作为主体,汉语学习的信息作为客体而设计了"以学习者为中心的汉语教学模式"。汉语教学是复杂动态的过程(郑通涛,2014;胡兴莉、郑通涛,2016;陈婷婷,2017),因此语言学习也是非线性的,但随着学习信息感知的不断提升、学习的可能性也跟着增加。"以学习者为中心的汉语教学模式"主要是设计适合学习者的,易于接收汉语信息的环

---

① Wilson B. Constructivist Learning Environments: Case Studies in Instructional Design[M]. Engle Cliffs NJ: Educational Technologies Publications, 1998.

境。学习者作为教学中心而汉语教学影响因素不断地提供给学习者汉语学习的信息才呈现课堂中学习汉语的可能性。

二、以学习者为中心汉语教学模式的构建

该模式强调情景教学法、自觉对比教学法、暗示法和沉浸教学法。由于对象具备跨文化背景、多语能力,此教学模式首先通过情景教学法让学习者感知教材中存在的信息。其次,使用自觉对比教学法让学习者自我理解目的语的知识。再次,为了调整学习者的理解而使用暗示法。暗示教学法让学习者在没有压力的情况下接收信息,并调整错误的知识。最终使用沉浸式教学法提高课堂中汉语信息流动的频率并建立起使用汉语的环境。

本模式可以分为三个部分,分别为自我理解、教师的指导下调整信息和在使用中正确地理解信息。该模式倡议课堂汉语教学中汉语教学影响因素提供的汉语信息应该向学习者的方向流动,而且其信息应该配合学习者的特征。环境的建设需要结合教学影响因素与学习者的学习特征(如学习风格)进行考虑。汉语教学是复杂动态系统,汉语课堂教学中每个教学要素都不断提供汉语学习的信息。但,初中汉语教学是一步一步地提供汉语信息的过程,让初级学习者在自己的认知基础上逐渐地掌握汉语的知识。

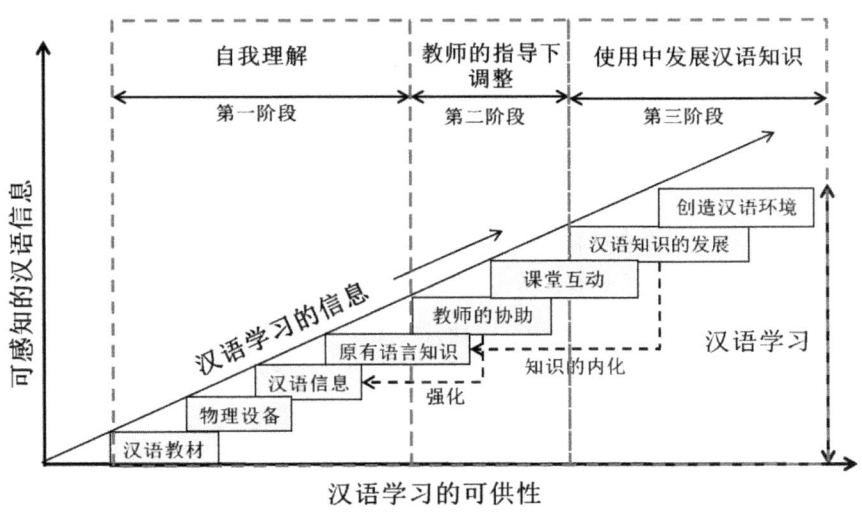

图 4.4 以学习者为中心的汉语教学模式 *

* 该图吸收了 McGrenere & Ho(2000)和 Giver(1990)的研究成果

本模式的第一阶段是让学习者自我理解接触到的汉语信息。汉语教材是

初中汉语课堂教学中提供语言信息的重要资源。教材的本土化（国别化）和多媒体化可以让学习者很容易地接收汉语信息并猜测信息的意义。比如教材的图示和视听信息可以让学习者自我理解信息。应用物理设备（现代电子设备的使用）可以增强适合学习者的汉语信息，再加上教师的强化有利于接收汉语信息。为了让学习者自我理解汉语信息，提供的信息应该适合他们的认知。学习者通过他们原有语言知识和学习经验可以试图理解接触的信息。

第二阶段是师生互动的阶段。在这阶段，教师帮助凸显出汉语信息中存在的学习者可理解的信息。如果教师具备学习者已掌握的语言知识，他们可以在已有的知识的基础上调整和提供正确的信息。教师的协助可以调整学习者自我理解的信息的正确性。师生互动应该是意义协商的过程，在互动中学习者可以正确地理解汉语知识。

第三阶段是正确地理解学习者接触的汉语信息并在应用的过程中内化汉语知识（习得）。课堂汉语教学互动中学习者掌握汉语知识的重复使用帮助他们习得汉语知识（长期记忆）。这样掌握的汉语知识将作为学习者已掌握的语言知识来支持理解和掌握其他知识。

最终，汉语课堂教学产生汉语环境。汉语环境提供汉语使用机会，学习者从汉语学习环境中感知到汉语信息。汉语教学中学习信息量不足导致很难感知汉语学习的可供性，并影响汉语发展，该教学模式能够创造汉语信息充满的课堂环境。"以学习者为中心汉语教学模式"下的环境鼓励学习者使用环境中存在的汉语知识而提高汉语水平。该模式强调学习者先通过自我掌握的知识去理解汉语知识，再通过师生之间意义协商互动来加以调整，最后参与课堂教学活动与教师互动而发展正确汉语知识。

本研究认为"以学习者为中心的汉语教学模式"不仅是针对特定学习风格的学生，而且是针对所有的学生而设计。本研究相信该模式支持所有学生从学习环境中接收和感知适合他们的汉语学习的信息。从尼泊尔初中汉语学习者在汉语课堂感知"以学习者为中心的教学"与学习者具备的学习风格的相关分析中发现，感官（视觉型与听觉型）、整体处理和个别处理型、综合与分析型、尖锐与齐平型学习风格的学习者与感知"以学习者为中心的教学"的信息具有显著的相关性。

如图 4.4 所示，尼泊尔汉语课堂上"以学习者为中心的教学"与偏向感官的学生具有显著的负相关。这说明，视觉型的学生在课堂上感知到的"以学习者为中心的教学"信息比听觉型的学生还要高。

同样，具有整体处理型与个别处理型学习风格的学生对"以学习者为中心的教学"的感知也呈现出显著正相关。即个别处理型学习风格的学生在课堂上感知"以学习者为中心的教学"的信息比整体处理型学习风格的学生要高。

在课堂上感知"以学习者为中心的教学"的信息方面综合型学习风格的学生优于分析型学习风格的学生。尖锐型学习风格的学生优于齐平型学习风格的学生。因此,"以学习者为中心的汉语教学模式"一定要针对感知不到"以学习者为中心的教学"信息的学生而设计。

"以学习者为中心汉语教学模式"针对听觉型、整体型、分析型和齐平型学习风格的学生促进汉语课堂的"以学习者为中心的教学"信息的感知能力而设计适合他们的教学环境。针对这些学习风格的学习者,"以学习者为中心汉语教学模式"的要素都该推动适合学习者的信息。如表4.6所示：

表4.6 以学习者为中心汉语教学模式的调整

学习风格	课堂要素	内容	目的
听觉型	教材	• 多媒体听觉材料 • 多模态听觉信息	• 感知到更多的听觉信息 • 提高听觉信息
	物理设备	• 扩音器 • 手机、电脑设备	• 清楚地接收听力信息 • 提高听觉的频率
	汉语信息	• 听觉内容	• 强化听力知识而集中学习者的注意力
	原有语言知识	• 借用尼泊尔语和英语的可迁移性发音 • 初级阶段可以用尼泊尔语使用的天城文字（表音文字）标注发音,这可以让学习者发展正确的听觉信息 • 重复地使用学习者语音系统中还没有掌握的汉语语音	• 区分发音的异同 • 拼音和尼语表音一起用（拼音很明显地受英语干扰）
	教师的协助	• 口头方式指导（多用汉语） • 参与课堂互动中通过意义上的协商确认正确的发音知识	• 强化拼音与英语的不同 • 强调尼语和汉语发音相似的音 • 强化学习者还没有发展的发音
	课堂互动	• 听说教学法 • 视听教学法 • 互动式教学法（讨论式） • 多维互动教学法 • 任务型教学法	• 感知到听觉信息,并进行加工 • 调整语音偏误
	汉语知识的发展	• 逐渐在课堂中提供汉语使用的机会	• 课堂中与教师交流 • 回应教师说的话

续表

学习风格	课堂要素	内容	目的
整体处理型	教材	• 国别化教材 • 多模态和多媒体教材	• 可理解性的信息
	物理设备	• 电视 • 电脑	• 可理解性的信息
	汉语信息	• 强化意义理解	• 可理解性的信息
	原有语言知识	• 视觉：汉字、词汇、语序 • 听觉：识别发音、理解意义	• 使用已掌握的语言知识理解汉语信息 • 支持认知发展
	教师的协助	• 凸显出隐藏的知识 • 提供暗示	• 找出汉语知识与已掌握的语言知识之间的相关性 • 创造信息丰富的课堂
	课堂互动	• 暗示法 • 情景法 • 课堂游戏法 • 任务型活动——填空	• 意义协商
	汉语知识的发展	• 掌握意义、句型等	• 提供正确的意义
分析型	教材	• 提供暗示的教学内容 • 国别化内容	• 使用逻辑分析去理解 • 学习者能发展自我理解能力
	物理设备	• 使用 ppt. 提供信息 • 图式表示	• 提高学习者的注意力
	汉语信息	• 教学的目标为提高汉语语法知识	• 强化语法知识
	原有语言知识	• 使用可迁移性语言知识去理解汉语语法知识	• 理解汉语结构
	教师的协助	• 凸显可迁移性语言知识 • 强化不同语言中的语法差异	• 理解汉语适用法
	课堂互动	• 自觉对比法 • 认知法 • 情景法 • 自觉实践法	• 在学习者已掌握的语言知识的基础上发展汉语知识 • 调整为正确的知识
	汉语知识的发展	• 掌握意义 • 理解语法	• 提供正确的意义 • 汉语知识的发展
齐平型	教材	• 本土化教材 • 内容搭配学习者的学习经验	• 对内容的亲密感
	物理设备	• 使用 PPT. 提供信息 • 图式表示	• 提高学习者的注意力

续表

学习风格	课堂要素	内容	目的
齐平型	汉语信息	• 汉语教学与其他语言之间的异同知识的分类,而从共同的知识入手汉语教学	• 强化语言知识
	原有语言知识	• 语言之间存在的异同	• 让学习者找出汉语与已掌握的语言知识的异同
	教师的协助	• 凸显汉语与已掌握的语言之间的相似的知识	• 注意到共同的知识并记下来
	课堂互动	• 自觉对比法	• 在互动中把学习者已有的语言学习经验和新汉语的经验相融合,从而鼓励发展汉语知识
	汉语知识的发展	• 先让学习者从他们掌握的知识入手汉语教学	• 在已掌握的语言知识的基础上发展汉语知识

三、以学习者为中心汉语教学模式的特点

（一）创造学习环境

"以学习者为中心汉语教学模式"的主要目的是在尼泊尔初中创造与学习者的学习风格相符合的适合汉语信息交流的环境。

（二）重视学习者的学习特征

尼泊尔汉语学习者偏向于视觉型学习风格,因此汉语教材应该激活学习者的视觉功能,可以借助多模态和多媒体设备提供学习者能够感知的信息。学习者的学习风格影响他们对环境中存在的汉语信息的感知。综合型的学生喜欢以猜测的方式理解信息,隐喻型的学生喜欢使用比喻。具体与线性型学习风格的学生喜欢一步一步地去学习,封闭型风格的学生喜欢任务型教学,而尖锐型的学生喜欢依据已有经验进行理解。

（三）适合学习者的教材

教材的设计是在学习者的学习风格、学习经验和文化背景的基础上进行的。为了达到学习者的要求和兴趣,教材的设计要多模态(视频、音频、图片等的融合)、多媒体化和本土化。许多学生是视觉型的,他们应该先从视觉性信息接触语言教学。教材内容应该具有符合学习者认知的语言信息。

（四）使用原有语言知识

初级汉语教学中为了让学习者感知和理解汉语知识,应注重原有语言知识的使用而不要只依赖于英语知识。初级汉语教学中教师对于学习者已掌握

的语言知识要有一定的了解。原有语言知识提供学习者很容易加工接触的语言信息,并对汉语教学的可迁移性知识(正迁移)产生影响。

（五）基于学习者的认知基础

汉语教学中,应该先让学习者根据环境提出的信息和自己的认知能力去理解(猜测)汉字(词),然后通过师生之间的互动确认正确的意义。

（六）物理环境和语言环境的融合

为了给学习者提供正确的汉语学习信息,课内外的物理环境都要凸显出汉语的信息。这扩大了汉语的语言环境范围,学习者也有更多机会去使用环境中的汉语信息。物理和语言环境的融合可以促进学习者采取可使用的汉语信息,如厕所上贴"男"和"女"字让学习者对这些字更加熟悉。同样,图书馆、教室外面标注中文名等也是物理环境提供的学习信息。该语言教学模式强调将课内学过的语言信息传播到学习者能接触的课外环境。在课内外的语言环境中逐渐提高汉语环境,同时也鼓励学生使用语码转换的方式进行交流。

（七）参与课堂互动的机会

学习者参与课堂互动可以感知语言提出的正确意义。教师参与课堂互动是为了凸显语言存在的信息,从而调整环境以让学习者感知正确的学习信息。

第三节 汉语积极情感提升模式

情感和态度对汉语学习具有显著的影响力。在汉语作为外语教学(TCFL)中,学习者对汉语的积极情感的培养很重要,学习者对汉语学习产生的情感态度影响他们的汉语学习效果。

一、理论基础

Lavidge & Steiner(1961)强调个体的认知、情感和行为之间的联系。[①] Lavidge & Steiner 提出了"认知→情感→行为"模式,并强调个体对事物的认知会培养对事物的情感、而情感的产生会导致相应的行为。态度来自于个人的认知、情感和过去的行为,是对刺激的整体评估。认知、情感和行为是态度的三个要素(Eagly & Chaiken, 1993; Zanna & Rempel, 1988; 转引自 Hus-

---

① Lavidge R J & Steiner G A. A Model For Predictive Measurements of Advertising Effectiveness[J]. Journal of Marketing, 1961:59-62.

kinson & Haddock,2006）。[①]

环境中可感知到两种类型的学习信息。第一,"积极性的学习信息",提供可行动的承诺,比如可理解的、常见的、充足的、常使用的语言信息会提高学习者"可理解""可学习""可记忆"的可能性而促进行动;第二,"消极性的学习信息",提供不可行动或畏难的信息,比如接触很复杂的汉字结构、没有语言使用价值、常指出错误和接收批评、遵守严格的语言规则、不接近原有语言知识等有助于学习者产生对汉语学习的恐惧感。

汉语教学中积极的情感提升学习者产生对汉语学习的兴趣,反过来,学习者接收有趣的、熟悉的汉语信息也可以提升学习者对汉语的积极情感,从而促进学习者较容易地进行汉语学习。

二、汉语积极情感提升模式的构建

在汉语课堂中,课堂学习环境的创造要考虑学习者的认知能力,因为学习者很容易接收符合他们认知的信息。如果能感知认知符合的信息,学习者对接收的信息会产生积极情感。积极情感的产生鼓励学习者进行行动。该模式是暗示法和认知法的结合,即让学习者接收与学习者的认知有关的暗示,并通过暗示激活学习者的积极情感。与学习者的认知能力相符的汉语教学暗示将激活学习者对汉语教学的熟悉感而提高接受度。

"汉语积极情感提升模式"分为三个部分。如图4.5所示。

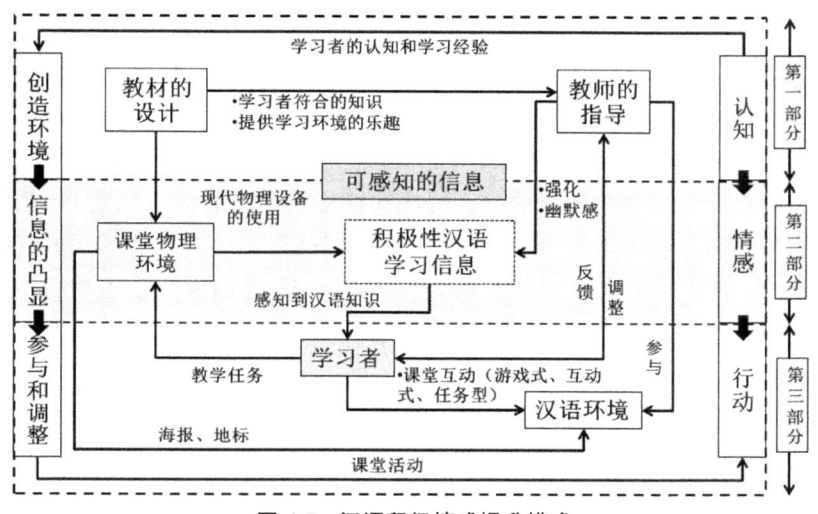

图4.5 汉语积极情感提升模式

[①] Huskinson T L H & Haddock G. Individual Differences in Attitude Structure and the Accessibility of the Affective and Cognitive Components of Attitude[J]. Social Cognition, 2006, 24(4): 453-468.

第一，要理解学习者的学习特征和他们具备的认知能力。在学习者认知基础上创造学习汉语的环境。汉语教学中，创造适合学习者学习环境指的是管理信息资源，强调教材设计和教师的正确引导。教材的设计和教师的引导应该配合学习者具备的认知能力。在这个阶段，教师扮演的角色很重要，因为他（她）设计教学中学习者在什么样的环境下接收什么信息（资料），以及教师如何提供给他们这些信息。教师应该注意的是提供给学习者的信息要符合他们的文化背景、学习经验、学习风格等，这样才能集中学习者的注意力，学习者也才能在课堂上感知到简单、可理解、熟悉的汉语信息。

第二，信息的凸显提升对汉语的积极情感。在这个阶段，学习者接触的汉语信息资源的设计是为了给学习者提供积极性的信息。物理设备的使用以及（或）教师的幽默和有趣的教学方式将提高学习者对汉语学习的乐趣和兴趣。据学习者的学习风格，如视觉型学生通过电视、电影、动画片、PPT，听觉型的学生通过讲座、音频信息，动觉型学生通过游戏等任务方式可以提供的汉语信息变得有趣。这一阶段主要是利用课堂环境强化积极的汉语学习信息，从而让学习者喜欢上汉语学习，并能随时从课堂环境中感知到学习汉语的积极情感。

第三，参与和调整学习者的教学行为。学习者在感知到积极的汉语学习信息后参加课堂汉语教学活动。这一阶段，通过师生互动来调整学习者感知到的信息并接收正确的信息。学习者对汉语教学的反馈让教师及时调整成适合于学习者的教学法（如游戏式、互动式）。课堂中的汉语教学互动、物理环境（在教学互动或教学任务中接触到的语言符号如标准、地标、海报等），将给学习者提供相应的汉语学习环境。

该"汉语积极情感提升模式"是为提高学习者对汉语教学兴趣感而设计。该模式强调汉语教学要符合学习者的认知特征。在汉语教学课堂上，教师主动创造符合学习者认知能力的教学环境，进而凸显出学习者能感知的汉语信息，这将促进学习者感知到积极的汉语学习信息，从而提升积极情感。这种情感将鼓励学习者积极参与到课堂互动中，以及汉语教学的课堂环境的建设中。学习者对汉语教学的积极情感影响他们在汉语教学中的积极互动。参与汉语教学活动提升了学习者对汉语学习的自信心和乐趣感。

在尼泊尔初中汉语学习者汉语课堂感知"积极情感和信念"与学习者的学习风格之间的相关性分析中发现，具备外向与内向型、封闭与开放型、尖锐与齐平型和演绎与归纳型学习风格的学生对汉语课堂的"积极情感和信念"感知具有显著负相关，而且整体处理与个别处理型学习风格的学生具有显著正相关。

如表 4.7 所示,外向型、封闭型、个别处理型、尖锐型和演绎型学习风格的学生在汉语课堂环境中感知到"积极情感和信念"的信息,但是内向型、开放型、整体处理型、齐平型和归纳型学习风格的学生就感知不到。

"汉语积极情感提升模式"为了激活许多学习者具备的学习风格而提出的学习策略,并在教材提出的语言信息、课堂环境中的汉语教学活动和原有语言知识的使用上进行强化。

表 4.7 "对汉语积极情感提升模式"该强化的部分

学习风格	要素	内容	目的
内向型	创造教学环境	• 生活习惯和风俗、原有语言知识有关的内容	• 教材符合学习者的认知能力
	信息的凸显	• 视频、PPT. 或者教师的讲座方式提供信息 • 强化重点	• 鼓励学习者使用已有学习经验和原有语言知识去理解课堂上提供的信息
	行动	• 任务型活动 • 小组互动	• 喜欢参加个体活动,如完成一些课堂任务或作业 • 这类风格的学生不喜欢参加各种团体活动,但是喜欢思考。所以小组互动中他们可以和其他同学互动并发表他们的看法
开放型	创造教学环境	• 沉浸式教学环境(教师在课堂上多说汉语和让他们使用汉语) • 按照学习者的课堂行为设计教学内容 • 创造学习者必须说汉语的环境	• 让学习者自然地在课堂中感觉汉语信息 • 学习者进教室的时候必须要说"老师,我可以进来?",上课中要去上厕所的话必须说"老师,我可以去厕所吗?"
	信息的凸显	• 提供适合学习者的汉语信息 • 互动式信息传播	• 让学习者在课堂互动中感知汉语信息而掌握它
	行动	• 直接法 • 情景法 • 自觉实践法 • 游戏的方式学习	• 自然环境中让学习者感知汉语知识 • 教师的幽默态度让学习者很快地掌握汉语
整体处理型	创造教学环境	• 教学内容强调学习者原有语言知识和学习经验,教师在教学过程中提供学习者能理解的暗示并让他们通过接收的暗示去理解意义	• 激活学习者具备的能力或知识去接收教师提供的汉语教学的暗示,从而进一步内化

续表

学习风格	要素	内容	目的
整体处理型	信息的凸显	• 教师提出的暗示该凸显学习者的已有知识。通过学习者具备的知识去感知汉语知识适合学习者的行为提供汉语信息 • 教学过程中可以使用 ppt. 的方式或者图式化提供汉语的暗示	• 让学习者在课堂互动中感知到熟悉的语言的暗示,并与汉语知识相融合
	行动	• 直接法 • 情景法 • 自觉实践法 • 游戏式教学法	• 自然环境中让学习者感知汉语知识 • 教师的幽默态度让学习者更快地掌握汉语
齐平型	创造教学环境	• 从学习者原有语言知识相似的汉语知识入手 • 把汉语学习的注意力集中在与尼语或英语相似的语法结果或词汇使用法	• 强化原有语言知识相似的汉语知识而尽快让他们内化
	信息的凸显	• 提供学习者原有语言知识相似的汉语知识	• 使学习者很轻松地学习汉语 • 减少汉语理解的压力
	行动	• 翻译法	• 使用语言学习的经验和已有语言知识而理解目的语的知识
归纳型	创造教学环境	• 在原有语言知识的基础上认知汉语知识、理解汉语结构	• 从句子整体理解词汇
	信息的凸显	• 接触熟悉的汉语句型,从特殊的例子入手	• 通过已经熟悉的语言例子去理解汉语知识
	行动	• 翻译法(中英-英中翻译;中尼-尼中翻译)的使用是为了让学习者接触句子而主体地理解不同语言的不同句子规则	• 师生互动中分析不同文化或语言特征而互相学习

三、汉语积极情感提升模式的特点

（一）教师扮演主要角色

该教学模式强调师生关系在汉语教学中的重要作用。教师对学习者的热情和友好能促进师生关系的发展。教师对学习者的态度、教学方式影响学习者对汉语的积极情感。教师幽默的教学行为会增强学习者上课及互动的意愿。

(二)提升汉语教学的兴趣感(乐趣感)

学习者都有挑选学习信息和信息渠道的特点。他们在课堂教学中挑选自己感兴趣的学习信息和渠道,学习者的学习风格影响学习者能够感知的学习信息,符合学习者的学习风格的学习信息能够提高学习者对汉语学习的兴趣。如视觉型的学生喜欢接触带图片或者视频的教材,内向型、反思型学生喜欢思考,个别处理型学生喜欢接收细节的信息等。汉语课堂中的汉语学习信息,导致教学情感的变化。比如积极的汉语学习信息会提高学习效果,消极的汉语学习信息会降低学习效果。教师应该尽量避免汉语学习的消极信息,而增强积极信息。

(三)基于原有语言知识

汉语是一种学起来相对困难的语言,但是每种语言都存在个性和共性。如果初级汉语学习者从已掌握的语言知识的共性特征出发或者从目的语的能够提供更多学习信息的特征出发,学习者对目的语能感知到积极情感并且不会觉得语言教学很难而放弃。汉语教学中使用原有语言知识可以让学习者更快地理解汉语知识,并逐渐地发展汉语知识。

(四)实用性

学习者在课堂上理解的汉语知识要在课堂互动中去使用它。在课堂互动中,学习者通过教师凸显出的汉语知识的信息,调整自己所感知和理解的知识,并在自己的认知领域中发展正确的汉语知识。同时,利用课堂(或校园内)创造的使用汉语的环境以及其他更多机会去使用学到的汉语知识。

(五)积极地参与

汉语课堂教学应该多组织语言使用活动,从而增加学习者学习的积极性。封闭型学习风格的学生喜欢任务型活动,所以应该在课堂上多组织汉语教学方面的任务型活动。教师可以设计激活学习者特征的任务。

第四节 支持性自主汉语教学模式

支持性自主汉语教学模式的主要目的是要构建能够引导学习者主动学习汉语的支持性环境。该模式的重点是"支持性教学"和"自主学习"。支持性教学指的是在他人或其他设备的帮助的范围内进行学习,而自主学习指的是学习者自己主动探索和接收信息的过程。支持性自主汉语教学模式是要促使学习者在适合汉语学习环境下自发进行汉语学习。

一、理论基础

社会文化学家Vygotsky(1981)强调支持性教学。他认为最近发展区(Zone of Proximal development-ZPD)下学习者通过外在因素(教师或同学)的辅助和创造的支架式环境,把自己感知不到的信息强化或凸显为能感知的信息。ZPD强调学习者在学习过程中产生两种变化。第一,在社会层面,具有某种水平的学习者在教师的辅导下显示出能力的变化,在此,教师的角色是辅助学习者提高能力。第二,在心理层面,内化社会层面显示的变化,即在技能上的变化(Baron & Misovich,1993:53)。[①] 童一秋(2003)将学习资源、学习意志、学习动机、学习时间、学习计划和交互活动六点列为支持性条件。[②] 杨心德,徐钟康(2008:201)指出学习的支持性条件是影响学习效果的因素而引起和激发这些条件,能够促进和加强教学效果,保证学生有效地学习。[③]

Sousa(2005:55)指出,支持性学习环境不仅包括教授和学习的氛围,也包括教室的物理环境,该环境鼓励发展学生的责任心和自主性,强调发挥学生的实力,预估每个学生的个体需要,并借此来维持一种富有挑战性的学习环境。[④] Berge(2002)认为支持性学习环境提供学习者不断地参与的机会,并提高学习相关的知识、促进理解和记忆。支持性学习环境是协作、活动、反思和反馈的结合,使学习者能够从内容中获得意义。[⑤]

Najeeb(2013)指出自主语言学习的三种原则。第一,学习者的参与,即让学习者共同承担学习过程的责任;第二,学习者的反思,即支持学习者在计划、监控和评估他们的学习时批判性的思考;第三,目的语的使用,即目的语作为语言学习的媒介语 Thansoulas(2000)把自主学习理解为通过自己具备的学习风格和学习策略,积极地参与学习活动、勇敢地使用目的语进行交流并完成教学任务(Najeeb,2013:1240)。[⑥]

夏青峰(2016:16)在能力观、责任观和方式观三个认知层面梳理了自主

---

① Baron R M & Misovich S J. An Integration of Gibsonian and Vygotskian Perspectives on Changing attitudes in Group contexts[J]. British Journal of Social Psychology, 1993(32): 53-70.

② 童一秋.中国远程教育与校园网建设实务全书:上卷[M].长春:银声音像出版社,2003.

③ 杨心德,徐钟康.教学设计中的任务分析[M].杭州:浙江大学出版社,2008.

④ 苏泽(Sousa D A).天才脑与学习[M]."认知神经科学与学习"国家重点实验室脑与教育应用研究中心,译.北京:中国轻工业出版社,2005.

⑤ Berge Z L. Active, Interactive and Reflective elearning[J]. The Quarterly Review of Distance Education, 2002, 3(2): 181-190.

⑥ Najeeb S S. R Learner Autonomy in Language Learning[J]. Procedia-Social and Behavioral Sciences, 2013 (70): 1238-1242.

学习的定义：①

1. 能力观

（1）学习者自己决定学什么，如何学习，产生的自主倾向，是一种高级的人类心理特征（Garrison，1997）

（2）自主学习包含认知、情感、动机和行动的组成，使得个体具有能根据环境条件变化而调整其行为和目标以实现所期望的结果的能力。（Zeidner 等，2000）

（3）自主学习是个体自觉确定学习的目标、制定学习计划、选择学习方法、监控学习过程、评价学习结果的过程能力。（庞维国，2002）

2. 责任观

（1）自主学习是学习者呈现有关学习的决策（如选择学习时间、地点、材料、进度等），并负责实施这些决策的一种能力（Dickson，1987）。

（2）自主学习是在主动的、建构性学习过程中学生自己确定学习目标，后监视、调节、控制由目标和情景特征引导和约束的认知和行为（Pintrich，2000）。

（3）自主学习是学生自我激励并且自我承担学习责任的学习方式，自我监控和自我管理来构建以及确认有意义的学习行为（宋伟等，2010）。

3. 方式观

（1）自主学习是学生面向目标实现的自我思想、情感和行动的生成（Zimmerman 和 Schunk，1989）。

（2）自主学习是学生自己主宰自己的学习，是与其他学习相对立的学习方式（余文森，2001）。

（3）学生在教学活动中，使用具有的意识和元认知能力，发挥自主性与创造性的学习过程或学习方式。（钟志贤，2003）

Oxford（1990）认为自主学习依赖于学习者产生的学习策略和他们对学习任务的信念。在语言学习过程中学习者呈现的六种学习策略，包括记忆（Memory）、认知（Cognition）、补偿（Compensation）、元认知（Meta-cognitive）、情感（Affective）和社会（Social）策略。其中，记忆、认知和补偿策略是直接策略（Direct Strategies），指的是语言学习过程中产生的直接性学习行为和活动；元认知、情感和社会策略是间接策略（Indirect Strategies），指的是语言学习过程中不直接涉及而维持和管理目的语学习（Oxford，

---

① 夏青峰.自主学习方式对小学生数学成绩影响的实证研究[D].华东师范大学，2016.

1990）。① White（1999:452）强调语言学习中学习者的控制点（Locus of Control-LOC）表示个人对某个任务的信念。内控倾向（Internal LOC）的学习者觉得他们可以控制事情而努力学习（Effort），而学习者的特征和元认知决定它。但外控倾向（External LOC）指的是自己控制不到（以外）的事情如课堂互动和教材。②

学习者的内在空间（Internal Space）和环境的外在空间（External Space）具备的行动性质的交集决定个体在环境中行动的可能性。他们通过外在因素如教师或者同学的经验的分享也能感知到汉语学习的信息。教师通过学习支架（Scaffold）也提供他们可见的学习信息。因此外在要素的辅助能够提供学习者的内在要素如与认知能力符合的信息。为了让学习者感知环境中存在的汉语信息，教学环境的不同要素都可以调整或设计为支持性学习环境而辅助学习。支持性学习环境下学习者把无法感知到的和未发现的信息加以凸显，从而鼓励他们自主感知和学习。

二、支持性自主汉语教学模式的构建

该模式强调扶助教学法、认知教学法和任务型教学法的结合。首先通过扶助式教学法把学习者无法感知的信息简化或者强化为他们能感知的信息，然后通过认知教学法让学习者意识到语言信息，再运用到课堂互动中。通过任务型教学法给学习者布置课堂任务，并且鼓励他们完成任务，从而感受到成就感。任务的结果可以用来评估学习者对汉语知识的掌握，再通过教师的指导来调整学习者感知到的错误信息。

"支持性自主汉语学习模式"分为三个部分。见图4.6。

---

① Oxford R L. Language learning strategies: What every teacher should know[M]. Boston: Heinle & Heinle Publishers, 1990.

② White C. Expectations and emergent beliefs of self-instructed language learners[J]. System, 1999, 27 (4): 443-457.

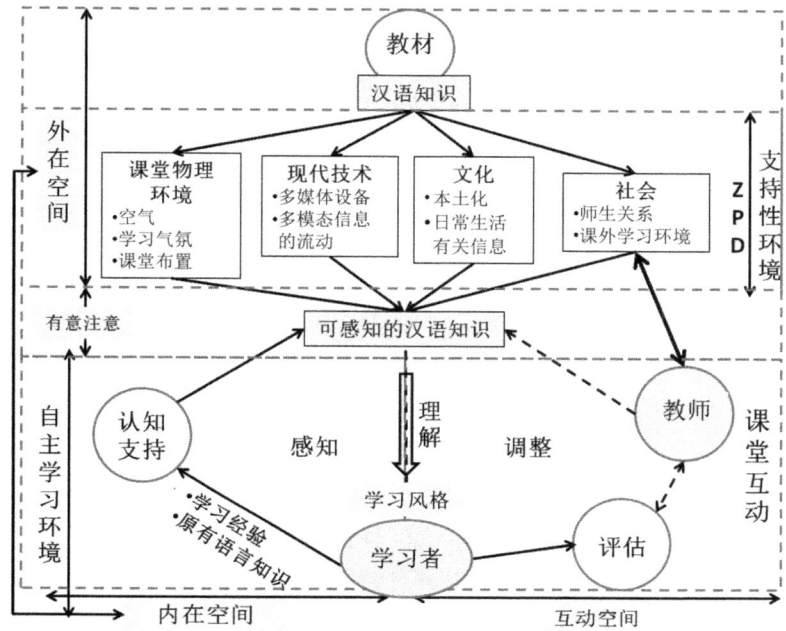

图 4.6　支持性自主汉语教学模式

第一部分是支持性环境的构建。这个部分把学习者将要接触的汉语信息通过外在空间因素的支架改造成他们能意识到的信息。在这一过程中，借助社会、文化、课堂物理环境、现代设备等外在因素的支持把汉语信息调整为符合学习者认知的信息。

非目的语环境中，课外语言教学的社会支持少于目的语环境。因此，尼泊尔初中初级汉语学习者的学习信息的主要来源集中在课内环境。文化支持指的是信息的国别化或本土化。如果学习者接触的信息与他们生活习惯有密切关系，他们可以很容易地感知、理解并应用到生活中。课堂物理环境的支持指的是安静的教学环境、有限的外来干扰、根据学习者的感官接受能力所设计的学习环境、适合学习的课堂设置以及音乐背景等。除此以外，海报、墙贴、标志等物理环境也对学习者学习汉语提供支持。同样，现代技术提供的多媒体和多模态信息有助于提高学习者的学习兴趣并帮助他们内化环境提供的信息。

支架式提供语言信息不仅为学习者提供生动的语言信息，也让学习者有意地注意到所提供的语言信息，以及接触的汉语知识转换成学习者可感知到的汉语知识。

第二部分是学习者的自主学习过程。学习者自身的认知特征决定了学习者能够感知到支持性环境中符合其特征的信息。为了让学习者感知到汉语的信息，外在空间的信息与学习者内在特征（如学习经验、原有语言知识等认知能力）要相符合。学习者通过他们具备的学习风格去接触感知到的汉语信息进而理解。在这一过程中，学习者在内在空间加工接受的汉语信息而进行理解。不同学习风格的学生接收汉语信息以及加工信息的方式是不同的。

第三部分是互动空间。在这一阶段，引导者首先通过课堂任务的方式对学习者自我理解的汉语知识进行评估，再决定如何调整学习者的错误信息。教师仍然按照学习者的学习风格给学习者提供正确的汉语信息而引导他们自行调整。教师也可以在支持性环境中给学习者提供关于汉语的知识或者在互动中以意见的方式让学习者感知到正确的汉语知识。

学习者在注意到外在空间中符合其认知的信息之后，经由自主学习过程，通过内在空间具备的能力去感知和理解汉语知识，然后在教师通过教学互动（任务型教学活动、游戏等）对其理解进行评估后，再与教师以互动的方式调整其无法接收的和错误感知的汉语信息。这是一个连续的循环过程，学习者从外在空间不断地接触新汉语知识，然后感知支持性环境提供的汉语学习的信息，学习者自主学习并理解，再通过师生互动的方式进行自我调整，最终掌握汉语知识。该模式中学习者的内在空间的认知能力不断地增加，继而持续地帮助学习者发展汉语知识。

尼泊尔初中汉语学习者中，听觉型和整体处理型学习风格的学习者无法感知"支持性自主学习"环境，因此针对这些学习者，"支持性自主汉语教师模式"应该强化为表 4.8：

表 4.8 "支持性自主汉语教学模式"该强化的部分

学习风格	要素	内容	目的
听觉型	支持性环境	• 教师通过听觉型信息指导 • 通过听觉或者视听式提供信息 • 使用音频（声音和视频）设备提供学习资料	• 通过听觉方式让学习者容易感知汉语信息
	自主学习环境	• 使用尼语和英语发音标注汉语发音 • 教师指导的知识听后记下来 • 多听教师的意见	• 让学习者通过听觉型信息（教师的口头指导）感知支持性环境提供的汉语信息 • 确认足够的信息量
	互动空间	• 听说法 • 视听法 • 任务型教学法（听写）	• 通过听觉信息，调整和补充学习者自主学习中感知不到的信息

续表

学习风格	要素	内容	目的
整体处理型	支持性环境	• ZPD 中提供符合学习者的认知的语言信息的暗示 • 提供学习者生活习惯和文化相关的信息 • 通过教师提供的暗示注意汉语信息 • 使用现代技术提供的信息，学习者试图理解信息转达的意义	• 提高环境可以提供暗示的信息
	自主学习环境	• 根据接收的语言信息的暗示，进行信息加工 • 通过接受的信息去理解存在的意义	• 通过支持性环境中凸显的暗示去理解涵盖的意义 • 提高学习者的成就感
	互动空间	• 情景教学法 • 暗示法 • 游戏式教学法 • TPR 教学法	• 在互动中接收教师在环境中提出的暗示，再去调整错觉的知识，以及发展语言知识

三、支持性自主汉语学习模式的重点

（一）支持性学习环境的建设

学习者在汉语课堂中一般认为除了教师以外没有其他人可以帮助他们学习汉语。他们感觉不到其他要素对学习者学习汉语的支持和帮助。所以该模式强化学习者的最近发展区（ZPD）的因素提供的支持。现代社会的语言教学不像过去那样依赖于课堂上教师的引导，而可以通过环境的不同要素的支持接收汉语信息。

（二）自主学习环境的设计

汉语教学中如果学习者不去主动学习，他们的汉语水平不会很快地提高。该模式鼓励学习者从环境接收汉语信息而自主学习。为了自主学习，让学习者从环境感知汉语信息并通过任务型互动评估。然后通过教师的支持再一次调整汉语信息而重新感知汉语信息，直至学习者能够发展正确的汉语知识。

（三）语言信息符合学习者的认知能力

支持性学习环境主要创造与学习者的认知相符合的学习环境。支持性环境把学习者感知不到的信息通过不同要素的支持加以凸显。这些汉语信息与学习者的已掌握的知识和经验搭配，并通过学习者学习特征（学习风格）进行感知。

（四）持续性学习环境

该模式强调两种环境，支持性学习环境和自主学习的融合。前者把语言信息变成可理解性、可接受性、符合学习者的认知的信息，后者把支持性学习环境产生的汉语信息感知和内化之后通过评估的方式理解学习者的知识发展。在此通过教师的引导，学习者把感知到的汉语信息调整成正确的信息并发展汉语知识。这是个不断重复的过程，每一次学习者都能够掌握新知识并使用学过的汉语知识。

（五）提高学习者的成就感

学习者在汉语教学的成就感会提高他们对汉语的自信心。该模式让学习者感知他们熟悉的汉语信息（已掌握的知识有相似的），并通过评估和教师的引导进行调整。由于外在的学习空间（学习环境）是通过不同教学要素的支持而改造（创造）成学习者的内在空间（认知能力）符合的知识，学习者可以很容易地感知信息。学习者通过任务型活动进行课堂学习并在教师的指导之下自我调整。

第五节　本章小结

为了尼泊尔初中汉语课堂教学的发展，本研究针对尼泊尔初中汉语课堂教学提出了三种不同教学模式，即"以学习者为中心的汉语教学模式"、"汉语积极情感提升模式"和"支持性自主汉语学习模式"。

"以学习者为中心的汉语教学模式"重视汉语课堂教学中汉语教学要素提供的信息往学习者的方向流动，而学习者能够感知它，并且自我进行加工的方式发展汉语知识。"汉语积极情感提升模式"重视创造课堂中积极性汉语学习的信息，强调在学习者的认知基础上创造汉语教学环境，而通过物理设备和教师的幽默讲座让学习者对汉语产生积极情感而接收信息。同样，教师通过学习者对汉语教学的反馈和调整信息的方式，帮助他们感知正确的汉语知识。终于在师生和学生之间互动中创造课堂汉语环境而提高课堂的能感知汉语信息的可能性。"支持性自主汉语学习模式"重视外在因素的支持下调整汉语信息，并提供学习者感知它。通过课堂任务评估学习者对信息的理解，并在教师的指导下进而调整学习者的错觉。学习者感知正确的汉语信息有助于发展汉语知识。

由此可知，教学模式的影响因素的调整方式可以提高汉语教学模式的信息量、对汉语信息的接收量以及因素和环境之间搭配关系能够提升学习者的自主学习能力。研究中提出的三种汉语教学模式并不是静态的,而且根据汉语教学影响因素和学习者具备的特征不同,模式的设计就会不同。因此"以学习者为中心的汉语教学模式""汉语积极情感提升模式""支持性自主汉语学习模式"都具备动态特征。

尼泊尔初中学生在课堂由于学习风格的不同,感知不到"以学习者为中心的教学""积极情感和信念""支持性自主学习"的情况下,该教学模式的影响因素的调整和强化能够决定学习者在汉语课堂中感知汉语学习者信息,以及解决他们在汉语教学中面临的问题。

第五章 汉语教学模式的实证研究

第一节 支持性自主汉语学习模式影响因素的设置

根据表 3.25 的学习者的汉语成绩受课堂感知的影响的回归分析发现,汉语成绩受"支持性自主学习"因素的影响(beta=0.421)高于"以学习者为中心的教学"(beta=0.259)和"积极情感和信念"(beta=0.265),说明"支持性自主学习"对汉语成绩的影响力高于"以学习者为中心的教学"和"积极情感和信念"。因此,为了让学习者在汉语课堂感知"支持性自主学习",提出了"支持性自主汉语学习模式"。在汉语课堂调查过程中发现,学习者总是依赖于拼音学习而感知不到汉字信息,因而在学习拼音时受英语发音的干扰。此外,由于尼泊尔缺乏使用汉语的环境,汉语教学本来就接收听觉汉语信息有限,甚至师生互动也总是使用英语交流,所以为了提高学习者的口语能力一直依赖拼音教汉语而忽略了汉字的特征。没有汉字的基础下学习者很难自主学习。

一、研究目的

尼泊尔汉语教学依赖于拼音教学。课堂观察和课堂互动中发现汉语已经学了一年多的学生因为没有提供拼音所以不懂汉字(词),并且基本上不了解汉字的意思。他们在汉语学习中忽略汉字而通过拼音理解汉语的意义。研究的目的是把汉语学习者的注意力集中在汉字,再去理解汉语。本实验的目的支持初级学习者感知汉字(词)提供的意义的信息,提高汉字(词)上的注意力、识字,再理解汉语句子。

二、实验的设置

(一)实验组

本研究以两所条件一样的学校的 6 年级(Class 6)学生为两个组。第一组(NA)和第二组(EES)。两个组的教学环境也不相上下,而学生的年龄在10~12岁。第一组(A组)和第二组(B组)的两位汉语教师(一男一女)都是2017—2018级汉语国际教学专业的志愿者教师。他们都刚刚本科毕业,因而没有任何教学经验。两组的性别分布:A组一共有30位学生(男生20位、女生10位),B组有33位学生(男生17位、女生16位)。

1.课堂环境

两个组的课堂物理环境如表5.1所示:

表5.1 A组、B组的学习环境

要素	学校	A组	B组
物理环境	专门用中文教室教汉语	没有	没有
	课堂条件(光线、卫生、桌椅情况)	一般	一般
	课堂大小	小	小
	教室有互动的空间	没有	没有
	教室挂字母表	没有	没有
	课堂使用设备	没有	有
	多媒体设备(或电脑室)	有	有
周围的语言环境	学校范围有写很明显的汉字或者带汉字的广告	没有	没有
	学校范围内有写汉字	没有	没有
	学校1公里内能接触中国人的地方	没有	有
师资队伍	中国籍教师	1位	1位
	本土汉语教师	没有	没有
	助理老师(只控制课堂纪律、不干扰汉语教学,因为他们都不会说汉语)	有	有
考试	学校考试	有	有
	考过YCT考试(2017)	有	有
课时	课时(一周)	三节课	三节课
活动	汉语活动	有	有
	文化活动	有	有
	参加汉语比赛(2017)	有	有
	语言使用环境	没有	没有

续表

要素	学校	A 组	B 组
学习材料	快乐汉语	有	有
	图片/卡片	有	有
	音频	没有	有
	视频	有	有
	网络授课(教师从网络收集资料给学生看)	有	有
	重视拼音教学	有	有

2.学习者的学习特征

（1）实验组呈现的学习风格

通过 Cohen, Oxford & Chi(2009)提出的 11 维度的语言学习者的学习风格指标，本研究调查两组学习者汉语学习中的学习风格。通过调查，本研究试图了解不同组的汉语学习具备的学习风格。

两组学习者在汉语学习中呈现的学习风格如表 5.2 所示：

表 5.2　A 组和 B 组学习者具备的学习风格

学习风格	A 组		B 组	
	学生数量	百分比	学生数量	百分比
视觉型	17	56.7	26	78.8
听觉型	10	33.3	5	15.2
触觉与动觉型	1	3.3	1	3
外向型	16	53.3	16	48.5
内向型	14	46.7	14	42.4
随意与直觉型	15	50	23	69.7
具体与线性型	11	36.7	7	21.2
封闭型	26	86.7	28	84.8
开放型	3	10	2	6.1
整体处理型	8	26.7	7	21.2
个别处理型	19	63.7	24	72.7
综合型	19	63.3	19	57.6
分析型	9	30	10	30.3

续表

学习风格	A组		B组	
	学生数量	百分比	学生数量	百分比
尖锐型	23	76.7	26	78.8
齐平型	6	20	3	9.1
演绎型	22	73.3	23	69.7
归纳型	5	16.7	6	18.2
场独立型	21	70	26	78.8
场依存型	5	16.7	4	12.1
冲动型	8	26.7	10	30.3
反思型	19	63.3	19	57.6
隐喻型	23	76.7	9	27.3
逐字型	3	10	19	57.6

如表5.2所示，A组和B组的学生具备学习风格的分布是差不多的。二组中具备视觉型、内向型、外向型、随意与直觉型、封闭型、个别处理型、尖锐型、演绎型、场独立型和反思型学习风格的学生比较多。隐喻型和逐字型风格的学生的数量在A组和B组是相反的。此外，一些学生对对应学习风格的反应是平等的。表5.2没有显示对学习风格的平等反应的学生。

通过图5.1和图5.2可以明了地理解A组和B组的学习者偏爱的不同学习风格的分布。

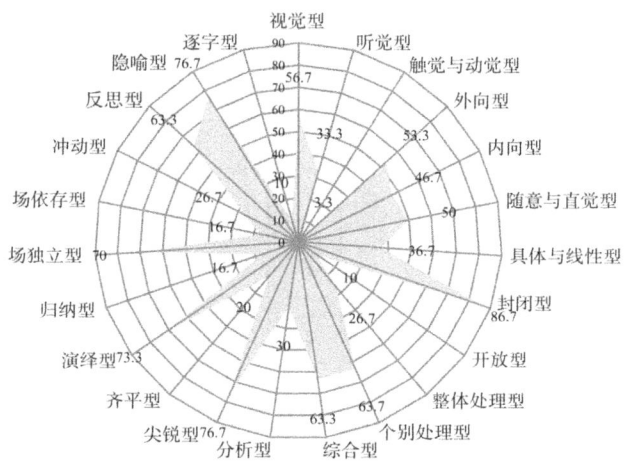

图5.1 A组呈现的学习风格

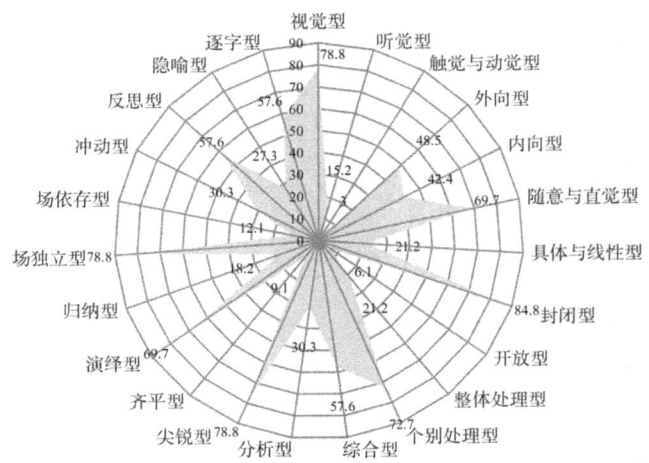

图 5.2　B 组呈现的学习风格

（2）实验组的汉语成绩（A 组和 B 组）

A 组的 30 个学生中收到 22 位学生的课堂汉语成绩（期中考试和期末考试成绩的均值），同样 B 组的 33 个学生中只能收集 24 位学生的汉语成绩（期中考试和期末考试成绩的均值）。

表 5.3　A 组和 B 组的一个班的汉语成绩的描述统计量

	组	N	均值	标准差	均值的标准误
汉语成绩	A 组	22	60.93	11.87	2.53104
	B 组	24	63.26	11.18	2.28291

从表 5.3 可知，A 组的 22 位学生的课堂汉语成绩的均值为 60.93，标准差为 11.87；B 组的 24 位学生的汉语成绩的均值为 63.26，标准差为 11.18。

表 5.4　A 组和 B 组的汉语成绩的独立样本 T 体验

		方差方程的 Levene 检验		均值方程的 t 检验					差分的 95% 置信区间	
	假设方差	F	Sig.	t	df	Sig.（双侧）	均值差值	标准误差值	下限	上限
汉语成绩	假设方差相等	0.104	0.748	−0.686	44	0.496	−2.332	3.399	−9.183	4.519
	假设方差不相等	—		−0.684	43.052	0.498	−2.332	3.408	−9.206	4.542

从表5.4可知，A组和B组学习者的学习成绩在方差方程的Levene检验中P值（P=0.748）大于0.05，说明A组和B组数据方差齐性。因此，汉语成绩变量在t检验中t=−0.686，P=0.496>0.05，显示两组汉语成绩没有显著性差异。这说明A组和B组学习者的汉语水平是一样的。

（二）支持性学习环境

1. 汉语词汇的选择

先从象形字的介绍导入学习环节，然后接触其他汉字（词）。象形字本身凸显出意义的信息，所以为了使学习者感知汉字的学习方面的支持而从HSK1级的词汇大纲找出17个象形的汉字（词）。

2. 扶助方式

尼泊尔课堂很少使用现代物理设备解释汉语信息，所以本研究选择了图式扶助而加了与汉字（词）对应的图片。除了对应相似的图以外又选择了相连的汉字（词）如：鸟（生物）—飞（动作）—飞机（现代设备）—手机（现代设备）—手（身体部分）—看（动作）—书（事物）；水—雨—伞；走—来；上（方向）—下（方向）等。对初级汉语学习者而言他们接触最多的汉字是"我、你、他"等汉字。为了实验而选择的汉字（词）他们基本上都不会用上。

教师的讲解也辅助学习者接收汉语的信息。课堂中教师解释汉字（词）与对应的图之间的关系。教师根据学习者的认知特征去解释图，而不会直接解释汉字的意义。通过教师的辅助学习者使用自己掌握的知识与教师的辅助结合而试图理解接触的汉字。

（三）自主学习环境

课堂观察中发现教师在课堂教学中直接把汉字（词）的意义告诉学生，而学习者以重复的方式把汉字（词）—拼音的意义记下来。但在实验中初中汉语学习者通过支持性学习环境接收的信息理解汉语信息。

任务开始之前，教师先通过图片引出对应的汉字（词）并让学习者理解其意义。学习者在自己的认知能力和已掌握的语言知识基础上自主理解而完成课堂任务。

自主学习环境分成三个部分：前测试、后测试和句子理解。学习者从支持性学习环境接收汉语信息之后第一次通过任务型活动测试学习者对汉语信息的感知，然后一个星期之后再一次测试同一个信息的理解，终于使用句子理解的方式理解学习者如何掌握汉语知识。

三、操作过程

A 组和 B 组接触同一象形字和同一信息解释。不同教师用同样的方式对每一个汉字（词）对应的图解释清楚，同时也提供一些相同特点的汉字（词）和图。解释汉字的过程中为了让学生熟悉汉字的发音，教师读三遍给学习者听，并鼓励他们用他们熟悉的文字表音。这样教师能让视觉和听觉型的学生一起感知课堂信息。教师把每一个字（词）对应的图解释完之后让学习者思考 2 分钟，再进行教学任务。学习应完成的教学任务分成三个部分：词汇理解（前测）、词汇理解（后测）和句子理解。

（一）词汇理解（前测）

前测是在没有教师解释词义，而出示图的暗示的情况下，让学习者感知汉字提供的信息，考察学习者自己理解汉字（词语）意思的能力。对此，分别给 A 组和 B 组看学习任务表，两个组任务表中的汉字（词语）的种类和数量是相同的。不同之处在于，A 组是对比组，A 组任务表的呈现方式与教材一致，一个汉字（词语）与代表其意义的图片是一一对应的，并且没有附带拼音。B 组是实验组，B 组任务表的呈现方式是给出了汉字、词语，但打乱了图片的排列顺序。如图 5.3 所示。

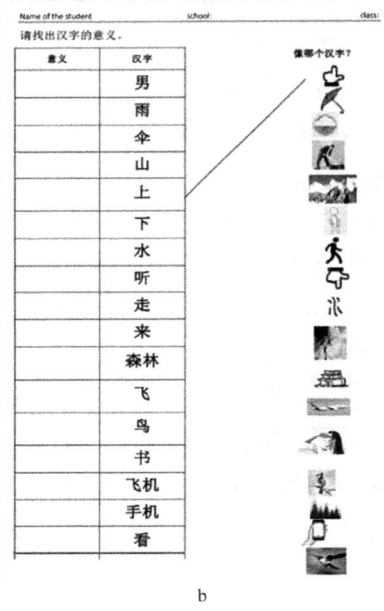

图 5.3　A 组和 B 组使用的前测表

（二）调整实验组——支持性环境

前测结束之后教师分别对 A 组和 B 组的同学就任务卡上的汉字（词语）和图片提供意义的解释。尤其是对 B 组，以互动方式让学习者确认图和汉字（词）之间的关系以及正确地理解词汇具备的意义。这过程中教师鼓励 B 组学习者主动参加互动而调整任务卡上对汉字（词）的错误理解。

在任务型教学，两组都在支持性学习环境中接收汉字（词）对应的图的解释和暗示，但是到了自主学习环境，B 组接触自主学习的任务，并自我探索汉语提供的学习信息，而 A 组直接从环境感知到汉语意义的信息。

（三）词汇理解（后测）

隔了一个星期之后，再次让同一组的同一个学生进行同样的任务，但是这次给学习者提供的任务表是相同的。如图 5.4 所示。

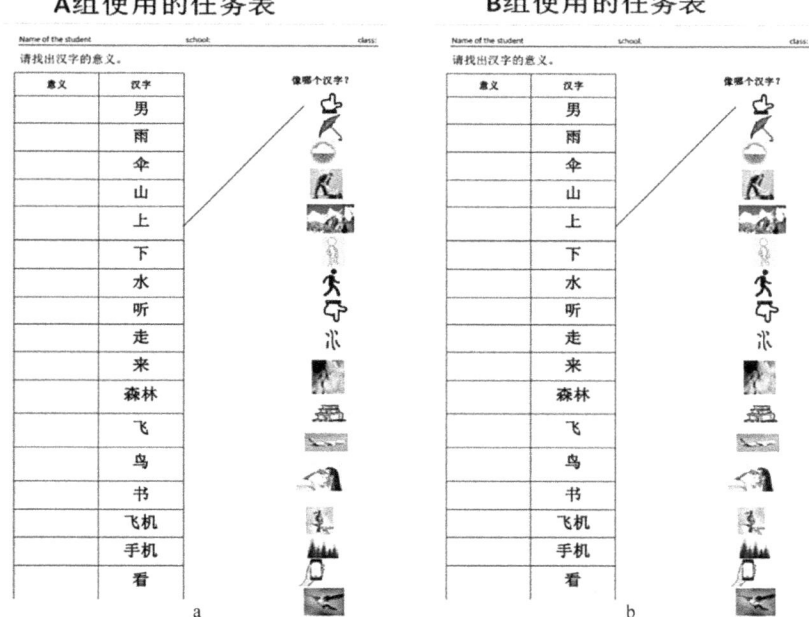

图 5.4　A 组和 B 组使用的后测表

（四）句子理解

为了研究学习者对汉字的认识和对汉字意义的掌握情况，给同一类学习者再提供理解句子的任务。句子理解任务包括 13 个句子，对于一些句子中出现的陌生汉字，会在句子理解任务开始之前用学习者熟悉的语言对学习者进行解释。见图 5.5。

[图片:句子理解任务表,包含以下内容]

```
Name of the student        school:           class:
What do you understand by these sentences? Write it in English or Nepali.

有: have;  的: ....को;  在: at

(一) 山 下 有 水。shān xià yǒu shuǐ .................
(二) 我 有 雨伞。wǒ yǒu yǔ sǎn .................
(三) 下 雨。 xià yǔ .................
(四) 你的 手机。नी तो मोबाइल ।
(五) 他的 书。थारे पुस्तक ।
(六) 她 看 书。था खान्छ ।
(七) 森林 有 鸟。सन् लीन् योउ: न्याउ: ।

(八) 男 人。नार् रन् ।
(九) 好 看。
(十) 我们 在 (zài) 山上。
(十一) 我的 手机 在 书上。

"了"（ल) represent past tense

(十二) 鸟 飞 了。न्याउ फोई ल ।
(十三) 他 来 了。था लाई ल ।
```

图 5.5　句子理解任务表

（五）操作流程

表 5.5　操作实验的过程

步骤	内容
前测试	第一任务：10 分钟 教师的任务： 步骤一：发任务表 步骤二：解释课堂任务 步骤三：每个汉字读三遍（速度要慢、读音要清晰清楚），同时给学习者提供汉字对应图的意义 学习者的任务： 步骤一：准备笔（最好不让他们使用铅笔） 步骤二：听写——用自己熟悉的语言记下教师在课堂念的字 第二任务：15 分钟 教师的任务： 步骤一：先给学生提供任务表上图的暗示，再让学习者按照图和汉字写出它的意义（学习者可以使用英语或尼语） 学习者的任务： A 组：按照任务表上的图理解汉字的意义并填空 B 组：先找出汉字对应的图，再写下汉字的意义

续表

步骤	内容
前测试	第三任务：15分钟 教师的任务： 步骤一：让学习者看表上的汉字 步骤二：提供相关暗示（也可以让他们互动） 学习者的任务： 步骤一：看汉字并写出它的意思，但不允许他们修改前面写的汉字意义 第四任务：5分钟 步骤一：讨论 步骤二：调整学习者理解的汉字（词）意义
调整实验组—支持性环境	A组：通过师生互动方式提供词汇的意义 B组：师生互动中提供图片与汉字（词）之间的关系，让学生再次自主理解汉字（词）的意义，并在课堂互动中感知和调整正确的意义
后测试	第一任务：10分钟 教师的任务： 步骤一：发任务表 步骤二：解释课堂任务 步骤三：让学习者按照图和汉字写出它的意义（英文或尼语都可以） 学习者的任务： A组和B组：先找出与汉字（词）对应的图，再写下它的意义 第二任务：20分钟 教师的任务： 步骤一：提醒一些学习者在完成任务的过程中需要注意的事情 步骤二：让学习者使用自己熟悉的和简单的语言去解释句子的意义 学习者的任务 步骤一：认汉字，再理解句子的意义 步骤二：理解句子之后使用自己熟悉的语言去表达 步骤三：理解造句中使用的生词 第三任务：5分钟 师生互动： 步骤一：讨论 步骤二：调整理解句子的意义

第二节 实验结果

一、词汇理解

（一）词汇理解——前测

1. A 组的前测

让 A 组的学生（N=31）根据所给的任务表的内容在任务表右侧用英语写出每个汉字（词语）的意思，并考核其正确度后进行打分。分数的计算方法是"正确理解"为 2 分；"围绕着意义"为 1 分（"围绕着意义"：例如"男"理解为 man working in field，"飞"理解为 flying bird 等）。

分数情况如表 5.6 所示。

表 5.6 A 组前测结果的描述统计量

词汇理解	N	Min.	Max.	均值	标准方差
试图理解的字	30	10	17	14.47	2.432
正确理解	30	8	16	10.80	2.511
围绕着意义	30	0	4	0.73	1.112
错觉	30	0	9	3.00	1.948
前测总分	30	16	32	22.33	4.744
Valid N (listwise)	30	—	—	—	—

数据结果表明，A 组的 30 位学习者中"试图理解的字"的数量均值为 14.47；"正确理解"汉字的均值为 10.80；"围绕着意义"（理解并不完全正确）的均值为 0.73；"错觉"（理解错误）的均值是 3.00。A 组的"前测总分"的均值是 22.33、方差为 4.744。

2. B 组的前测

让 B 组的学生（N=33）根据所给的任务表的内容在任务表右侧用英语写出每个汉字（词语）的意思，并考核其正确度后进行打分。

分数的计算方法是"正确理解"为 2 分；"围绕着意义"为 1 分。

分数情况如表 5.7 所示。

表 5.7　B 组前测结果的描述统计量

词汇理解	N	Min.	Max.	均值	标准方差
试图理解的字	33	8	17	15.33	2.594
正确理解	33	2	17	10.55	4.556
围绕着意义	33	0	3	0.55	0.833
错觉	33	0	11	3.61	3.325
前测总分	33	4	34	21.64	8.902
Valid N (listwise)	33	—	—	—	—

数据结果表明，B 组的 33 位学习者中"试图理解的字"的数量均值为 15.33；"正确理解"汉字的均值为 10.55；"围绕着意义"（理解并不完全正确）的均值为 0.55；"错觉"（理解错误）的均值是 3.61。B 组的"前测总分"的均值是 21.64、方差为 8.902。

（二）词汇理解——后测

1. A 组的后测

让 A 组的学生（N=30）根据所给的任务表的内容在任务表右侧用英语写出每个汉字（词语）的意思，并考核其正确度后进行打分。

分数的计算方法是"正确理解"为 2 分；"围绕着意义"为 1 分。

分数情况如表 5.8 所示。

表 5.8　A 组后测结果的描述统计量

词汇理解	N	Min.	Max.	均值	标准方差
试图理解的字	30	3	17	10.57	5.042
正确理解	30	1	17	7.63	6.003
围绕着意义	30	0	3	0.97	0.999
错觉	30	0	8	1.20	1.919
后测总分	30	2	34	16.23	11.814
Valid N (listwise)	30	—	—	—	—

数据结果表明，A 组的 30 位学习者中"试图理解的字"的数量均值为 10.57；"正确理解"汉字的均值为 7.63；"围绕着意义"（理解并不完全正确）的均值为 0.97；"错觉"（理解错误）的均值是 1.20。A 组的"后测总分"的均值是 16.23、方差为 11.814。数据显示，在教师解释了词义的情况下，A 组

的后测总分均值低于前测总分均值。

2. B 组的后测

让 B 组的学生（N=33）根据所给的任务表的内容在任务表右侧用英语写出每个汉字（词语）的意思，并考核其正确度后进行打分。

分数的计算方法是"正确理解"为 2 分；"围绕着意义"为 1 分。分数情况如表 5.9 所示。

表 5.9　B 组后测结果的描述统计量

词汇理解	N	Min.	Max.	均值	标准方差
试图理解的字	33	12	17	16.42	1.324
正确理解	33	9	17	14.76	2.278
围绕着意义	33	0	3	0.45	0.905
错觉	33	0	5	1.21	1.516
后测总分	33	18	34	29.97	4.362
Valid N (listwise)	33	—	—	—	—

数据结果表明，B 组的 33 位学习者中"试图理解的字"的数量均值为 16.42；"正确理解"汉字的均值为 14.76；"围绕着意义"（理解并不完全正确）的均值为 0.45；"错觉"（理解错误）的均值是 1.21。B 组的"前测总分"的均值是 29.97、方差为 4.362。数据显示，在教师解释了词义的情况下，B 组的后测总分均值高于前测总分均值。

3. A 组和 B 组的前测和后测总分的配对样本 T 检验

（1）A 组的前测与后测的配对样本 T 检验

表 5.10　A 组前测和后测的配对样本的描述统计量

	变量	均值	N	标准差	均值的标准误
Pair 1	前测总分	22.33	30	4.744	0.866
	后测总分	16.23	30	11.814	2.157

表 5.11　A 组前测和后测的配对样本的相关性

	变量	N	相关系数	Sig.
Pair 1	前测总分 & 后测总分	30	0.251	0.181

表 5.11 的数据结果表明 A 组前测总分和后测总分的相关性为 0.251<0.3，并且 sig.=0.181>0.05，说明前测总分和后测总分不具有显著相关性。

表 5.12　A 组前测和后测的配对样本 T 检验

	变量	成对差分					t	df	Sig.（双侧）
		均值	标准差	均值的标准误	95% Confidence 差分的 95% 置信区间				
					下限	上限			
Pair 1	前测总分 / 后测总分	6.100	11.574	2.113	1.778	10.422	2.887	29	0.007

表 5.12，P=0.007<0.05，表明 A 组前测总分和后测总分的均值具有显著性差异。从表 5.10 数据结果可知，A 组前测总分（22.33）反而高于后测总分（16.23）。究其原因，在于 A 组的学生在前测中给的是汉字（词语）与图片一一对应的任务表，已经对图片产生了深刻的印象，但并没有很好地掌握到汉字，他们用英语写自己理解的汉字意义时，其实是在根据图片内容来作答；在后测前，教师虽然对每个汉字（词语）解释了意义，但一旦打乱图片顺序，A 组的学生根本无法识别单独的汉字（词语）。因此造成了前测总分（22.33）反而高于后测总分（16.23）的现象。

（2）B 组的前测与后测的配对样本 T 检验

表 5.13　B 组前测和后测的配对样本的描述统计量

	变量	均值	N	标准差	均值的标准误
Pair 1	前测总分	21.64	33	8.902	1.550
	后测总分	29.48	33	4.362	0.759

表 5.14　B 组前测和后测的配对样本的相关性

	变量	N	相关系数	Sig.
Pair 1	前测总分 & 后测总分	33	−0.082	0.652

B 组的"配对样本的相关性"数据结果（表 5.14）表明，前测总分和后测总分的相关性为 −0.082<0.3，并且 sig.=0.652>0.05，说明前测总分和后测总分不具有显著相关性。

表 5.15 B 组前测和后测的配对样本 T 检验

	变量	成对差分					t	df	Sig.（双侧）
		均值	标准差	均值的标准误	差分的95%置信区间				
					下限	上限			
Pair 1	前测总分／后测总分	−8.333	10.228	1.780	−11.960	−4.707	−4.681	32	0.000

B组的"配对样本T检验"数据结果（表5.15）表明，P=0.000<0.05，表明前测总分和后测总分的均值具有显著性差异。从B组的"配对样本的描述统计量"数据结果（表5.13）可知，前测总分（21.64）低于后测总分（29.48）。究其原因，在于B组的学生在前测中给的是汉字（词语）和图片并不是一一对应的任务表，他们无法根据图片来猜测汉字的意思，因而他们的前测分值较低（21.64）；在后测前，教师互动过程中对每个汉字（词语）解释了意义，这时他们知道自己在前测中的理解是错误的，由此得以纠正并形成了深刻的印象，因而他们的后测分值提升了（29.48）。

4. A 组和 B 组的前测、后测的独立样本 T 检验

表 5.16 前测和后测总分的描述统计量

变量	组	N	均值（M）	标准差（SD）	均值的标准误
前测总分	A组	30	22.33	4.744	0.866
	B组	33	21.64	8.902	1.550
后测总分	A组	30	16.23	11.814	2.157
	B组	33	29.97	4.362	0.759

表 5.17 A 组和 B 组的前测和后测总分独立样本 T 检验

	假设方差	方差方程的Levene检验		均值方程的t检验						
		F	Sig.	t	df	Sig.（双侧）	均值差值	标准误差值	差分的95%置信区间	
									下限	上限
前测总分	假设方差相等	24.30	0.000	0.382	61	0.704	0.697	1.824	−2.950	4.344
	假设方差不相等	—	—	0.393	49.75	0.696	0.697	1.775	−2.869	4.263

续表

后测总分	假设方差	方差方程的Levene检验		均值方程的t检验						
		F	Sig.	t	df	Sig.（双侧）	均值差值	标准误差值	差分的95%置信区间	
									下限	上限
	假设方差相等	59.52	0.000	−6.232	61	0.000	−13.736	2.204	−18.144	−9.329
	假设方差不相等	—	—	−6.007	36.13	0.000	−13.736	2.287	−18.373	−9.099

5. A组和B组的前测总分的独立样本T检验

由"独立样本T检验"表的数据（表5.17）可知，A组和B组的词汇理解的前测总分在方差方程的Levene检验中P值（P=0.000）小于0.05，表示两组的方差不相等，所以两组理解词汇的前测在t检验中t=0.393，P=0.696>0.05，说明A组和B组的词汇理解的前测总分不具有显著性差异。因此，A组的前测总分（M=22.33，SD=4.744）与B组的前测总分（M=21.64，SD=8.902）之间不存在明显的差异。

6. A组和B组的后测总分的独立样本T检验

由"独立样本T检验"表的数据可知，A组和B组在后测总分在方差方程的Levene检验中P值（P=0.000）小于0.05，表示两组的方差不相等，所以两组词汇理解的后测在t检验中t=-6.007，P=0.000<0.05，说明A组和B组的词汇理解的后测总分具有显著性差异。"t"的负数据（-）表示，A组的后测总分（M=16.23，SD=11.814）低于B组的后测总分（M=29.97，SD=4.362）。

二、理解句子的意义

（一）A组对句子的理解

A组的30位学习者中"试图理解句子"的数量的均值8.80，"正确地理解句子"的均值为4.13，"一个一个字翻译"的均值1.50，"理解句子的一部分"的均值为1.57，以及"句子理解错误"的均值是1.67。见表5.18。

表5.18　A组句子理解结果的描述统计量

词汇理解	N	Min	Max	均值（M）	标准差（SD）
试图理解句子	30	3	13	8.80	3.388
正确地理解句子	30	1	10	4.13	2.726

续表

词汇理解	N	Min	Max	均值（M）	标准差（SD）
一个一个字翻译	30	0	5	1.50	1.137
理解句子的一部分	30	0	4	1.57	1.331
句子理解错误	30	0	7	1.67	2.023
句子理解的总分	30	5	34	16.97	9.107
Valid N (listwise)	30				

"句子理解的总分"的算法为："正确地理解句子"是3分，"一个一个字翻译"是2分，"理解句子的一部分"是1分，而获得分数的均值是16.97、方差是9.107。

（二）B组对句子的理解

B组的33位学习者中"试图理解句子"的数量的均值为11.52，"正确地理解句子"的均值为6.91，"一个一个字翻译"的均值为1.82，"理解句子的一部分"的均值为2.09，以及"句子理解错误"的均值是0.67。而获得的句子理解的总分的均值是26.45、方差为6.582。见表5.19。

表5.19　B组句子理解结果的描述统计量

词汇理解	N	Min	Max	均值（M）	标准差（SD）
试图理解句子	33	6	13	11.52	2.195
正确地理解句子	33	3	10	6.91	1.974
一个一个字翻译	33	0	3	1.82	0.950
理解句子的一部分	33	0	6	2.09	1.156
句子理解错误	33	0	3	0.67	0.816
句子理解的总分	33	11	35	26.45	6.582
Valid N (listwise)	33				

（三）A组和B组的句子理解的独立样本T检验

表5.20　句子理解总分的描述统计量

	组	N	均值（M）	标准差（SD）	均值的标准误
句子理解总分	A组	30	16.97	9.107	1.663
	B组	33	26.45	6.582	1.146

表 5.21　A 组和 B 组的句子理解总分独立样本 T 检验

		方差方程的 Levene 检验		均值方程的 t 检验					差分的 95% 置信区间	
	假设方差	F	Sig.	t	df	Sig.（双侧）	均值差值	标准误差值	下限	上限
句子理解总分	假设方差相等	6.473	0.013	-4.771	61	0.000	-9.488	1.989	-13.465	-5.511
	假设方差不相等			-4.699	52.378	0.000	-9.488	2.019	-13.539	-5.437

由"独立样本 T 检验"表的数据（表 5.21）可知，A 组和 B 组在后测总分上存在显著性差异（t=-4.771，P=0.013<0.05），"t"的负数据表示，A 组的句子理解总分（M=16.97，SD=9.107）低于 B 组的句子理解总分（M=26.45，SD=6.582）。

由"独立样本 T 检验"表的数据（表 5.21）可知，A 组和 B 组在句子理解总分在方差方程的 Levene 检验中 P 值（P=0.013）小于 0.05，表示两组的方差不相等，所以两组句子理解总分在 t 检验中 t=-4.699，P=0.000<0.05，说明 A 组和 B 组的句子理解总分具有显著性差异，以及"t"的负数据表示，A 组的句子理解总分（M=16.97，SD=9.107）低于 B 组的句子理解总分（M=26.45，SD=6.582）。见表 5.20。

三、学习者的学习风格与学习成果之间的相关性

由表 5.22 可知，A 组和 B 组的词汇理解的前测试的总分与学习者的学习风格不存在显著相关性，但是隔一个星期进行的后测试中发现 A 组的后测总分与通过感官理解的学习者之间具有显著负相关（0.3</r/=-0.461<0.5，P=0.015<0.05）。这说明，视觉型的学生的总分是有提升，但听觉型学习风格的学生的总分就低。B 组学生的后测总分与学习风格没有显著相关性，即不同学习风格的学生都在理解词汇的后测试中表现得差不多。在句子理解总分，A 组的具备感官（0.3</r/=-0.412<0.5，P=0.033<0.05）和外向与内向型（0.3</r/=-0.362<0.5，P=0.049<0.05）学习风格的学生具有显著负相关。这说明，A 组的听觉型和内向型学习风格的学生感知不到句子的意义，而视觉型和外向型学习风格的学生的句子理解总分又高于听觉型和内向型学生。

B 组的尖锐与齐平型和场独立与场依存型学习风格的学生对句子理解方面显示显著相关性。尖锐与齐平型学习风格（0.3</r/=-0.450<0.5，P=0.014<0.05）的学生对句子理解显示中度负相关，表示尖锐型学生表现比齐平型学生好；同样，场独立与场依存型学习风格（0.5</r/=-0.636，P=0.000<0.05）的学生对句子理解显示的高度负相关，表示场独立型学生在理解汉语句子方面表现得比场依存型学生好。

表 5.22 A 组和 B 组的学习成果与学习风格之间相关性分析

学习风格		A 组			B 组		
		前测总分	后测总分	句子理解的总分	前测总分	后测总分	句子理解的总分
感官 视觉型 =1 听觉型 =2	Pearson Correlation	0.11	−0.461*	−0.412*	0.022	−0.032	−0.121
	Sig. (2-tailed)	0.585	0.015	0.033	0.907	0.866	0.515
	N	27	27	27	31	31	31
外向与内向型 外向型 =1 内向型 =2	Pearson Correlation	−0.153	−0.283	−0.362*	−0.086	−0.245	−0.303
	Sig. (2-tailed)	0.42	0.129	0.049	0.651	0.191	0.104
	N	30	30	30	30	30	30
随意直觉与具体线性型 随意-直觉型 =1 具体-线性型 =2	Pearson Correlation	0.135	0.026	0.142	0.062	0.191	0.093
	Sig. (2-tailed)	0.512	0.901	0.49	0.745	0.311	0.623
	N	26	26	26	30	30	30
封闭与开放型 封闭型 =1 开放型 =2	Pearson Correlation	0.066	−0.044	−0.066	−0.073	−0.161	−0.319
	Sig. (2-tailed)	0.733	0.822	0.733	0.701	0.396	0.086
	N	29	29	29	30	30	30
整体与个别处理型 整体处理型 =1 个别处理型 =2	Pearson Correlation	−0.257	0.008	−0.028	−0.001	0.184	0.271
	Sig. (2-tailed)	0.196	0.969	0.888	0.994	0.322	0.141
	N	27	27	27	31	31	31
综合与分析型 综合型 =1 分析型 =2	Pearson Correlation	0.3	−0.249	−0.321	0.188	−0.228	0.006
	Sig. (2-tailed)	0.12	0.201	0.095	0.328	0.234	0.974
	N	28	28	28	29	29	29
尖锐与齐平型 尖锐型 =1 齐平型 =2	Pearson Correlation	−0.259	−0.284	−0.249	0.257	−0.085	−0.450*
	Sig. (2-tailed)	0.175	0.136	0.194	0.178	0.662	0.014
	N	29	29	29	29	29	29
演绎与归纳型 演绎型 =1 归纳型 =2	Pearson Correlation	−0.236	−0.254	−0.276	−0.003	0.066	−0.192
	Sig. (2-tailed)	0.235	0.2	0.164	0.988	0.732	0.319
	N	27	27	27	29	29	29

续表

学习风格		A 组			B 组		
		前测总分	后测总分	句子理解的总分	前测总分	后测总分	句子理解的总分
场独立与场依存型 场独立型=1 场依存型=2	Pearson Correlation	-0.299	-0.03	-0.026	0.127	-0.172	-0.636**
	Sig. (2-tailed)	0.138	0.883	0.9	0.505	0.365	0.000
	N	26	26	26	30	30	30
冲动与反思型 冲动型=1 反思型=2	Pearson Correlation	0.335	-0.338	-0.305	0.253	-0.083	-0.088
	Sig. (2-tailed)	0.087	0.085	0.121	0.185	0.67	0.652
	N	27	27	27	29	29	29
隐喻与逐字型 隐喻型=1 逐字型=2	Pearson Correlation	-0.021	0.109	0.103	-0.012	-0.245	-0.165
	Sig. (2-tailed)	0.92	0.595	0.617	0.952	0.208	0.402
	N	26	26	26	28	28	28

四、学习者的句子理解和自我表达方式

A 组和 B 组的学习者在表达句子理解的方式存在明显的差异。A 组学生理解之后一个一个字翻译而表达的比较多，但 B 组的学生理解之后先思考再进行表达的多。从以下的句子表达方式可以理解为 A 组学习者使用尼语理解句子的频率多于 B 组，但 B 组理解词汇之后开始思考，然后才表达清楚，而 B 组使用完整的句子去表达的多。

如表 5.22 所示，A 组的视觉型和外向型学习风格的学生与句子理解总分之间具有显著关系，所以他们按照词汇的认识去理解句子。但 B 组的尖锐型和场独立型学习风格的学生与句子理解总分之间具有显著性关系，所以学习者使用原有学习经验、语言知识去理解句子而外在的环境不会干涉他们的学习。表 5.23 显示，A 组和 B 组学习者理解汉语句子的过程。

表 5.23　A 组和 B 组的句子理解之后的表达方式

例	A 组的句子理解		B 组的句子理解	
	句子表达	频率	句子表达	频率
山下有水	हिमालको तल पानी छ।	7	down of the mountain there is water	9
	mountain down water	6	हिमाल तल पानी छ।	9
	below the mountain there is water	2	Down of the mountain have water	3
	there is water in bottom of mountain	1	water is down the mountain	2
	there is water down the mountain	1	there is water down mountain	1
	there is water down the mountain	1	there is river below the mountain	1
	down of mountain there is water	1		
	water is below hill	1		
	पहाडको तल पानी छ।	1		
	पहाडको मुनी पानी छ।	1		
	हिमालको पानी तल छ।	4*		
我有雨伞	I have rain umbrella	9	I have umbrella	8
	I am carrying umbrella in rain	4	I have rainy umbrella	7
	मसँग छाता छ।	4	I have an umbrella	9
	I have look umbrella	1	म सँग पानी छाता छ।	1
	You have umbrella	1	म सँग छाता छ।	1
	In rain I have umbrella	1		
	I am carrying umbrella	1		
下雨	raining down	8	rainfall	11
	down rain	4	it is raining down	10
	पानी पर्‍यो।	3	it is raining	3
	down raining	3	water is coming down	1
	down is water	2	water coming down	1
	rain comes down	1	Raining down	1
	It is raining down	1	rain is falling	1
	down water	1		
	down rain	1		

续表

例	A 组的句子理解		B 组的句子理解	
	句子表达	频率	句子表达	频率
你的手机	mobile is in my hand	4	your mobile	14
	your phone	3	your's mobile	9
	your mobile	3	it is your mobile	1
	तिम्रो मोबाईल	3		
	your mobile phone	1		
他的书	his book	3	his book	20
			He's book	4
			your book	1
			you have book	1
她看书	he is looking book	2	she is reading book	10
	she looks book	2	she is looking book	3
	she is looking	1	she looks book	1
			he looks book	1
			he is reading books	1
森林有鸟	forest have birds	6	forest have birds	22
	जंगलमा चरा छ।	3	forest have many birds	1
	bird is sitting in forest	2	Birds live in forests	1
	A bird is in the forest	1		
	in forest there is bird	1		
男人	man and people	4	man	15
	boy	2	man in field	3
	people	1	boy/man	3
	male	1	boy	3
			केटा मान्छे	
好看			good looking	14
			good look	9
			you are looking good	2

续表

例	A 组的句子理解		B 组的句子理解	
	句子表达	频率	句子表达	频率
我们在山上	I am at mountain up	2	I am on top of mountain	15
			we are at top of mountain	4
			we are up of the mountain	2
我的手机在书上	my mobile is at up of the book	1	my mobile is up of the books	1
	his phone is up of books	1	my mobile is top of the book	1
			my mobile is on the book	1
			my mobile is at top of the books	1
			my mobile is on top of books	1
鸟飞了	bird flew	8	bird flew	25
	bird flied	1*		
他来了	he came	4	he came	14
	he walked	1*	He went	8*
			he walked	2*

五、学习者的学习结果与课堂感知之间的相关性研究

学生的课堂感知和汉语学习成果之间进行 Pearson 相关分析的结果（表5.24）而言，A 组的学生在汉语学习过程中词汇理解（前测和后测）与课堂感知之间没有存在显著相关，但是感知到"以学习者为中心的教学"的学生与句子理解之间显示显著相关性（$0.3</r/=0.401<0.5$, $P=0.028<0.05$），这说明 A 组的"以学习者为中心的教学"有助于学习者理解提供的句子。

在 B 组，感知到"支持性自主学习"的课堂的学生在实验中呈现出词汇理解和句子理解方面显著相关性。学生感知到"支持性自主学习"课堂在后测总分（$0.5</r/=0.566$, $P=0.001<0.05$）和句子理解总分（$0.5</r/=0.632$, $P=0.000<0.05$）具有高度正相关。这说明通过"支持性自主汉语学习模式"的使用，学习者在课堂中能够感知到支持性自主学习的环境，而影响他们对学习效果的提升。同时，B 组的能感知以学习者为中心的教学课堂的学生与

句子理解总分也具有显著相关性（0.3</|r|=0.369<0.5，P=0.034<0.05）。

表 5.24　A 组和 B 组的学习成果与课堂感知之间相关性

课堂感知		A 组			B 组		
		前测总分	后测总分	句子理解的总分	前测总分	后测总分	句子理解的总分
以学习者为中心的教学	Pearson Correlation	−0.278	0.292	0.401*	−0.152	0.119	0.369*
	Sig. (2-tailed)	0.137	0.118	0.028	0.398	0.51	0.034
	N	30	30	30	33	33	33
语言与文化探究活动	Pearson Correlation	−0.047	0.005	0.139	−0.102	0.015	−0.155
	Sig. (2-tailed)	0.807	0.981	0.465	0.574	0.936	0.388
	N	30	30	30	33	33	33
积极情感和信念	Pearson Correlation	0.158	0.155	0.248	0.057	0.19	0.195
	Sig. (2-tailed)	0.404	0.413	0.187	0.752	0.289	0.277
	N	30	30	30	33	33	33
成绩与反馈	Pearson Correlation	−0.068	−0.037	−0.008	−0.326	0.119	0.083
	Sig. (2-tailed)	0.72	0.848	0.966	0.064	0.509	0.647
	N	30	30	30	33	33	33
支持性自主学习	Pearson Correlation	−0.054	0.095	0.008	−0.267	0.566**	0.632**
	Sig. (2-tailed)	0.778	0.616	0.965	0.133	0.001	0.000
	N	30	30	30	33	33	33

上述数据表示，课堂上能感知到支持性自主学习环境影响学习者提高汉语学习。实验证明，B 组的学生理解汉语的能力比 A 组的学生高（见表 5.17 和表 5.21），而且 B 组的学生理解汉语方面进步很明显（见表 5.15）。

B 组的句子理解方面尖锐型和场独立型学习风格的学生呈现出显著相关性。尖锐型学习风格的学生的特点是喜欢通过自己已有经验和记忆对比而分析细微的差异，所以支持性自主学习环境中尖锐型学生感知信息而表现得好。同样，场独立型学习风格的学生的特点是在学习过程中他们会处理全面的信息，而不受外界环境的干扰。这些学生不在乎情景而能够在课堂上创造自己所需要的环境。

第三节　本章小结

本研究也进行了针对"支持性自主汉语学习模式"的实证研究，而发现通过汉语具备的特征和外在因素的支持，该模式把汉语的信息转换为有意注意的信息，以及通过学习者的学习风格和具有的认知能力感知有意注意到的汉语信息，以及内化汉语信息的意义。学习者通过自主学习能力逐渐发展汉语知识。

实验的结果证明"支持性自主汉语学习模式"切实提高了学习者的汉语词汇和句子理解能力。研究发现尖锐型和场独立型学习风格的学习者与句子理解总分有显著相关，这说明能够使用原有语言知识和学习经验的学习者在句子理解方面显示很好的表现，而外在环境并没有影响他们对句子理解总分。

第六章 结 论

尼泊尔初中汉语教学中经常遇到的问题是"教什么?""怎么教?""如何提高学习者对汉语教学的兴趣?""如何增进汉语教学的效果?"等。然而,在汉语教学过程中学习者自身的学习特征往往被忽略了,而教学中提供的学习内容又常常超过了学习者的理解和感知能力。文献梳理过程中笔者发现,尼泊尔初中汉语教学在教材、师资、文化教学活动、教学环境、汉语特征、课堂使用语、教学法等方面不符合当地初中学生的需求,为了解决这些问题,笔者在可供性理论视角下提出汉语作为外语的教学模式。

针对汉语教学,本书强调"学生怎么学,教师就怎么教",而不是"教师怎么教,学生就跟着怎么学"。无论教师的汉语水平有多高,如果学生感知不到他(她)提出的学习信息,那么教学就不会有效果。汉语教学要从教学影响因素的方方面面提出适合学习者的学习信息。

第一节 研究主要发现

本书在可供性理论视角下,试图解答如何在学习环境中提高学习者所感知的汉语学习的可供性。本书强调,汉语课堂教学中课堂环境、教师、教材和语言提供的汉语学习的信息,只能通过学习者具备的学习特征和学习经验所感知。这说明,汉语教学依赖于学习者从课堂物理设备、教师、教材和语言等方面感知汉语学习的可供性。以下是三个研究问题所获得的研究发现:

一、尼泊尔初中汉语学习者在课堂感知汉语学习的可供性

(一)学习者与汉语教学因素提供的学习可供性之间的关系复杂

本书强调汉语课堂环境可供性的动态性、多样性和应用性特征有助于初中学生学习汉语,并凸显出汉语教学中"学习者、教室环境与汉语","学习者、教师与教室环境","学习者、教师与语言环境","学习者、环境与教材","学习者的原有语言知识与汉语"等之间互动过程中产生汉语学习的可供性。

语言教学不是教师与学习者之间语言知识交换的过程,更不是重复记忆的过程,而是学习者在适当环境中感知学习信息、参与和使用的过程。因此,汉语课堂中为了让学习者容易地感知汉语学习的信息,需要凸显出存在的可供性。研究发现,在尼泊尔初中汉语教学环境中很难感知汉语学习的可供性。校园和课堂的物理环境没有专门设计语言传播和使用的环境,所以学习者在这环境中感知不到汉语学习的信息。教师缺乏语言教学经验,也不太了解学习者的原有语言知识和学习风格,因此在教学过程中会忽视学习者具备的认知能力。学习者只能在课堂上使用教材中的单调语言信息来练习对话,但是教材不能提供自主学习的机会。学习者的原有语言知识在汉语学习过程中可提供可迁移性信息,但由于教师对语言知识的忽视,被隐藏的原有语言知识的可迁移性学习者感知不到。

（二）学习者的学习风格与汉语课堂感知之间存在关系

学习者具有的学习风格影响学习者在汉语课堂感知的信息。本研究分析了学习者具备的学习风格（Cohen，Oxford & Chi，2009）和他们在汉语课堂感知之间的相关性。研究发现视觉型、个别处理型、综合型、尖锐型学习风格的学生在课堂上能感知到"以学习者为中心的教学"环境,但是听觉型、整体处理型、分析型和齐平型学习风格的学生感知不到这种学习环境。外向型和综合型学习风格的学生只能感知"语言与文化探究活动"的环境,而内向型和分析型学习风格的学生感知不到。外向型、封闭型、整体处理型、尖锐型和演绎型学习风格的学生能感知到"积极情感和信念"的教学环境,而内向型、开放型、个别处理型、齐平型和归纳型学习风格的学生感知不到。外向型、综合型和场独立型学习风格的学生认为成绩可以表示他们的学习成果,而内向型、分析型和场依存型学习风格的学生不这样认为。视觉型和个别处理型学生在课堂上可以感知到"支持性自主学习"的环境,但听觉型和整体处理型学生就感知不到。

（三）学习者对汉语课堂的感知影响汉语成绩

研究发现尼泊尔初中汉语教学中学习者在课堂获得的汉语成绩与汉语课堂上"以学习者为中心的教学""积极情感和信念"同"支持性自主学习"感知具有显著正相关。汉语成绩与汉语课堂感知之间的数据分析显示,变量"支持性自主学习""以学习者为中心的教学""积极情感和信念"一共可以解释因变量汉语成绩32%的变化,用标准回归方程表示,汉语成绩 = 0.421*"支持性自主学习"+0.265*"积极情感和信念"+0.259*"以学习者为中心的教学",即,如果"支持性自主学习"变量增加一个单位标准差,成绩增加 0.421 标准差;"积极情感和信念"变量增加一个单位标准差,成绩增加 0.265 单位标准差以及"以学习者为中心的教学"变量增加一个单位标准差,成绩增加 0.259 单位标准差。以上三者,均为尼泊尔初中汉语课堂中,学习者感知可供性的重要因素。

二、可供性影响下的尼泊尔初中汉语课堂教学模式设计

尼泊尔初中汉语教学一直都缺乏科学的汉语教学模式,汉语教学一直依赖于教师。不同教师提出不同的教学问题,如教材问题、学生不专心、缺乏话语环境等,但没有针对这些问题思考并找出解决的方法。本书通过汉语课堂中教学环境和学习者的特征分析结果设计了三种不同的汉语学习模式。

(一)"以学习者为中心的汉语教学模式",以提高课堂汉语信息量

尼泊尔初中汉语课堂教学面临的问题是缺乏学习信息的来源。汉语课堂教学因素中有能够提高学习者潜能的汉语学习环境,但是在实际教学中教师还是不能充分地利用存在的教学资源。课堂环境、语言环境、课堂物理环境、教材的使用都没有依靠学习者的汉语教学发展来设计,只单纯依赖于教材和教师的讲授。"以学习者为中心的汉语教学模式"强调学习者通过自己原有知识和经验,尤其是原有语言知识去理解课堂上接触的汉语信息,然后在师生互动过程中调整所理解的知识,最后在教师的指导下逐渐发展正确的汉语知识。该模式的目的是激发所有与汉语教学有关的因素,并凸显出它们在互动中提出的信息,提高课堂汉语信息量。

(二)"汉语积极情感提升模式",以提高学习者对汉语教学兴趣感

尼泊尔汉语课堂教学中学习者对汉语的恐惧感也是汉语学习的阻碍。汉语课堂中学习者因学习难而放弃的现象并不少见。不少学习者在汉语课堂上无法感知学习信息而把汉语看作最难的课程之一。"汉语积极情感提升模式"是为了提高学习者对汉语教学兴趣感和积极汉语学习的可供性而设计。该模式强调汉语教学要符合学习者的认知特征。在课堂上,教师主动地创造符合学习者认知能力的汉语教学环境,进而凸显出学习者能感知的汉语信息,这将促进学习者感知到汉语学习的积极可供性,从而提升积极情感。学习者对汉语教学的积极情感促进他们在汉语教学中的积极互动。学习者对汉语教学活动的积极参与有助于提高他们对汉语学习的自信心和乐趣感。

(三)"支持性自主汉语学习模式",以促进学习者自主学习行为

汉语教学不能一直依赖于教师和教材,教学中学习者应该学会自学的技巧。"支持性自主汉语学习模式"利用外在空间因素的支持把环境中存在的

汉语信息调整成符合学习者认知的信息，有助于提高他们的注意力，然后经由自主学习过程，在内在空间学习者获取符合认知的汉语信息并且感知和理解它。教师通过教学互动（任务型教学活动、游戏等）对学生的理解进行评估，再通过师生互动调整其无法接收的和错误感知的汉语信息。学习者从外在空间不断地接触新汉语知识，感知支持性环境提供的汉语可供性，自主学习并理解信息，再通过师生互动的方式进行自我调整，最终掌握汉语知识。该模式中学习者的内在空间的认知能力不断增加，继而持续地帮助学习者发展汉语知识。

三、课堂环境提供的学习可供性与学习者的汉语学习效果

本书针对尼泊尔初中汉语教学提出了三种汉语教学模式，并针对"支持性自主汉语学习模式"进行了教学实验。根据控制组和实验组学习者接受相同任务表并使用传统教学模式和"支持性自主汉语学习模式"进行的对比实证研究中发现，支持性自主汉语学习模式能提高学习者的自主学习能力。在传统教学模式，控制组中视觉型学习风格的学生感知词汇理解方面比较强，而实验组的学生在支持性环境中往往借由环境因素的支持，将所接受的汉语信息调整为符合自己认知能力的信息，从而进行感知和理解。在自主理解汉语句子方面，控制组的视觉型和外向型学习风格的学生获得高分，而听觉型和内向型学习风格的学生几乎感知不到句子的意义。实验组的尖锐型和场独立型学习风格的学生获得高分。因为尖锐型学习风格的学生，喜欢通过与已有学习经验和记忆的对比，发现语言之间存在细微差异，从而进行理解。而场独立型学习风格的学生在学习过程中不会受外在环境的影响。实验结果显示，接受学习的可供性多的"支持性自主汉语学习模式"的实验组在词汇理解和句子理解方面比控制组强得多，也就是说，"支持性自主汉语学习模式"有助于提高汉语学习的效果。

第二节 创新与不足之处

一、理论价值

（一）拓宽了汉语课堂教学研究的理论视野

本书的主要理论基础为可供性理论，在对外汉语教学界还是新的研究概

念。目前可供性理论的视角下对外汉语教学研究还很薄弱。魏智慧（2014）指出，课堂中环境的可供性影响学生的学习和教师角色的扮演。徐虹，郑通涛（2016）指出目的语环境下，课外环境提供汉语学习的可供性；胡兴莉，郑通涛（2016）在汉语作为第二语言交际能力研究中强调环境的可供性影响不同教学法。陈婷婷（2017）强调，为了促进学习者的语言学习，应该了解学生的认知水平，创造有效的可供性，提高他们对可供性的感知和主动获取能力。Zeng & Zheng（2017）指出学习环境的可供性因素影响学习者的积极探究能力。

本书在可供性视角下研究初中汉语教学因素的影响，并强调语言教学过程中环境因素和学习者本身具备的特征的影响不可避免。本研究为初中汉语教学的发展提供了新的教学概念。

（二）可供性与初中汉语课堂教学的发展关系

可供性无所不在，但最关键的是如何让学习者感知到存在的汉语学习可供性。本书首先梳理了可供性的动态性、多样性和应用性特征，然后整理了课堂环境中汉语学习者能够获取的汉语学习的可供性。只有学习者能感知到课堂中存在的汉语教学的可供性，才能产生汉语学习行为。因此本研究重视了汉语教学环境中隐藏的可供性，使其可感知，才能促进学习者在课堂上的汉语学习。

尼泊尔初中汉语课堂教学中发现，因为常常忽略学习者与学习环境的特征，课堂环境无法提供学习者感知到的汉语学习的可供性，从而阻碍汉语发展。本研究通过强调可供性在课堂教学中的作用，并将该理论应用到初中汉语教学课堂中，为汉语教学环境的应用提供了思路。

（三）汉语教学模式为学习可供性充满的环境

本书在可供性视角下设计了针对尼泊尔初中汉语课堂教学的三种不同教学模式，即"以学习者为中心的汉语教学模式""汉语积极情感提升模式""支持性自主汉语学习模式"。设计这些教学模式的主要目的是创造有效的可供性，促使学习者在汉语课堂上有效地学习汉语。"以学习者为中心的汉语教学模式"强调汉语课堂中可感知信息的增加，并提倡学习者的自我理解能力的扩展。"汉语积极情感提升模式"强调提高汉语教学中积极的可供性，"支持性自主汉语学习模式"强调在支持性环境下凸显出汉语知识，让学习者注意到，并通过他们本身具备的特征而自主感知和理解。

本书基于可供性理论设计适应学习者学习环境的教学模式，能够提供学习者可感知的汉语学习的可供性，并创造支持自主学习的环境。

二、应用价值

（一）有助于创造适合尼泊尔学习者的汉语课堂环境

课堂中汉语学习的可供性应该从学习者的角度，而不是教师的角度来理解。如果教学环境中存在的教学要素提供的信息与学习者的学习特征不配合，学习者就无法感知它。尼泊尔初中汉语教学中也出现类似问题，所以学习者在汉语学习方面没有明显进步。本研究发现尼泊尔初中汉语教学忽视了环境和学习者特征，因此学习者在课堂中很难感知和理解教师提供的汉语教学信息。由于教师不了解学习者原有的语言知识和文化知识，经常把学习者获取的学习可供性理解为偏误。如果教学过程中能考虑学习者的学习特征与学习风格，将更能提升学习效果。学习者的学习特征与环境中的信息配合，他们就能感知到环境所提供的可供性。通过实验，本研究对学习者学习风格与课堂感知能力进行了关系匹配，并且得出结论，二者之间相互关联。因此，汉语课堂环境的可供性，是可以在分析学习者学习风格的基础上建立的。

（二）为尼泊尔初中汉语学习效果的提升提供了适当的教学模式

尼泊尔初中汉语教学的发展过程中，汉语学习者的数量不断增加，但还没有质量上的提升。本论文以提高学习者的汉语学习质量和兴趣为目标，提出适合尼泊尔学习者的教学模式。尼泊尔中小学汉语教学已有十年多的历史，但到目前为止还没有人针对尼泊尔初中汉语教学提出适合的教学模式。由于没有适合学生的教学模式，汉语教学的发展受阻。对汉语教学的影响因素提供的可供性研究将有助于解决当前面临的汉语教学问题，而合理教学模式的设计将会有助于尼泊尔汉语教学的持续性发展。

（三）有利于尼泊尔汉语人才培养体系的构建

近年来中尼交往日益密切，尼泊尔学习汉语的人数正逐渐增加，而中小学汉语学习者既是未来汉语人才的重要储备力量，也是将来中尼友好关系的重要纽带。本研究基于可供性理论，通过一系列的教学实验，设计出尼泊尔初中汉语教学的三大模式。这三个模式科学合理，可为尼泊尔汉语人才培养提供有力支撑。未来通过更广泛的实验，这几个教学模式可推广到尼泊尔各大中小学，帮助更多学生有效地学习汉语，提升汉语教学质量，满足尼泊尔经济社会建设中对汉语人才的需求。

三、研究不足

本书只是尼泊尔初中汉语教学研究的开端，研究中提出的汉语课堂教学模式需要进行长期以及更加广泛的实验。研究过程中,由于笔者在尼泊尔停留的时间有限,根据模式的实验效果及反馈所作出的改进未能达到一个更为合理的水平。一方面,未来笔者将继续就这一课题进行更加深入的研究与探索;另一方面,也希望致力于尼泊尔初中汉语教学的其他研究者也可采用本书提出的模式并进行完善,共同致力于尼泊尔初中汉语教学事业的发展。

参考文献

[1] Allix N M. Book Review: Communities of Practice: Learning, Meaning and Identity[J/OL]. Australian Journal of Education.August, 2000. https://www.researchgate.net/publication/275493423_Book_Review_Communities_of_Practice_Learning_Meaning_and_Identity.

[2] Aronin L & Singleton D. Affordance and the diversity of Multilingualism[J]. International Journal of the Sociology of Language, 2010(205):105-129.

[3] Aronin L & Singleton D. Affordance Theory in Multilingualism Studies[J]. Studies in Second Language Learning and Teaching, 2012, 2(1):311-331.

[4] Aronin L. The Concept of Affordances in Applied Linguistics and Multilingualism[C]// M. Pawlak & L.Aronin(Eds.). Essential Topics in Applied Linguistics and Multilingualism. New York: Springer 2013 :157-173.

[5] Bardone E. Building Cognitive Niches: The Role of Affordances. Seeking Chances[J]. COSMOS, 2011(13): 77-100.

[6] Baron R M & Misovich S J. An Integration of Gibsonian and Vygotskian Perspectives on Changing attitudes in Group contexts[J]. British Journal of Social Psychology, 1993(32):53-70.

[7] Berge Z L. Active, interactive, and reflective elearning[J]. The Quarterly Review of Distance Education, 2002, 3(2):181-190.

[8] Bista K. Teaching English as a Foreign/Second Language in Nepal: Past and Present[J/OL]. English for Specific Purposes World, 2011, 32(11). http://www.esp-world.info/Articles_32/DOC/Bista.pdf.

[9] Bronfenbrenner U. The Ecology of Human Development[M]. Cambridge: Harvard University Press, 1979.

[10] Bronfenbrenner U. Toward as Experimental Ecology of Human Development[J]. American Psychologist, 1977,32(7):513-531.

[11] Brown A V. Students' and Teachers' Perceptions of Effective Teaching in the foreign Language Classroom: A Comparison of Ideals and Ratings[D]. Dissertation submitted to the Faculty of the Graduate Interdisciplinary Program in SLA and Teaching, The University of Arizona, 2006.

[12] Brown J K. Student-centered instruction: involving students in their own education[J]. Music Educators Journal, 2008, 94(5):30-35.

[13] Burns A & Knox J S. Classroom as Complex Adaptive System: A Relational Model[J]. TESL-EJ , 2011, 15(1):1-25.

[14] Byrne L B. Learner-Centered Teaching Activities for Environmental and Sustainablity Studies[M]. Springer, 2016.

[15] Cenoz J. Cross-linguistic Influence in Third Language Acquisition: Implications for the organization of the Multilingual Mental Lexican[J]. VALS-ASLA (Vereinigung für angewandte Linguistik in der Schweiz), 2003(78):1-11.

[16] Cenoz J. The Addictive effect of bilingualism on third language acquisition A review[J]. The International Journal of Bilingualism. 2003, 7(1):71-87.

[17] Cenoz J. The Effect of Linguistic distance, L2 status and age on crosslinguistic influence in third language acquisition[C]// J. Cenoz, B. Hufeisen & U. Jessner (eds.), Crosslinguistic influence in third language acquisition: psycholinguistic perspective. Clevedon: multilingual Matters, 2001:8-20.

[18] Cenoz J. The Influence of Bilingualism on Third Language Acquisition: Focus on Multilingualism[J].Language Teaching, 2013, 46(1):71-86.

[19] Cenoz J & Genesee F. Psycholinguistic Perspectives on Multilingualism and Multilingual Education[C]// J. Cenoz & F. Genesee (Eds.), Beyond bilingualism: Multilingualism and multilingual education. Clevedon: Multilingual Matters,1998:16-32.

[20] Cenoz J & Gorter D.Trilingualism and minority languages in Europe[J]. International Journal of the Sociology of Language, 2005(171):1-5.

[21] Cenoz J Hufeisen B & Jessner U. Third Language Acquisition in the School context[J]. International Journal of Bilingualism and Bilingual Education, 2001, 4(1):61-75.

[22] Cenoz J Hufeisen B & Jessner U.(eds) The Multilingual Lexicon[M]. Dordrecht: Kluwer Academy, 2003.

[23] Cesari P Formenti F & Olivato P. A common perceptual parameter for stair climbing in children, young and old adults[J]. Human Movement Science, 2003(22):111-124.

[24] Chemero A. An Outline of a theory of Affordances[J]. Ecological Psychology, 2003(15):181-195.

[25] Christensen J. Proposed Enhancement of Bronfenbrenner's Development Ecology Model[J]. Education Inquiry, 2010, 1(2):101-110.

[26] Churchill D et al. Study of Affordances of iPads and Teachers' Private Theories[J]. International Journal of Information and Education Technology, 2012, 2(3):251-254.

[27] Clyne M & Fernandez S & Grey F. Languages taken at school and languages spoken in the community-a comparative perspective[J]. Australian Review of Applied Linguistics, 2004, 27(2):1-17.

[28] Cohen A D & Oxford R L & Chi J C. Learning style survey: Assessing your own learning styles[J/OL].CARLA, http://carla.umn.edu/maxsa/documents/Learning-StyleSurvey_MAXSA_IG.pdf.

[29] Cook V J. Relating SLA Research to Language Teaching Materials[J]. Canadian Journal of Applied Linguistics, 1998, 1(2) :9-27.

[30] Danbolt L D. The Challenge of Bilingualism in a Multilingual society: The Bolivian Case[J/OL]. Journal of Intercultural Communication, 2011(22). http://www.immi.se/intercultural/nr27/drange-27.htm.

[31] De Angelis G. Third or Additional Language Acquisition[M].Multilingual Matters, 2007.

[32] De Bot K & Lowie W & Verspoor M H. A dynamic systems theory approach to second language acquisition[J]. Bilingualism: Language and Cognition, 2007, 10 (1): 7-21.

[33] de Haan S & Rietveld E & Stokhof M & Denys D. The phenomenology of deep brain stimulation-induced changes in OCD: An Enactive Affordance-based model[J]. Frontiers in Human Neuroscience, 2013(7):1-14.

[34] Dewaele J M. Activation or inhibition? The interaction of L1, L2 and L3 on the Language Mode continuum[C]// Cross linguistic Influence in Third Language Acquisition: Psycholinguistic Perspectives. Multilingual Matters, 2001: 69-89.

[35] Dörnyei Z. Individual differences: Interplay of learner characteristics and learning environment[C]// Nick C.Ellis & Diane Larsen-Freeman(eds.) Language Learning, 2009(59):230-248.

[36] Doyle W. Paradigms for Research on Teacher Effectiveness[J]. Review of Research in Education, 1977, 5(1):163-198.

[37] Doyle W. The Complex Classroom: A Research Focus[J]. Theory into Practice, 1979, 18(3):138-144.

[38] Ellis R. The study of second language acquisition[M]. Oxford: Oxford University Press, 1994.

[39] Felder R M. Learning and teaching styles in foreign and second language edu-

cation[J]. Foreign Language Annals,1995(28):21-31.

[40] Felder R M. Matters of Style[J/OL]. American Society for Engineering Education (ASEE) Prism, 1996, 6(4):18-23.

[41] Fessi I. Cross-linguistic influence in tense- aspect Spanish L3 acquisition: A study of Arabic Tunisian learners of L3 Spanish[J/OL]. https://www.nebrija.com/revista-linguistica/files/articulosPDF/articulo_56fb9ec59aecb.pdf.

[42] Finch A. Complexity in the classroom[J]. Secondary Education Research, 2001(47): 105-140.

[43] Fishman J A.The Sociology of Language. An Interdisciplinary Social Science Approach to Language in Society[M]. Newbury House Publishers, Inc., 1972.

[44] Foster P & Ohta A S. Negotiation for meaning and peer assistance in second language classrooms[J]. Applied Linguistics, 2005(26):402-430.

[45] Fredricks J A. Blumenfield P C. & Paris A H. School Engagement: Potential of the concept, state of the evidence[J]. Review of Educational Research, 2004, 74(2):67-71.

[46] Freeman D & Freeman Y S. Between Worlds: Access to Second Language Acquisition[M].Portsmouth,New York, Heinemann, 2001.

[47] Gage-Serio O A. Affordances for Language Awareness in a Middle School Transitional Classroom: Multi-Competent L1/L2 Users Under No Child Left Behind[D]. Education UC Santa Cruz, 2014.

[48] Gaisch M. Affordance for Teaching in an International Classroom A Constructivist Grounded Theory[D]. University of Vienna, 2014.

[49] Gaisch M & Weingraber-Pircher E. Lingua-Cultural Affordances for Intercultural Learning: Across-cultural lens on Austria and Brazil[C]// IACCM Conference 2015. International Association on Cross-cultural Competence and Management. WU Vienna,1-3 October 2015.

[50] Gallien C & Hotho S & Staines H. The Impact of Input Modifications on Listening Comprehension: A Study of Learner Perceptions[J]. JALT Journal, 2000, 22(2): 271-294.

[51] Gass S M. Input, Interaction, and the Second Language Learner [M]. Mahwah, NJ: Erlbaum, 1997.

[52] Gaver W W. Technology Affordances[J/OL]. CHI'91 Conference Proceedings, https://www.lri.fr/~mbl/Stanford/CS477/papers/Gaver-CHI1991.pdf.

[53] Gibson E J & Pick A D. An Ecological Approach to Perceptual Learning and Development[M]. Oxford: Oxford University Press, 2000.

[54] Gibson J J. The Ecological Approach to Visual Perception[M]. Boston, MA: Houghton Mifflin, 1979.

[55] Glasgow J & Skinner B. Teaching Children English as an Additional Language: Meeting the Challenge in the Classroom: Teaching English as an Additional Language: A Programme for 7-11 Year Olds; Introducing English as an Additional Language to Young Children[J]. ELT Journal, 2009, 63(4):425-429.

[56] Glaveanu V P et al.. Creativity as action: findings from five creative domains[J/OL]. Frontiers in Psychology, https://www.ncbi.nlm.nih.gov/pmc/articles/PMC3627136/#B12.

[57] Glaveanu V P. What Can be Done with an Egg? Creativity, Material Objects, and the Theory of Affordances[J]. The Journal of Creative Behavior, 2012, 46(3):192-208.

[58] Gömleksiz M N. Elementary School Students' Perceptions of the New Science and Technology Curriculum by Gender[J]. Educational Technology & Society, 2012, 15(1):116-126.

[59] Good J. The Affordances for Social Psychology of the ecological approach to social knowing[J]. Theory and Psychology, 2007(17): 265-295.

[60] Greeno J G. Gibson's affordances[J]. Psychological Review, 1994, 101(2): 336-342.

[61] Grünbaum M & Simonsen J G. The Affordance of Broken Affordances. Human-Computer Interaction: Interact[C]// Julio Abascal et al.(eds) 15th IFIP TC 13 International Conference. Bamberg, Germany, September 14-18, 2015:185-202.

[62] Guerrettaz A M & Johnston B. Materials in the Classroom Ecology[J]. The Modern Language Journal, 2013, 97(3):779-796.

[63] Hall E & Rudkin J K. Supportive Social Learning:Creating Classroom Communities that Care[E/OL]. [2013-08-09]. families.boulderjourneyschool.com/.../_supportive_social_learning.pdf.

[64] Hall J K & Lorrie S V. Second and Foreign language Learning Through Classroom Interaction[M]. Lawrence Erlbaum Associates, Inc. 2000.

[65] Harshbarger B. Chaos, Complexity and Language learning[J]. ICU Language Research Bulletin, 2007, (22):17-31.

[66] Hartson H. Cognitive, Physical, Sensory, and Functional Affordances in Interaction Design[J]. Behavior & Information Technology,2003, 22(5): 315- 338.

[67] Heft H. Affordances and the Body: An Intentional Analysis of Gibson's Ecological Approach to Visual Perception[J]. Journal for The Theory of Social Behaviour, 1989,

19(1): 1-30.

[68] Herdina P & Jessner U. A Dynamic Model of Multilingualism: Perspectives of Change in Psycholinguistics[M]. Clevedon; Multilingual Matters, 2002.

[69] Hoffmann C. Towards a description of trilingual competence[J]. The International Journal of Bilingualism, 2001, 5(1): 1-17.

[70] Huskinson T L H & Haddock G. Individual Differences in Attitude Sturcture and the Accessibility of the Affective and Cognitive Components of Attitude[J]. Social Cognition, 2006, 24(4):453-468.

[71] Ivir-Ashworth K C. The Nature of Two Trilingual Children's Utterances: Growing up with Croatian, English and German[D]. University of East Anglia School of Language Communication Studies, 2011.

[72] Jarvis S & Pavlenko A. Cross linguistic Influence in Language and Cognition[M]. New York: Routledge, 2008.

[73] Jessner U. Linguistic Awareness in Multilinguals: English as a Third Language[M]. Edinburgh, UK: Edinburgh University Press, 2006.

[74] Jessner U. Teaching Third Languages: Findings, Trends and Challenges[J]. Lang. Tech. 2008, 41(1):15-56.

[75] Jha A K. The Teaching of Contemporary English in Nepal[J]. The Window, 1989, 2(1):70-72.

[76] Kachru B B. World Englishes and English-using communities[J]. Annual Review of Applied Linguistics, 1997(17):66-87.

[77] Kaptelinin V & Nardi B A. Acting with Technology : Activity Theory and Interaction Design[M]. Cambridge, Massachusetts: The MT Press, 2006.

[78] Kayler M A. Teacher Development and Learner-centered Theory[J].Teacher Development: An International Journal of teachers' Professional Development, 2009, 13(1):57-69.

[79] Keengwe J & Onchwari G & Onchwari J. Technology and Student Learning: Toward a Learner-Centered Teaching Model[J]. AACE Journal, 2009, 17(1): 11-22.

[80] Khatib M & Alemi M & Daftarifard P. On the Relationship between Input and Interaction: Psycholinguistic, Cognitive, and Ecological Perspectives in SLA. Brain[J]. Broad Research in Artificial Intelligence and Neuroscience. 2010, 1(4): 59-68.

[81] Kirschner P A. Can we support CCSL? Educational, Social and Technological Affordances for learning[C]// Kirschner P A (ed). Three Worlds of CSCL. Can we support CSCL? Heerlen, Netherlands: Open University of Netherlands, 2002: 9.

[82] Kolb D A. Experiential Learning: Experience at the Source of Learning and Development[M]. Prentice-Hall, Eaglewood Cliffs, New Jersey, 1984.

[83] Kono T. Social Affordances and the Possibllity of Ecological Linguistics[J]. Integr Psych Behav, 2009(43): 356-373.

[84] Kordt B. Affordance theory and multiple language learning and teaching[J/OL]. International Journal of Multilingualism, 2016, http://dx.doi.org/10.1080/14790718.2016.1223081.

[85] Koutamanis A. Buildings and Affordances[C]// J S Gero (ed.). Design Computing and Cognition. Springer, 2006:345-364.

[86] Krashen S D. Principles and practice in Second language Acquisition[M]. Oxford: Pergamon Press, 1982.

[87] Lasen-Freeman D. Chao/Complexity Science and Second Language Acquisition[J]. Applied Linguistics, 1997, 18(2):141-165.

[88] Lasen-Freeman D & Cameron L. Complex Systems and AppliedLinguistics[M]. Oxford:Oxford University Press, 2008.

[89] Lavidge R J & Steiner G A. A Model For Predictive Measurements of Advertising Effectiveness[J]. Journal of Marketing, 1961(25):59-62.

[90] Lightbown P M & Spada N. How Languages are Learned[M]. UK:Oxford University Press, 2006.

[91] Lloyd A. Framing Information Literacy as Information Practice: Site Ontology and Practice Theory[J]. Journal of Documentation, 2010, 66(2):245-258.

[92] Long M H. Input and Second Language Acquisition Theory. Input in Second Language Acquisition[M].Rowley, MA: Newbury House, 1985.

[93] Long M H. The Role of the Linguistic Environment In Second Language Acquisition. Handbook of Second Language Acquisition[M]. San Diego, CA: Academic Press, 1996.

[94] Lu J H & Cheng L H. Perceiving and Interacting Affordances: A New Model of Human-Affordance Interactions[J]. Integr Psych Behav, 2013(47):142-155.

[95] Maier J R A & Fadel G M. An Affordance-based approach to architectural theory, design, and practice[J]. Design Studies, 2009, 30(4):393-414.

[96] McGrenere J & Ho W. Affordances: Clarifying and Evolving a Concept[J/OL]. https://www.cs.ubc.ca/~joanna/papers/GI2000_McGrenere_Affordances.pdf.

[97] Menezes V L & Paiva O. Affordance Beyond the Classroom[J/OL]. UFMG/CNPq. http://veramenezes.com/beyond.pdf.

[98] MOES. National Curriculum Framework For School Education (Pre-primary-12) in Nepal[C]// Curriculum Development Center. Sanothimi, Bhaktapur, 2005:5.

[99] Moran P R. Teaching Culture Perspectives in Practice[M]. Foreign Language teaching and Research Press. Beijing, 2009.

[100] Mueller T. Perception in Foreign Language Learning[J]. The Modern Language Journal, 1958, 42(4): 167-177.

[101] Najeeb S S R. Learner Autonomy in Language Learning[J]. Procedia-Social and Behavioral Sciences, 2013(70):1238-1242.

[102] Nguyen T P L. et al. Perceiving to learn or learning to perceive? Understanding farmers' perceptions and adaptation to climate uncertainties[J]. Agricultural Systems 2016(143):205-216.

[103] Niyogi P. The Computational Nature of Language Learning and Evolution[M]. New Delhi: Prentice-hall of India, Private Limited, 2007.

[104] Norman D. The Design of Everyday Thing[M]. Basic Books, New York, 2013.

[105] Norman D. The Psychology of Everyday Things[M]. Basic Books, New York, 1988.

[106] Odilin T. Language Transfer: Cross-Linguistic Influence in Language Learning[M]. Cambridge: Cambridge UniversityPress, 1989.

[107] Otwinowska-Kasztelanic A. Awareness and affordances. Multilinguals versus bilinguals and their perceptions of cognates[C]// G. De Angelis and J-M. Dewaele (eds.) New Trends in Crosslinguistic Influence and Multilingualism Research. Bristol: Multilingual Matters, 2011:1-18.

[108] Oxford R L. Language learning strategies: What every teacher should know[M]. Boston: Heinle & Heinle Publishers, 1990.

[109] Oxford R L. Learning Style & Strategies: An Overview[J/OL]. GALA, http://web.ntpu.edu.tw/~language/workshop/read2.pdf.

[110] Peng H. Learner Perceptions of Chinese EFL College Classroom Environments[J]. English Language Teaching, 2016, 9(1):22-32.

[111] Philp J. Oliver R. & Mackey A. Second Language Acquisition and Younger Learner. Child's Play? [M]. John Benjamins Publishing Company, 2008.

[112] Pica T & Young R & Doughty C. The impact of interaction on comprehension [J]. TESOL Quarterly, 1987(21): 737-758.

[113] Pols A J K. Characterising Affordances: The Descriptions-of-affordances model[J]. Design Studies, 2011(33):113-125.

[114] Pritchard A. Ways of Learning. Learning Theories and Learning Styles in the Classroom[M]. New York: Routlegde, 2009.

[115] Rainey M A & Kolb D A. Using Experimental Learning Theory and Learning Styles in Diversity Education. The Importance of Learning Styles[C]// Understanding the Implications for learning, Course Design, and Education. Ed. R.R. Sims & S.J. Sims. Greenwood Press. London, 1995:129-146.

[116] Ramsey V J & Fitzgibbons D E. Being in the classroom[J]. Journal of Management Education, 2005, 29(2):333-356.

[117] Ranjit R. Situation of Chinese Language Input in Primary & Secondary School of Nepal[J]. Quarterly Journal of Chinese Studies, 2016, 4(3):14-31.

[118] Reid G. Motivating Learners in the Classroom: Ideas and Strategies[M]. London: SAGE publication Inc., 2007.

[119] Reid J M. The Learning Style Preferences of ESL Students[J]. TESOL Quarterly, 1987, 21(1):87-110.

[120] Richards J C & Rodgers T S. Approaches and Methods in Language Teaching[M]. New York: Cambridge University Press, 2001.

[121] Ringbom H. Lexical Transfer in L3 production[C]// J Cenoz & B Hufeisen & U Jessner (eds). Crosslinguistic influence in third language acquisition: psycholinguistic perspective. Clevedon: multilingual Matters, 2001: 59-68.

[122] Ringbom H. The Importance of Cross-linguistic Similarity in Foreign Language Learning [M].Clevedon: Multilingual Matters, 2007.

[123] Scarino A & Liddicoat A J.Teaching and Learning Languages: A Guide[M]// Australian Government. Dept. of Education, Employment and Workplace relations, 2009.

[124] Schmidt R. Conciousness & Foreign Language Learning: A Tutorial on the Role of Attention and Awareness in Learning[C]// Schmidt(Ed.). Attention and Awareness in Foreign Language Learning, Honolulu: University of Hawaii Press, 1995:129-158.

[125] Schmidt R. The Role of Conciousness in Second Language Learning[J]. Applied Linguistics, 1990, 11(2):129-158.

[126] Scott K S. Learniing "Beyond the classroom" within an enterprise social network system[J]. Internet and Higher Education, 2016(29):75-90.

[127] Segalowitz N. Cognitive Bases on Second Language Fluency[M]. UK: Routledge, 2010.

[128] Segalowitz N. On the evolving connections between psychology and linguistics [J]. Annual Review of Applied Linguistics, 2001(21):3-22.

[129] Seidel T. The Role of Student Characteristics in Studing Micro Teaching-learning Environment[J]. Learning Environment Res, 2006(9):253-271.

[130] Sharwood Smith M & Kellerman E. Cross-lingualistic Influence in second language acquisition: An introduction[C]// M. Sharwood Smith & E Kellerman (eds.), Cross-linguistic influence in second language acquisition. Oxford, UK: Perganmon Press, 1986: 1-9.

[131] Sharwood Smith M. Input Enhancement in instructured SLA. Theoretical bases[J]. Studies in Second Language Acquisition, 1993(15): 165-179.

[132] Shrestha P ELT, ESP & EAP in Nepal: Whose interests are served?[A]// Krzanowski Mark ed. EAP and ESP in Developing Countries: State of Play vs Actual Needs and Wants. Canterbury: IATEFL (ESP SIG), 2008:191-210.

[133] Shrestha R. English as a second language/English as a foreign language distinction: Its pedagogy and the Nepalese context[J]. Contributions to Nepalese Studies, 1983, 11(1): 45-59.

[134] Singh H & Reed C. A White Paper: Achieving Success with Blended Learning[J]. Centra software, 2001(12):1-11.

[135] Skehan P. A Cognitive Approach to Language learning[M]. Oxford : Oxford University Press, 1998.

[136] Skinner E A & Belmont M J. Motivation in the classroom: Reciprocal effects of teacher behavior and student engagement across the school year[J]. Journal of Educational Psychology, 1993(85): 571-581.

[137] Smith D & Brand J & Kinash S. Turn on the Book:Using Affordance Theory to understand the Adoption of Digital textbooks by University Lecturers[C]// Electric Dreams, 30th ascilite Conference. Sydney, Australia.Dec. 2013. http://epublications.bond.edu.au/tls/74.

[138] Sridhar K. Societal Multilingualism[C]// S.L. McKay & N.H. Hornberger (eds) Sociolinguistic and Language Teaching. Cambridge University Press, 2009:47-66.

[139] Stepp-Greany J. Student Perceptions on Language Learning in a Technological Environment: Implications for the New Millennium[J]. Language Learning & Technology, 2002, 6(1):165-180.

[140] Stern H H. Fundamental Concepts of Language Teaching[M]. Oxford:Oxford University Press, 1983.

[141] Stoffregen T A. Affordances as Properties of Animal-Environment System[J]. Ecological Psychology, 2003, 15(2):115-134.

[142] Stonge J H. Qualities of Effective Teachers[M]. Alexandria, VA: Association of Supervision and Curriculum Development, 2002.

[143] Svalberg A M. Engagement with language: Interrogating a Construct[J]. Language Awareness, 2009, 18(3): 242-258.

[144] Talak-Kiryk A. Using Games in a Foreign Language Classroom[C]. MA TESOL Collection, 2010.

[145] Tella S & Harjanne P. Can We Afford Any More Affordances?[J/OL]. Foreign Language Education Specific Reflections, https://www.researchgate.net/publication/274953276.

[146] Thoms J J. An Ecological View of Whole-Class Discussions in a Second Language Literature Classroom: Teacher Reformulations as Affordances for Learning[J]. The Modern Language Journal, 2014, 93(3):724-741.

[147] Treahy D & Brown C A.The Importance of Making Sense in Mathematics Education[J]. The Mathematics Educator, 2000, 10(1):25-28.

[148] Turner J C & Meyer D K. Studying and Understanding the Instructional Contexts of Classrooms: Using our Past to Forge our Future[J]. Educational Psychologist, 2000, 35(2):69-85.

[149] Van den Bogaerde B. The role of Language input in Acquisition, Input and interaction in deaf families[D]. Amsterdam Center for Language and Communication (ACLC), 2000.

[150] Van Lier L. Action-based Teaching, Autonomy and Identity[J]. Innovation in Language Learning and Teaching, 2007(1):46-65.

[151] Van Lier L. Approaches to Observation in Classroom Research. Observation From an Ecological Perspective[J]. TESOL Quarterly, 1997, 31(4):783-787.

[152] Van Lier L. The Ecology of Language Learning and Sociocultural Theory [C]// N. H. Hornberger (Ed.). Encyclopedia of language and education (2nd ed.): Vol. 9: Ecology of language. Boston, MA: Springer Science Business Media, 2008:53-65.

[153] Van Lier L.From Input to Affordance: Social Interactive Learning from an Ecological Perspective[C]// J. P. Lantolf (Ed.). Sociocultural theory and second language learning [M]. Oxford, England: Oxford University Press, 2000:245-259.

[154] Vanpatten B & Cadierno T. Input Processing and Second language Acquisition: A Role of Instruction[J]. The Modern Journal, 1993(77): 45-57.

[155] Vanpatten B. Processing Matters in Input Enhancement. Input Matters in SLA[M]. Multilinugal Matters, 2009: 47-61.

[156] Verspoor M & Lowie W & deBot K. Input and Second Language Development from a Dynamic Perspective[A]. Input Matters in SLA. Multilinugal Matters, 2009: 62-80.

[157] Warren W H. Constructing an Eco-niche[M]// J Flach & P Hancock & J Caird & K Vicente(eds). Global Perspectives on the Ecology of Human-machine systems. Lawrence Erlbaum Associates, Hillsdale, NJ, 1995.

[158] Wei L & Milroy L. Markets, Hierarchies and Networks in Language Maintenance and Language Shift[C]// J Dewaele & A Housen & L Wei (eds.) Bilingualism: Beyond Basic Principles. Multilingual Matters, 2003.

[159] Weimer M. Learner-Centered Teaching: Five Key Changes to Practice[M]. Jossey-Bass, 2002.

[160] Weist R. Temporal and Spatial Concepts in Child Language: Conventional and Configurational[J]. Journal of Psycholinguistic Research, 2002,31(3): 195-210.

[161] White C. Expectations and emergent beliefs of self-instructed language learners[J]. System, 1999, 27(4):443-457.

[162] William M & Burden R L. Psychology for Language Teachers: A Social Constructivist Approach 语言教师心理学初探 [M]. 北京：外语教学与研究出版社, 2000.

[163] Wilson B. Constructivist learning environments: Case studies in instructional design[M]. Engle Cliffs, NJ: Educational Technologies Publications,1998.

[164] Withagen R & Van Wermeskerken M. The Role of Affordances in the Evolutionary Process Reconsidered: A Niche Construction Perspective[J]. Theroy & Psychology, 2010, 20(4):489-510.

[165] Wohlfarth D et al. Student Perceptions of Learner-Centered Teaching[J]. InSight: A Journal of Scholarly Teaching, 2008(3):67-74.

[166] Yadava Y P & Turin M. Indigenous Languages of Nepal: a Critical Analysis of Linguistic situation and Contemporary Issues[C]// Yadava and Bajracharya (eds). Indigenous Languages of Nepal: Situation, Policy Planning and Coordination, Kathmandu: NFDIN, 2007.

[167] Yadava Y P. Language: In Population monograph vol 2[M]. Kathmandu: Central Bureau of Statistics and UNFPA,2003:137-172.

[168] Yadava Y P. Linguistic Diversity in Perspectives on Language Policy[C]// A paper presented at an international seminar on "Constitutionalism and Diversity in Nepal" Organized by Centre for Nepal and Asian Studies, TU in collaboration with MIDEA Project and ESP-Nepal. 22-24 August 2007, Kathmandu, Nepal, 2007.

[169] Yang J. Brief Introduction to Language Ecology and Language Instruction[J].

Open Journal of Social Sciences, 2014(2):106-110.

[170] Yeganeh M T & Malekzadeh P. The Effect of Bilingualism on the Development of English Reading Skill[J]. Procedia-Social and Behavioral Sciences, 2015(192): 803-810.

[171] You H & Chen K. Applications of Affordance and Semantics in Product Design [J]. Design Studies, 2007(28) :23-38.

[172] Zeng X & Zheng T. Active Exploring Ability of Students in Classroom Teaching Based on the Theory of Affordances[A]// 郑通涛. 国教育背景下的语言跨学科研究（全1册）. 广州：世界图书出版广东有限公司, 2017:184-196.

[173] Zhang J. & Patel V. Distributed Cognition, Representation and Affordance[J]. Pragmatics & Cognition, 2006, 14(2) :333-341.

[174] Ziglari L. Affordance and Second Language Acquisition[J].European Journal of Scientific Research, 2008, 23(3): 373-379.

[175] 阿润. 澳大利亚中小学汉语语音教学探讨——以班达伯格州立中学为例 [D]. 内蒙古师范大学, 2016.

[176] 艾麟. 澳大利亚维多利亚州初中汉语课堂趣味性教学研究 [D]. 东北师范大学, 2015.

[177] 艾钰杰. 韩国初中生的性格特点及汉语课堂教学策略 [D]. 辽宁师范大学, 2014.

[178] 安玉香, 刘文惠, 胥秋菊. 对外汉语教学的多角度研究 [M]. 北京：中国书籍出版社, 2014.

[179] 白鸽. 韩国全罗南道务安地区汉语初级水平的中小学生数量词教学研究 [D]. 吉林大学, 2013.

[180] 白乐桑. 汉语教材中的文、语领土之争：是合并，还是自主，抑或分离？[J]. 世界汉语教学, 1996（4）: 98-100.

[181] 蔡亮. 超越与回归：服务性英语学习 [M]. 杭州：浙江大学出版社, 2014: 21-26.

[182] 常海潮. 教学法"死亡"了吗？——论外语教学中教师中心角色的回归 [J]. 外语界, 2011（3）: 36-43.

[183] 常汝佳. 塞尔维亚兹拉提波尔州中小学汉语教学现状分析 [D]. 吉林大学, 2017.

[184] 陈彩虹. 泰国中学生汉字书写偏误分析——以泰国普吉皇太后中学为例 [D]. 云南师范大学, 2016.

[185] 陈方圆. 尼泊尔巴勒比斯地区汉语教学情况调查与分析 [D]. 云南大学,

2015.

[186] 陈剑. 体验式教学在泰国初中汉语课堂的应用研究 [D]. 暨南大学, 2009.

[187] 陈灵芝. 汉语国际传播视角下的越南高校汉语教学发展研究 [D]. 中央民族大学, 2016.

[188] 陈璐. 基于演化原型框架的汉字教学设计及其效果研究 [D]. 华东师范大学, 2012.

[189] 陈婷婷. 第二语言课堂教学环境中的可提供性 [J]. 海外华文教育, 2017（11）: 1521-1527.

[190] 陈夏瑾. 浅谈零起点对外汉语教学中媒介语的使用 [J]. 现代语文（学术综合版）, 2013（3）: 84-85.

[191] 陈钊. 韩国中小学生母语环境下"了"习得的中介与分析 [D]. 中国传媒大学, 2006.

[192] 陈震. 意大利孔子学院课堂的发展现状研究 [D]. 辽宁师范大学, 2016.

[193] 醋燕妮, 等. 中美两国中学物理实验教学课堂物理环境差异评析 [J]. 现代教育科学, 2012（6）: 129-131.

[194] 崔超. 尼泊尔成人学习者汉语同义词习得偏误分析——以尼泊尔孔子课堂成人班学习者为例 [D]. 河北大学, 2013.

[195] 崔彦, 代中现. 以学习者为中心的教学设计与实践 [J]. 全球教育展望, 2010（6）: 36-49.

[196] 崔永华. 基础汉语教学模式的改革 [J]. 世界汉语教学, 1999（1）: 1-8.

[197] 戴汝潜. 识字教育科学化与小学语文教育新体系探索 [M]. 北京: 教育科学出版社, 1999.

[198] 戴运财, 王同顺. 基于动态系统理论的二语习得模式研究——环境、学习者与语言的互动 [J]. 山东外语教学, 2012（5）: 36-42.

[199] 戴祖园. 泰国中小学汉语教学现状调查研究 [D]. 云南大学, 2016.

[200] 邓芬. "CPIK 计划"在韩国实施情况的调查与研究 [D]. 沈阳师范大学, 2013.

[201] 丁秋瑗. 小学语文课堂氛围与学生学习效果的相关研究 [J]. 亚太教育, 2016（13）: 18.

[202] 丁正雷. 泰国中小学汉语课程设置调查研究 [D]. 云南师范大学, 2015.

[203] 都娟. 美国中小学汉语课堂用语研究 [D]. 华东师范大学, 2010.

[204] 窦子建. 尼泊尔初级汉语教学实践报告 [D]. 西北师范大学, 2015.

[205] 杜佳. 基于符担性理论的二语习得研究 [J]. 南京社会科学, 2011（3）:

[206] 段延艳.浅析泰国小学的汉语教学模式——以南奔宏伟学校为例[D].天津师范大学,2015.

[207] 恩和其其格.蒙古国中小学汉语教学现状调查——以乌兰巴托希望汉语学校为例[D].河北大学,2014.

[208] 范博.对美国小学汉语教学的思考——以美国俄勒冈州尤金市学校为例[D].中央民族大学,2013.

[209] 方圆.韩国初中女生初级汉语教学情况研究——以韩国釜山广域市盘松女子中学初三学生为例[D].云南大学,2016.

[210] 冈特,等.教学模式[M].第四版.伊艳秋,译.南京:江苏教育出版社,2006.

[211] 高珊珊.浅析泰国中学生喜爱的中国文化符号及其活动设计[D].广西大学,2015.

[212] 高雪静.新疆少数民族中小学汉语教学模式研究[J].北京教育学院学报,2012(4):80-84.

[213] 郜淑君.澳大利亚中小学本土汉语教师课堂教学调查[D].河南师范大学,2013.

[214] 勾丽红.吉尔吉斯斯坦中小学汉语教学现状研究[D].新疆师范大学,2013.

[215] 顾伟勤,秦悦,葛现茹,等.多外语学习的语言习得原理、认知规律及学习方法研究[M].上海:上海教育出版社,2011.

[216] 郭梦娜.基于学习风格的小学数学差异教学策略研究——以S校为例[D].上海师范大学,2017.

[217] 过国娇."汉语热"背景下海外中小学汉语师资的现状与对策分析[J].外国中小学教育,2010(1):61-64.

[218] 韩佳彤.塞尔维亚克尼亚热瓦茨镇中小学汉语教学现状调查[D].吉林大学,2016.

[219] 韩燕,王祖嫘.美国中小学沉浸式汉语教学师生话语分析[J].现代语文,2016(6):109-114.

[220] 郝明.趣味测评在泰中小学汉语教学中的运用[D].西北大学,2014.

[221] 何晓娟.尼泊尔汉语语音习得偏误分析及矫正研究[D].兰州大学,2015.

[222] 贺李.澳大利亚中小学的中文教学[D].华东师范大学,2011.

[223] Hergenhahn B.R., Olson M.H.学习理论导论[M].郭本禹,等译.上海:上海教育出版社,2011:2.

[224] 胡兴莉,郑通涛.汉语作为第二语言交际能力理论研究[M].广州:世界图书出版广东有限公司,2016.

[225] 黄丹.赴法汉语助教工作的案例分析——以瓦勒堡国际学校中文国际班汉语教学为例[D].北京外国语大学,2015.

[226] 黄佩端.体态语在泰国中小学汉语教学中的应用[D].天津师范大学,2016.

[227] 黄桑榆.小学语文多维互动教学模式研究[D].湖南师范大学,2015.

[228] 黄子莹.韩国"合作教学"模式下分阶段汉语教学法探究——以大邱市"特性化高中"为例[D].华中师范大学,2015.

[229] Gass S., Selinker L. 第二语言习得[M].赵杨,译.北京:北京大学出版社,2011:129-131.

[230] 江海潮,等.课堂教学要素动态发展与课堂教学模式创新[J].当代教育理论与实践,2010,2(4):39-43.

[231] 江新.汉语作为第二语言学习策略初探[J].语言教学与研究,2000(01):61-68.

[232] 解倩倩.韩国中小学零起点汉语教学CPIK项目调查报告[D].吉林大学,2013.

[233] 康建华.和田地区中小学汉语课堂教学模式改革探究[J].和田师范专科学教学报,2014(6):42-46.

[234] 柯彼德.汉语拼音在国际汉语教学中的地位和运用[J].世界汉语教学,2003(03):67-72.

[235] 雷莉.孔子学院发展的新思路——慕课(MOOCs)教学模式的应用[J].西南民族大学学报:人文社会学版,2014(12):224-229.

[236] 雷体南,等.现代教育技术教程[M].第三版.武汉:华中科技大学出版社,2016.

[237] 李存妙.印尼丹绒槟榔市中小学汉语教学调查研究[D].河北师范大学,2015.

[238] 李丹玉.2015年全罗南道CPIK小学汉语教学现状调查报告[D].苏州大学,2016.

[239] 李国栋.韩国全罗南道小学汉语教学情况调研报告[D].吉林大学,2013.

[240] 李海红.尼泊尔中小学汉语教学研究——以加德满都地区为例[D].郑州大学,2014.

[241] 李欢.尼泊尔初中生语音偏误分析及教学方案探索——以尼泊尔中小学汉语语音教学为例[D].河北大学,2013.

[242] 李慧一. 韩国中学课堂上的初级汉语教学——以韩国光州全南中学为例 [D]. 鲁东大学, 2013.

[243] 李加方. 尼泊尔中小学汉语教学与传播研究——兼谈非汉文化圈地区汉语教学与传播问题 [J]. 海外华文教育, 2015（1）: 132-137.

[244] 李静韵. 中小学生汉语学习动机管理研究 [D]. 华东师范大学, 2011.

[245] 李麒. 浅析尼泊尔 Saipal Academy 小学汉语课堂、课外教学及案例分析 [D]. 河北大学, 2014.

[246] 李泉. 对外汉语教学理论思考 [M]. 北京: 教育科学出版社, 2005: 228.

[247] 李泉. 对外汉语课程、大纲与教学模式研究 [M]. 北京: 教育科学出版社, 2006.

[248] 李如龙, 郑通涛. 汉语特征与国际汉语教育 [M]. 广州: 世界图书出版广东有限公司, 2016.

[249] 李晓琪. 汉语教材建设与学科建设的关系 [J]. 国际汉语教育, 2017, 2（1）: 5-8.

[250] 李永秋, 郭时海. 动允性对英语中动结构的诠释 [J]. 重庆理工大学学报: 社会科学版, 2015, 29（7）: 123-127.

[251] 李卓. 墨西哥城三所中小学汉语教学情况调查 [D]. 广东外语外贸大学, 2014.

[252] 连榕, 等. 华文教育心理学 [M]. 北京: 教育科学出版社, 2010.

[253] 梁孔孔. 快乐汉语（英文版）在格鲁吉亚中小学使用现状及策略研究 [D]. 兰州大学, 2014.

[254] 梁丽莉. 文化定型视角下的初级对外汉语文化教学策略研究——以泰国春蓬府安马力学校为例 [D]. 广西大学, 2014.

[255] 刘丹丹. 输入强化时机对二语词汇附带习得的影响研究 [M]. 苏州: 苏州大学出版社, 2012.

[256] 刘静. 基于情景教学法的对韩初级汉语综合课教学设计 [D]. 渤海大学, 2016.

[257] 刘娟. 慕课(MOOC)背景下的国际汉语教学和推广 [J]. 学术论坛, 2015, 38（03）: 177-180.

[258] 刘军. 面向中小学汉语教学的拼音输入法研究与设计 [D]. 西安电子科技大学, 2013.

[259] 刘鹏. 浅析课堂物理环境对于学生创造力培养的作用 [J]. 黑龙江科技信息, 2012（35）: 174-175.

[260] 刘颂浩. 中国对外汉语教学模式的创建问题 [J]. 华文教学与研究, 2014 (2): 1-8.

[261] 刘望舒. 教师魅力、偶像崇拜与泰国中小学汉语教学 [D]. 华中科技大学, 2013.

[262] 刘文文. 尼泊尔加德满都地区汉语课堂管理探讨 [D]. 华东师范大学, 2017.

[263] 刘璇. 初级汉语综合课教学重点及策略——以尼泊尔 Kanya 女子学院为例 [D]. 华中科技大学, 2012.

[264] 刘延东. 在第八届全球孔子学院大会上的主旨演讲 [EB/OL]. [2017-11-01]. http://www.jyb.cn/world/zyyj/201312/t20131211_562975.html.

[265] 刘长江, 吴鼎民. 实施研究性学习, 创新英语教学观念 [J]. 疯狂英语: 教师版, 2008(1): 46-49.

[266] 刘长江. 信息化语境下大学语言课堂生态的失衡与重构 [D]. 上海外国语大学, 2013.

[267] 娄开阳. 美国明德汉语教学模式移植研究 [M]. 北京: 中央民族大学出版社, 2016.

[268] 卢敏. 学习者个体差异与外语教学 [M]. 济南: 山东大学出版社, 2015.

[269] 卢偲怡. 南澳州中小学中国文化体验课现状分析 [D]. 山东大学, 2017.

[270] 陆俭明. 汉语国际传播中一些导向性的问题 [J]. 云南师范大学学报, 2016 (1): 34-37.

[271] 陆蒙. 泰国沙缴府中小学汉语教学现状调查研究 [D]. 辽宁师范大学, 2013.

[272] 罗常培. 语言与文化 [M]. 北京: 北京大学出版社, 2004.

[273] 罗晓玲. 泰国 Sriharuthai 学校汉语教学情况调查研究 [D]. 广西师范大学, 2015.

[274] 马燕华. 汉语作为外语教学研究 [M]. 北京: 北京师范大学出版社, 2014.

[275] 毛宇. 游戏教学法在首尔初中汉语口语课堂中的应用 [D]. 华中师范大学, 2016.

[276] 孟国. 对外汉语教学求索集 [M]. 成都: 电子科技大学出版社. 2014.

[277] 苗晶雨. 泰国东北部地区中小学汉语教学中的问题及对策 [D]. 天津师范大学, 2014.

[278] 娜吉亚. 白俄罗斯小学初级汉语教学的调查与分析 [D]. 天津大学, 2013.

[279] 牛跃辉, 赵婷. 课堂生态观——一种新型的外语课堂观念 [J]. 大学英语:

学术版, 2007（02）: 176-179.

[280] Norman D. 设计心理学 1[M]. 小柯, 译. 北京: 中信出版社, 2015.

[281] 彭欣. 韩国庆尚南道沙和小学汉语教学研究 [D]. 湖南师范大学, 2016.

[282] 彭玉萍. 如何让小学语文课充满活力 [J]. 魅力中国, 2017（30）: 229.

[283] 乔伊斯. 教学模式 [M]. 兰英, 等译. 北京: 中国人民大学出版社, 2014.

[284] 丘筱珍. 基于布卢姆教育目标分类学的印尼初中汉语教学大纲编写思路研究 [D]. 河北师范大学, 2012.

[285] 屈哲. 尼泊尔中小学生汉字习得偏误及教学策略——以帕坦 Gyanodaya school 学校学生为例 [D]. 河北大学, 2014.

[286] 任吉特, 石晓珞. 尼泊尔中小学汉语学习者的跨语言可供性研究——以"是"为例 [J]. 海外华文教育, 2018（3）: 69-81.

[287] 任吉特, 星光, 朱穆. "一带一路"框架下南亚地区短期人才培养模式浅析 [J]. 海外华文教育, 2017（9）: 1157-1179.

[288] 任小泽. 南非中小学汉语作为第二辅助语言的教学现状分析以及发展建议——以斯坦陵布什大学孔子学院为例 [D]. 渤海大学, 2017.

[289] 芮安博. 阿拉伯国际学校的汉语教学调查研究 [D]. 山东师范大学, 2017.

[290] 芮茵. 扶助式对外汉语教学模式的理论与实践 [D]. 厦门大学, 2008.

[291] 申慕野. AIM（整体加速教学法）教材的分析与评估——以《动感故事（少儿版）—小鸡》为例 [D]. 北京语言大学, 2017.

[292] 沈娟. 尼泊尔中小学生汉语语音偏误分析及教学策略 [D]. 河北大学, 2012.

[293] 史有为. 汉字的性质、特点与汉字教学 [J]. 世界汉语教学, 1987(03): 39-42.

[294] 束定芳, 庄智象. 现代外语教学理论、实践与方法 [M]. 上海外语教育出版社, 2008.

[295] 宋万琳. 韩国江原道太白市中小学汉语教学情况调查报告 [D]. 辽宁大学, 2014.

[296] Sousa D.A. 天才脑与学习 [M]. "认知神经科学与学习"国家重点实验室脑与教育应用研究中心, 译. 北京: 中国轻工业出版社, 2005.

[297] 孙晓飞. 尼泊尔加德满都地区中小学汉语教学情况调查报告 [D]. 兰州大学, 2014.

[298] 孙于影. 德国中小学汉语教学研究——以德国汉诺威多媒体培训学校为主要案例 [D]. 华东师范大学, 2017.

[299] 孙玉莹. 韩国初中协同模式下的汉语课堂教学设计 [D]. 沈阳师范大学,

2014.

[300] 孙云梅. 中国大学外语课堂学习者社会心理环境研究 [D]. 华中科技大学, 2007.

[301] 唐琛. 泰国初中汉语教学的趣味性策略研究——以圣弗朗西斯马泰诺泰学校为例 [D]. 广西师范大学, 2014.

[302] 田家. 游戏教学法在泰国中小学汉语教学中的应用研究——以泰国尖竹汶府公立东英学校为例 [D]. 哈尔滨师范大学, 2016.

[303] 童一秋. 中国远程教育与校园网建设实务全书：上卷 [M]. 银声音像出版社, 2003.

[304] 宛新政. 孔子学院与海外汉语师资的本土化建设 [J]. 云南师范大学学报：对外汉语教学与研究版, 2009（1）：27-31.

[305] 汪露. 泰国初中汉语初级综合课《我们是中国人》课堂教学设计 [D]. 安阳师范大学, 2015.

[306] 王静. 论对外汉语教学中的民俗文化教学——以尼泊尔汉语教学为例 [D]. 河北大学, 2013.

[307] 王芳. 泰国沙缴府中小学汉语教学现状调查研究 [D]. 云南师范大学, 2013.

[308] 王飞. 跨文化事业下的教学论与课程论 [M]. 济南：山东人民出版社, 2014：4.

[309] 王俊英. 尼泊尔汉语教学现状调查及分析 [D]. 苏州大学, 2016.

[310] 王孟依. 印尼中小学汉语教学现状调查 [D]. 华中师范大学, 2014.

[311] 王荣花. 汉维语非音质要素对比与教学对策研究 [D]. 伊犁师范学院, 2013.

[312] 王树强. 泰国中小学国际汉语教师胜任力研究 [D]. 广西大学, 2015.

[313] 王潇. 韩国大邱东初中汉语教学情况调查研究 [D]. 广东外语外贸大学, 2016.

[314] 王少骏. 西班牙中小学汉语教材对比分析及教材编写建议 [D]. 上海外国语大学, 2013.

[315] 王岩. 韩国中小学课堂游戏教学法研究——以全罗南道地区中小学为例 [D]. 吉林大学, 2013.

[316] 王樱诺. 韩国汉语合作教学调查研究——以全罗南道地区中小学为例 [D]. 吉林大学, 2013.

[317] 尉龙. 尼泊尔中小学生汉语补语的习得偏误分析 [D]. 吉林大学, 2017.

[318] 魏新哲. 对韩国初中汉语教材《生活中国语》的分析 [D]. 东北师范大学, 2012.

[319] 魏智慧. 环境可供性理论下的课堂教学探讨 [J]. 教学与管理, 2014（36）: 102-104.

[320] 吴炳章. 示能性与意向归属 [J]. 当代外语研究, 2013（6）: 17-22.

[321] 吴佳丽. 知识文化在海外中小学教学中的作用调查分析——以新西兰汉语教学实践为例 [D]. 上海外国语大学, 2013.

[322] 吴南顺. 通化地区朝鲜族初级中学汉语作文教学现状探究 [D]. 延边大学, 2015.

[323] 吴萍. 泰东北中小学汉语文化教学调查研究 [D]. 广西师范大学, 2015.

[324] 吴倩倩. 直观教学方法在泰国中小学汉语教学中的应用——以泰国海洋之星沙缴分校为例 [D]. 天津师范大学, 2017.

[325] 吴文. 英语教学生态模式研究 [D]. 西南大学, 2012.

[326] 吴勇毅. 对外汉语教学法 [M]. 北京: 商务印书馆, 2012.

[327] 吴勇毅. 关于汉语教学模式创建之管见 [J]. 华文教学与研究, 2014（2）: 9-13.

[328] 吴月光. 任务型课外活动在泰国中小学汉语教学中的应用研究——以泰国向日葵国际语文学校为例 [D]. 北京师范大学, 2013.

[329] 吴中伟. 汉语教学模式的集成、创新和优化 [J]. 华文教学与研究, 2016（1）: 40-46.

[330] 吴中伟. 汉语作为第二语言教学: 汉语技能教学 [M]. 北京: 外语教学与研究出版社, 2014: 103.

[331] 夏青峰. 自主学习方式对小学生数学成绩影响的实证研究 [D]. 华东师范大学, 2016.

[332] 夏薇夷. 泰国中小学初级汉语综合课多媒体课件的制作与运用 [D]. 云南大学, 2016.

[333] 夏雪. 韩国中小学汉语教学现状调查研究——以釜山广域市中小学汉语教学为例 [D]. 新疆师范大学, 2012.

[334] 向前. 任务型教学法和听说型教学法在韩国小学汉语课堂中的对比应用 [D]. 兰州大学, 2014.

[335] 项茂英. 大学英语教师角色多维角度研究 [D]. 上海外国语大学, 2009.

[336] 肖玲玲. 泰国小学汉语口语教学法 [D]. 华中科技大学, 2013.

[337] 徐虹, 郑通涛. 课外语言学习动态模式研究 [M]. 广州: 世界图书出版广东

有限公司, 2016.

[338] 徐世俊. 浅议对外汉语教学的比较文化教学——以泰国邦威苏塔迪巴迪学校教学为例 [D]. 广西大学, 2013.

[339] 徐肖芳. 21世纪以来德国汉语教学现状研究 [D]. 湖北工业大学, 2010.

[340] 徐晓佳. 缅北腊戍市华文中小学汉语教师队伍现状调查 [D]. 中央民族大学, 2011.

[341] 闫蒙钢. 生态教育的探索之旅 [M]. 芜湖: 安徽师范大学出版社, 2013.

[342] 严彦. 不同教法对汉字形音义习得影响的教学试验研究 [J]. 语言教学与研究, 2013(3): 16-23.

[343] 杨连瑞, 等. 中介语语言学多维研究 [M]. 北京: 外语教学与研究出版社, 2015.

[344] 杨倩. 塞尔维亚中小学汉语教学概况 [D]. 西安外国语大学, 2016.

[345] 杨心德, 徐钟康. 教学设计中的任务分析 [M]. 杭州: 浙江大学出版社, 2008.

[346] 杨轩. 三语习得有关问题研究 [J]. 安徽工业大学学报: 社会科学版, 2009, 23(5): 73-75.

[347] 杨颖. 全身反应法在格鲁吉亚中小学汉语教学中的应用研究——以第比利斯99中学为例 [D]. 兰州大学, 2016.

[348] 叶波. 翻转课堂颠覆了什么——论翻转课堂的价值与限度 [J]. 课程·教材·教法, 2014, 34(10): 29-33.

[349] 于永淼. 针对尼泊尔低年级学生汉语课的教学策略 [D]. 河北大学, 2012.

[350] 余可华. 多种现代技术支持的第二语言学习 [J]. 海外华文教育, 2016(05): 708-720.

[351] 余雷. 澳大利亚Auburn High School分阶段汉字教学实践与思考 [D]. 华中师范大学, 2016.

[352] 余旭娜. 德国中学汉语教材《懂不懂》的跨文化旨向分析 [D]. 浙江大学, 2013.

[353] 曾丽. 三语习得与元语言意识发展——对苗族学生的个案研究 [M]. 成都: 西南交通大学出版社, 2012.

[354] 曾维. 塞尔维亚小学汉语课堂教学设计研究 [D]. 华中师范大学, 2015.

[355] 曾小燕, 郑通涛. 可供性理论与汉语国别化教材研究 [J]. 国际汉语学报, 2016(7): 1-12.

[356] 曾小燕. 复杂动态系统理论视角下的现代汉语外来词研究 [M]. 广州: 世

界图书出版广东有限公司,2017.

[357] 查明威.表演教学法在尼泊尔中小学汉语课堂中的应用研究[D].渤海大学,2014.

[358] 张宝.汉尼语音对比基础上的初级汉语语音教学研究[D].吉林大学,2016.

[359] 张博.韩国中小学汉语协作教学模式调查研究[D].吉林大学,2012.

[360] 张超.泰国初中汉语初级综合课《芒果多少钱一公斤?》课堂教学设计[D].安阳师范大学,2014.

[361] 张丹.韩国京畿道地区汉语协同教学模式中的问题及对策[D].西安外国语大学,2017.

[362] 张国丽.乌兰巴托中小学汉语教学研究——以希望汉语中小学零基础教学为例[D].吉林大学,2013.

[363] 张丽芳.泰国华校中小学汉语教学调查研究——以光华学校为例[D].广西大学,2013.

[364] 张琳.韩国全罗南道中小学起步阶段汉语词汇教学调查报告[D].黑龙江大学,2014.

[365] 张宁.老挝万象市中小学汉语教学现状调查与分析[D].辽宁大学,2016.

[366] 张倩.尼泊尔幸杜巴乔克地区的汉语教学调研[D].兰州大学,2014.

[367] 张冉.中韩教师轮流主导模式下的汉语课堂教学探究——以韩国光州全南中学为例[D].河北大学,2016.

[368] 张若愚.波兰汉语教师课堂用语手册的编写与实践——以克拉科夫孔子学院为例[D].北京外国语大学,2014.

[369] 张姝芳.《生活中国语》在韩国初中汉语教学中的应用——以首尔新川中学为例[D].华中科技大学,2016.

[370] 张帅强.情景教学在韩国中学汉语课堂中的应用[D].兰州大学,2014.

[371] 张晓路.沉浸式项目中的汉语学习者个体差异研究——一个质的研究框架下的个案研究[D].华东师范大学,2006.

[372] 张晓宇.韩国全罗南道谷城郡中小学汉语教学情况调查报告[D].辽宁大学,2014.

[373] 张雪.任务型教学法在初级对外汉语教学中的运用——以菲律宾主流中小学汉语教学为例[D].西北大学,2014.

[374] 张屹岱.情景教学法在韩国中小学韩语课堂的应用报告——以首尔石串中学为例[D].重庆师范大学,2016.

[375] 赵丹.尼泊尔汉语教学调查研究——以加德满都三所学校汉语教学为例[D].东北师范大学,2011.

[376] 赵涵元.TPR教学法在韩国小学汉语教学中的应用[D].辽宁大学,2014.

[377] 赵金铭.汉语作为外语教学能力标准试说[J].语言教育与研究,2007(2):1-10.

[378] 赵明.韩国釜山市中小学汉语教育现状调查——兼谈汉语国际推广和海外汉语教学策略[D].东北师范大学,2011.

[379] 赵杨.第二语言习得[M].北京:外语教学与研究出版社,2015.

[380] 赵一轩.新西兰法卡塔尼地区中小学汉语教学调查研究[D].吉林大学,2016.

[381] 郑素希.小学汉语游戏教学方案设想[D].河北师范大学,2011.

[382] 郑通涛,方环海,张涵.国别化:对外汉语教材编写的趋势[J].海外华文教育,2010,1(54):1-8.

[383] 郑通涛.复杂动态系统理论与语言交际能力发展[M]//海外教育六十年,厦门:厦门大学出版社,2016:37-45.

[384] 钟婧.ICT在澳大利亚维州中小学汉语教学中的应用研究[D].北京外国语大学,2014.

[385] 周文君.不同教学模式中学习风格的差异分析——以华中师范大学体育心理学课堂为例[D].华中师范大学,2015.

[386] 卓鹰.南澳州小学汉语教学现状调查与研究[D].山东大学,2012.

[387] 宗世海.我国汉语教学模式的历史、现状和改革方向[J].华文教学与研究2016(1):18-39.

[388] 邹德贞(Thanvalai Sanyakhan).泰国小学汉语教学课堂活动探讨[D].中央民族大学,2012.

[389] 邹旭洋.澳大利亚维多利亚州中小学汉语教学情况调查[D].吉林大学,2012.

[390] 左悦.新西兰怀拉拉帕地区中小学汉语教学研究[D].吉林大学,2013.

[391] 2014来华留学生简明统计[M].北京:教育部国际合作与交流司,2015.

[392] 2015来华留学生简明统计[M].北京:教育部国际合作与交流司,2016.

附 录

附录1：尼泊尔中小学汉语学习者的语言使用调查问卷

Chinese Language Learning in School

1. Name: _____ _____ _____
2. School: _____
3. Class:_____   4. Age: _____   5. Mother tongue: _____
6. Address (in Kathmandu): _____
7. Address (outside Kathmandu): _____
8. Learned Chinese From: _____   Classes. _____
9. Score of YCT(1/2/3)Exam:_____
10. Language Proficiency

General Proficiency	Mother Tongue _____	Nepali	English	Chinese	Hindi	Others Newar/Tamang/ _____
Able to Read						
Able to Write						
Able to Speak						
Understand when other speaks						
Participated in any competition						

11. Language spoken with……. (use √)

Members	Mother Tongue _____.	Nepali	English	Chinese	Hindi	Others Newar/ Tamang/ _____.
Father						
Mother						
Brother & Sisters						
Grand Parents						
Friends in the Classroom						
Friends outside school						
Teachers						
Chinese language teacher						
Neighbors						

12. Language use……(use √)

Categories	Mother Tongue _____..	Nepali	English	Chinese	Hindi	Others Newar/Tamang/ _____.
(**multiple selection)						
Watch TV **						
Watch Movie**						
Newspaper **						
Music **						
Language spoken in School**						
Which language you wish your Chinese teacher use to talk with you?						
Which TV channel you watch the most?						
Which Language you feel most difficult to learn?						

附录2：尼泊尔中小学汉语学习者对汉语课堂感知调查问卷

Chinese Language Learning in School

1. Name: _____ _____ _____
2. School: _____
3. Class: _____ 4. Age: _____ 5. Mother tongue: _____
6. Address (in Kathmandu): _____
7. Address (outside Kathmandu): _____
8. Learned Chinese From: _____ classes. ___
9. Score of YCT(1/2/3)Exam: _____

Student's Perception of Chinese Classes Survey

(the purpose of the survey is to measure student's perceptions of and attitude toward Chinese Classes)

Factor 1: Learner-Centered Pedagogy Strongly Disagree=1; Disagree=2; Slightly disagree=3; Slightly Agree=4; Agree=5; Strongly Agree=6 Strongly disagree → Strongly agree							
1	Before starting new lesson, CHINESE TEACHER(CT) makes sure that I have learned the previous lesson.	1	2	3	4	5	6
2	CHINESE TEACHER only teaches us important things in Chinese language.	1	2	3	4	5	6
3	CHINESE TEACHER works hard to connect new ideas of Chinese language with knowledge I already have learned.	1	2	3	4	5	6
4	The questions asked by CHINESE TEACHER help me understand clearly.	1	2	3	4	5	6
5	CHINESE TEACHER finds different ways to make me understand the Chinese words taught in the class.	1	2	3	4	5	6
6	CHINESE TEACHER makes sure that I understand the Chinese language taught in the class.	1	2	3	4	5	6
7	It is OK to ask my teacher for help if there is something that I do not understand.	1	2	3	4	5	6

续表

Factor 2: Chinese Language Inquiry Activities
Strongly Disagree=1; Disagree=2; Slightly disagree=3; Slightly Agree=4; Agree=5; Strongly Agree=6
Strongly disagree → Strongly agree

8	CHINESE TEACHER shows me good examples and practical use of Chinese language in class.	1	2	3	4	5	6
9	I like cultural activities than learning Chinese language in classroom.	1	2	3	4	5	6
10	I like the culture exchange activities (making dumpling, paper cutting, making Chinese knot etc) in Chinese Class.	1	2	3	4	5	6
11	When I grow up, I will find job related to Chinese language.	1	2	3	4	5	6
12	CHINESE TEACHER teaches Chinese in fun and interesting way.	1	2	3	4	5	6
13	CHINESE TEACHER let us do lot of activities in class.	1	2	3	4	5	6

Factor 3: Positive Affect and Beliefs
Strongly Disagree=1; Disagree=2; Slightly disagree=3; Slightly Agree=4; Agree=5; Strongly Agree=6
Strongly disagree → Strongly agree

14	I don't understand the lessons taught by my Chinese teacher.	1	2	3	4	5	6
15	I am not good in Chinese that is why I can't understand my Chinese lesson.	1	2	3	4	5	6
16	Learning Chinese language is boring.	1	2	3	4	5	6
17	My teacher is not friendly.	1	2	3	4	5	6
18	Activities in Chinese class are boring.	1	2	3	4	5	6
19	There is no use of Chinese language in my life.	1	2	3	4	5	6

Factor 4: Grades as Feedback
Strongly Disagree=1; Disagree=2; Slightly disagree=3; Slightly Agree=4; Agree=5; Strongly Agree=6
Strongly disagree → Strongly agree

20	Grades in Chinese are a good sign of how much I have learned.	1	2	3	4	5	6
21	My grades in Chinese class indicate how hard I studied Chinese.	1	2	3	4	5	6

续表

Factor 5: Support for self-learning and effort
Strongly Disagree=1; Disagree=2; Slightly disagree=3; Slightly Agree=4; Agree=5; Strongly Agree=6
Strongly disagree → Strongly agree

22	My teacher is more interested in finishing her lesson then helping us learn the lesson.	1	2	3	4	5	6
23	Getting high grades in the class depends more on being born intelligent than studying hard.	1	2	3	4	5	6

Factor 6: Individual's perception of Chinese language
Strongly Disagree=1; Disagree=2; Slightly disagree=3; Slightly Agree=4; Agree=5; Strongly Agree=6
Strongly disagree → Strongly agree

24	I cannot remember Chinese tone even when I put lot of effort on it.	1	2	3	4	5	6
25	Chinese Pronunciation sounds funny to me and very difficult to learn.	1	2	3	4	5	6
26	We prefer to speak English than Chinese with Chinese teacher.	1	2	3	4	5	6
27	Learning Chinese language is easier in English alphabets (pinyin) than Chinese Characters (Han zi).	1	2	3	4	5	6
28	I can learn Chinese easily when I get instruction in English and Nepali both.	1	2	3	4	5	6
29	I can understand the meaning of Chinese characters because they are like pictures.	1	2	3	4	5	6
30	Chinese Characters are interesting to write.	1	2	3	4	5	6
31	If Chinese teacher speaks Nepali too I can understand easily.	1	2	3	4	5	6

<Thank you for your co-operation>

附录3：尼泊尔中小学汉语学习者的学习风格调查问卷

Nepali Chinese Language Learner's Learning Style Survey

Name of Student									
Name of School									
Class	4		5	6	7		8		9
Age					Gender		Male		Female
I started to learn Chinese from class		3	4	5		6	7		8

Please circle the response. 0= Never; 1= Rarely; 2= Sometimes; 3= Often; 4= Always

PART 1: HOW I USE MY PHYSICAL SENSES						
1	I remember things better if I write it down.	0	1	2	3	4
2	I take detailed notes during the class.	0	1	2	3	4
3	When I listen, I can figure out pictures, numbers or words in my mind.	0	1	2	3	4
4	I like to learn from TV or movies rather than from book or newspaper.	0	1	2	3	4
5	Using color-highlighter (or underline) in books and note copy.	0	1	2	3	4
6	I need written instructions to do work.	0	1	2	3	4
7	I have to look at people's face to understand what they say.	0	1	2	3	4
8	I understand in class better when teacher write on the board.	0	1	2	3	4
9	I understand better with Charts, diagrams, and maps.	0	1	2	3	4
10	I remember peoples' faces but not their names.	0	1	2	3	4
A						
11	I remember things better if I discuss them with someone.	0	1	2	3	4
12	I prefer to learn by listening rather than reading.	0	1	2	3	4
13	I need oral instructions to do work.	0	1	2	3	4
14	Background sounds does not disturb me while studying.	0	1	2	3	4
15	I like to listen to music when I study.	0	1	2	3	4
16	I can understand what people say even when I do not see them.	0	1	2	3	4

续表

17	I remember peoples' names but not their faces.	0	1	2	3	4
18	I easily remember jokes that I had heard.	0	1	2	3	4
19	I can identify people by their voice (eg. On the phone).	0	1	2	3	4
20	When I turn on the TV, I listen to the sound more than I watch the screen.	0	1	2	3	4
B						
21	I prefer to start doing things rather than checking the instructions first.	0	1	2	3	4
22	I need frequent break (rest time) when I work or study.	0	1	2	3	4
23	I need to eat something while I work or study.	0	1	2	3	4
24	If I have choice between sitting and standing, I'd rather stand.	0	1	2	3	4
25	I get nervous when I sit still too long.	0	1	2	3	4
26	I can think well when I move around (e.g. Pacing or tapping my feet).	0	1	2	3	4
27	I play with or bite on my pens while teacher is teaching.	0	1	2	3	4
28	My creativity helps me to remember what someone says.	0	1	2	3	4
29	I like to move my hands when I speak.	0	1	2	3	4
30	To understand clearly in Chinese Class, I draw pictures in my notebook.	0	1	2	3	4
C						
PART 2: HOW TO EXPOSE MYSELF TO LEARNING SITUATION						
1	I learn better when I cooperate with others than by doing alone.	0	1	2	3	4
2	I can meet new people easily through conversation.	0	1	2	3	4
3	I learn better in the classroom than with a private tutor.	0	1	2	3	4
4	I feel easy to start conversation with stranger.	0	1	2	3	4
5	I feel energetic while interacting with lots of people.	0	1	2	3	4
6	I experience things first and then try to understand them.	0	1	2	3	4
A						
7	I am energized by different thoughts inside my mind.	0	1	2	3	4
8	I prefer individual or one-on-one games and activities.	0	1	2	3	4
9	I have few interests, and I concentrate deeply on them.	0	1	2	3	4
10	After working in a large group, I feel tired.	0	1	2	3	4

11	When I am in a large group, I tend to keep silent and listen.	0	1	2	3	4
12	I want to understand well before I do it.	0	1	2	3	4
B						

PART 3: HOW I HANDLE POSSIBILITIES ⟶

1	I have a creative imagination.	0	1	2	3	4
2	I try to find many options and possibilities to know why something has happened.	0	1	2	3	4
3	I plan carefully for future events.	0	1	2	3	4
4	I like to discover things myself rather than someone explain me.	0	1	2	3	4
5	I use my original (or own) ideas during class discussions.	0	1	2	3	4
6	I am ready to accept new suggestions from my friends.	0	1	2	3	4
A						
7	I focus on present situation rather than thinking about how it could be.	0	1	2	3	4
8	I read instruction manuals before using the device.	0	1	2	3	4
9	I trust the old facts than trying new ideas.	0	1	2	3	4
10	I prefer things presented step-by-step .	0	1	2	3	4
11	I dislike if my classmate changes the plan for our project.	0	1	2	3	4
12	I follow instructions (directions) carefully.	0	1	2	3	4
B						

PART 4: HOW I DEAL WITH AMBIGUITY AND WITH DEADLINES ⟶

1	I like to plan my language study sessions carefully and do all the revision on time or early.	0	1	2	3	4
2	My notes, handouts and other school materials are organized carefully.	0	1	2	3	4
3	I like to be sure about the meaning in a newly learned language.	0	1	2	3	4
4	I am curious to know how rules are applied in new language and why.	0	1	2	3	4
A						
5	If I am involved in other activities, I don't care finishing my work (homework) in time.	0	1	2	3	4
6	I do my work serially one after another.	0	1	2	3	4

续表

7	I don't care whether everything is easy or not.	0	1	2	3	4
8	I don't want to know everything in detail.	0	1	2	3	4
B						

PART 5: HOW I RECEIVE INFORMATION						
1	I prefer short and simple answers rather than long explanations.	0	1	2	3	4
2	I ignore whatever is not concern with me.	0	1	2	3	4
3	I can understand the overall plan as a big picture.	0	1	2	3	4
4	I get the main idea, and that's enough for me.	0	1	2	3	4
5	When I tell old story, I use to forget lots the specific details.	0	1	2	3	4
A						
6	I need very specific example to understand clearly.	0	1	2	3	4
7	I pay attention to specific information.	0	1	2	3	4
8	I'm good at catching new phases or words when I hear them.	0	1	2	3	4
9	I am good at filling the missing words when I listen to someone.	0	1	2	3	4
10	When I try to tell joke, I remember detail but forget the main line.	0	1	2	3	4
B						

PART 6: HOW I FURTHER PROCESS INFORMATION						
1	I can summarize information easily.	0	1	2	3	4
2	I can quickly note main point what other people say.	0	1	2	3	4
3	I note out the main points before I start.	0	1	2	3	4
4	I like the activity that requires different ideas to put together.	0	1	2	3	4
5	I can easily understand someone by looking at his/her condition.	0	1	2	3	4
A						
6	I have hard time understanding when I don't know every word.	0	1	2	3	4
7	It takes me long time to explain something to others.	0	1	2	3	4
8	I like to focus on grammar rules.	0	1	2	3	4
9	I'm good at solving complicated problems.	0	1	2	3	4
10	I am good at noticing even the smallest details of the work.	0	1	2	3	4

续表

B						
PART 7: HOW I COMMIT MATERIAL TO MEMORY						➔
1	I try to pay attention to all the features of Chinese language as I learn.	0	1	2	3	4
2	If I memorize the Chinese words (or rules), I can use it easily when I need.	0	1	2	3	4
3	As I learn new things in Chinese language, I can notice difference among sounds, grammatical forms and words.	0	1	2	3	4
A						
4	When learning Chinese language, I ignore differences and focus on similarities that are in other languages.	0	1	2	3	4
5	I do not care if I sound differently while I try to say more accurately.	0	1	2	3	4
6	I mix Chinese learning experiences with the experience of learning Nepali and English.	0	1	2	3	4
B						
PART 8: HOW TO DEAL WITH LANGUAGE RULES						➔
1	I like to go from general to the specific examples while learning Chinese language.	0	1	2	3	4
2	I like to start with rules(grammar) rather than specific examples.	0	1	2	3	4
3	I like to begin with generalizations and then find experiences that relate to those generalizations.	0	1	2	3	4
A						
4	I like to learn rules of Chinese language indirectly by being exposed to similar examples.	0	1	2	3	4
5	I don't remember rules (grammar) very well, so I don't care it at all.	0	1	2	3	4
6	If I see language forms for many times, I can figure the rules (grammar).	0	1	2	3	4
B						
PART 9: HOW TO DEAL WITH MULTIPLE INPUTS						
1	I can separate related and important information from others.	0	1	2	3	4
2	When I speak or write in Chinese language, I am concern with the grammar.	0	1	2	3	4
3	I can also use formal and polite Chinese language when I speak.	0	1	2	3	4

续表

A						
4	I feel grammar is less important than the content of message while speaking and writing.	0	1	2	3	4
5	It is difficult to pay attention on grammar while communicating.	0	1	2	3	4
6	When I am using lengthy sentences in any language, I get distracted and neglect grammar and style.	0	1	2	3	4
B						
PART 10: HOW TO DEAL WITH RESPONSE TIME						
1	I react quickly in language situation(language environment).	0	1	2	3	4
2	I go with my instincts while using new learned language.	0	1	2	3	4
3	I do, then see what happens and make corrections if needed.	0	1	2	3	4
A						
4	I need to think before speaking or writing.	0	1	2	3	4
5	I like to look before determining what to say or write.	0	1	2	3	4
6	I prepare myself in my mind before I speak out new language.	0	1	2	3	4
B						
PART 11: HOW LITERALLY I TAKE REALITY						
1	It is easy for me to learn new language if I create my own meaning in my mind.	0	1	2	3	4
2	I learn things through creating own meaning and associating with something around me.	0	1	2	3	4
3	I take learning language literally, so I do not use own meaning.	0	1	2	3	4
4	I like language material that says what it means directly	0	1	2	3	4

Thank you for your co-operation…

附录4：汉语教师访谈内容

内容	问题
个人信息	• 任教经验 • 国外任教经验 • 教学专业知识 • 专业培训时间 • 过去任教学校 • 目前任教学校
学生情况	• 您的学生英语和汉语水平怎么样？ • 教学中学习者的兴趣部分是哪些？ • 学习者参加的教学活动是哪些？ • 今年您有学生考YCT考试吗？
语言使用环境	• 您在课堂使用的媒介语是什么？ • 您对学生讲的英语有什么反应？ • 您认为学生在课堂上使用汉语的态度如何？
教材的使用	• 您课堂中使用的教材是哪些？ • 您觉得您使用的教材能够提供学生学习哪个方面的信息？ • 您觉得教材主要能提高学生的哪些方面的能力？ • 您上课时如何设计教学内容？ • 汉字教学的情况如何？ • 您觉得您使用的教材适合您的学生吗？
跨语言影响	• 您觉得学生说汉语的时候发音上有其他语言的影响吗？ • 您觉得学生说汉语的时候语法上有其他语言的影响吗？ • 汉语词汇的发音与其他语言有相同之处吗？ • 您觉得多语背景的学生学习汉语有什么影响？
学生对汉语的感知	• 您觉得学生如何感知汉语拼音？ • 您觉得学生如何理解汉字？ • 您觉得学生如何理解汉语词汇？ • 您觉得学生如何感知到汉语语法？ • 学生最喜欢汉语教学中的哪些项目？ • 您怎么理解学生对汉语教学的看法？学生对汉语的理解能力如何？ • 学生喜欢您的哪种教学方式？

附录5：尼泊尔初中汉语学习者的访谈内容

1. Do you like your Chinese teacher? Why?	
S1	• I like her, because she provides us lot of information about China. • Because of her, I could understand Chinese language.
S2	• She is good and nice, I like her. • She is taught us many Chinese songs.
S3	• She is good teacher, but I think she is not nice as the previous Chinese teacher. • Previous teacher let us play games and sing song.
S4	• She like her when she teach us cultural activities, but I don't like when she teach Chinese language. • I don't like to learn Chinese language as it is very hard.
S5	• He is good teacher but he gets angry easily if do not listen to him. • He is new teacher, so we do not know lot about him.
S6	• I like her as she is very friendly and give us many gifts. • She teaches us paper cutting and many other Chinese craft in the classroom.
2. Do you like to learn Chinese language?	
S1	• Yes, because it is the popular language after English.
S2	• Yes, because it is helpful for me to travel China in future. • It helps to strengthen the relation between Nepal and China.
S3	• I like to write than to read and speak, because while speaking I always make mistake in tones.
S4	• No, because no one in my family use this language. • But I like to learn Chinese Culture.
S5	• Yes, because Chinese have similar alphabet as English, and it is very for us to read and write.
S6	• Learning Chinese language can help us understand Chinese culture.
3. What kind of experience that you had while learning Chinese language?	
S1	• It is very difficult to understand and speak. • Because of earthquake we did not learned much.
S2	• Learning Chinese language is very difficult . • I like to continue learning it, but school doesn't let us to learn further.

续表

S3	• We started to learn Chinese from grade 6 to grade 7. • It is the great experience to learn worlds difficult language. • Chinese is totally different from mother tongue and English.
S4	• I don't understand anything.
S5	• We just started to learn few words, but we are still not able to talk with teacher using Chinese. • Chinese characters are like pictures. • I like paper cutting and singing Chinese song.
S6	• We just started to learn few words, but we are still not able to talk with teacher using Chinese. • Chinese characters are like pictures. • I like paper cutting and singing Chinese song.

4. Among reading, writing, speaking and listening, which part you feel most easy and which part is very difficult?

S1	• I like to write. • Reading and speaking is difficult.
S2	• I like to read and write. • Listening is very difficult because when teacher speak Chinese we do not understand.
S3	• I think writing is easy. • Reading is very difficult because all the Chinese characters are same, very easy to confuse.
S4	• Writing is easy. • Speaking is difficult.
S5	• Reading and writing is easy. • Listening and speaking is difficult.
S6	• Reading and writing in English is easy. • Writing in Chinese character is very difficult.

5. How do you communicate with your teacher?

S1	• English, as teacher also talk in English. • But some words are pronounced very differently than we do.
S2	• English, as we both can speak English and I don't understand Chinese. • But sometime I don't understand the English spoken by teacher.
S3	• English, as I only understand it and teacher could not speak our Nepali Language.
S4	• English.
S5	• More in English. I am afraid to speak Chinese.
S6	• In classroom we speak English and Chinese. • Outside the classroom we only use English .

续表

	6. Do you prefer 'Han zi' or 'Pin Yin' to write? And why?
S1	• Pin yin. • Because I can read and write.
S2	• Pinyin. • Because hanzi have many lines(strokes) and also some have windows like opening. I cannot remember that much lines.
S3	• Pinyin. • Because it is just like writing English.
S4	• Pinyin.
S5	• Definitely pinyin. • Because it we know how to write it.
S6	• Pinyin. • Because we are not use to write in Hanzi, using English alphabet is very easy.

	7. Do you think that Chinese vocabularies are similar to the words from other language?
S1	• Yes, I do noticed that few words sounds very similar to the Nepali and English words. • those words are very easy to remember.
S2	• Never noticed.
S3	• Yes, few words sounds similar to Nepali and English words.
S4	• Yes, I can remember those words.
S5	• Yes, and I feel funny to hear those words in Chinese language.
S6	• Yes, there are few words but the meaning is different.

	8. What are the similarities and differences among Chinese language and other languages?
S1	• Words are same to English alphabets like Coffee, Beijing, shanghai, Litchi, Mango. • Some words are similar to english but pronounced differently in Chinese. Like Bamburger(han bao bao) ,Cocacola(kekoukele). • Grammar is different from Nepali and English.
S2	• Chinese Language is totally different from other language. • Other language do not have tones.
S3	• Same alphabets but few are differently pronounced. • Some vocabulary sounds similar to Nepali but meaning is totally different.like mama, didi,
S4	• Other language don't have characters like Chinese Characters, they are very much like pictures and are very difficult to write and understand.
S5	• Chinese language sound funny and difficult to learn.
S6	• Nepali and English is easier than Chinese language because we speak everyday. • Chinese is complicated and words are difficult to remember.

附录6：尼泊尔初中汉语课堂教学任务表

A组：词汇理解任务表
1.Name: _____ _____ _____   2.School: _____   3.Class: _____   4.Age: _____.

Task 1. Write the meaning of the Chinese characters.

B组：词汇理解任务表	B组：词汇理解任务表
1.Name: _____ _____ _____ 2.School: _____ 3.Class: _____ 4.Age: _____.	5.Name: _____ _____ _____ 6.School: _____ 7.Class: _____ 8.Age: _____.
Task 1. Write the meaning of the Chinese characters.	Task 2. Write the meaning of the Chinese characters.

1. Name: _____ _____ _____
2. School: _____
3. Class: _____
4. Age: _____.

Task 3. What do you understand by these sentences? Write it in English or Nepali.

有：have; 的：....कोस 在：at

（一）山下有水。shān xià yǒu shuǐ. _____

（二）我有雨伞。wǒ yǒu yǔ sǎn. _____

（三）下雨。xià yǔ. _____

（四）你的手机。नी त शौ ची। _____

（五）他的书。था त शु ।। _____

（六）她看书。याः खान शु।। _____

（七）森林有鸟。सन लीन योउ न्याउ।। _____

（八）男人。नान रन।। _____

（九）好看。 _____

（十）我们在（zài）山上。 _____

（十一）我的手机在书上。 _____

"了"（ल）represent past tense

（十二）鸟飞了。न्याउ फेई ल।। _____

（十三）他来了。था लाई ल।। _____